松弛养育

不控制的妈妈 不内耗的孩子

[美] 沙法丽·萨巴瑞 —— 著

美同 —— 译

中信出版集团 | 北京

图书在版编目（CIP）数据

松弛养育：不控制的妈妈，不内耗的孩子 /（美）沙法丽·萨巴瑞著；美同译. -- 北京：中信出版社，2024.7（2024.9重印）

书名原文：The Parenting Map: Step-by-Step Solutions to Consciously Create the Ultimate Parent-Child Relationship

ISBN 978-7-5217-6555-7

Ⅰ.①松… Ⅱ.①沙… ②美… Ⅲ.①家庭关系-社会心理学-研究 Ⅳ.①C913.11

中国国家版本馆CIP数据核字（2024）第103163号

THE PARENTING MAP: Step-by-Step Solutions to Consciously Create the Ultimate Parent-Child Relationship
Copyright © 2023 by Shefali Tsabary.
Published by arrangement with HarperOne, an imprint of HarperCollins Publishers.
through BARDON-CHINESE MEDIA AGENCY
Simplified Chinese translation copyright © 2024 by CITIC Press Corporation
ALL RIGHTS RESERVED
本书仅限中国大陆地区发行销售

松弛养育：不控制的妈妈，不内耗的孩子

著　　者：[美] 沙法丽·萨巴瑞
译　　者：美同
出版发行：中信出版集团股份有限公司
　　　　　（北京市朝阳区东三环北路27号 嘉铭中心　邮编　100020）
承　印　者：嘉业印刷（天津）有限公司

开　　本：880mm×1230mm　1/32　印　张：12.75　字　数：250千字
版　　次：2024年7月第1版　印　次：2024年9月第4次印刷
京权图字：01-2024-2467　书　号：ISBN 978-7-5217-6555-7
定　　价：59.00元

版权所有·侵权必究
如有印刷、装订问题，本公司负责调换。
服务热线：400-600-8099
投稿邮箱：author@citicpub.com

希望这本书能警醒所有父母

让我们明白，孩子从来不是我们的财产

也不是我们控制、管理、培育或创造的对象

上天把他们赠予我们，只为

在我们的内心掀起巨大而深刻的变革

愿我们都能重视这一警醒

松开自己的手

让孩子成为自己

我的孩子……

我最大的痛苦来自你的心痛
我最大的快乐来自你的胜利
我最大的兴奋来自你的激动
我最大的绝望来自你的遗弃

你引发的情绪独一无二
养育你的经历无与伦比
我最想做的事是陪在你身边
我最想冒的险是看着你成长

我亲爱的孩子,你是我最好的老师
有了你,我才学会去爱,而不去控制
去关心,而不占有
才学会在养育你之前,先养育我自己

你光芒万丈，让我深觉渺小
而你的存在又让我自信满满
如你的心灵般宽广
如你的潜能般无限

我什么都给不了你
你心里甚至有太阳
绚丽多姿，光彩夺目
永无穷尽，撼人心魄

我虽然生了你，给了你一个家
但毫无疑问，是你给了我新生
让我经历了，意想不到的觉醒
你就是，我灵魂的终极救赎者

目录

第一阶段		第二阶段		第三阶段	
清理旧的观念和想法	从灰心失望到豁然开朗	破除旧模式建立新觉知	从病态模式到主动选择	建立更加亲密的亲子关系	从冲突到亲密

前　言 / 001

引　言 / 008

从灰心失望到豁然开朗 / 013

第 1 步：找到问题的焦点 / 016

亲子冲突的根源，与其说是孩子，不如说是你和你的童年创伤 / 017

把养育的焦点放在自己，而不是孩子身上 / 020

不重新养育自己，就不会真正有能力去养育孩子 / 022

你的童年创伤疗愈得越充分，你就越是能带着觉知回应孩子 / 024

觉醒实践 / 026

第 2 步：打破幻想 / 032

每个父母的心里，都住着一个"完美小孩" / 033

我们的内在越是缺乏价值感，就越是会向外去寻求控制和完美 / 038

只有父母放下幻想，孩子才有可能成为真正的自己 / 041

觉醒实践 / 043

第 3 步：停止控制 / 046

你对孩子的爱，本质上是一种控制 / 047

停止控制，开始共情，亲子关系才会开始改善 / 049

觉醒实践 / 053

第 4 步：停止追逐快乐和成功 / 060

希望孩子快乐和成功，是养育最大的陷阱 / 061

与其追逐快乐和成功，不如关注当下和体验 / 065

觉醒实践 / 069

第 5 步：抛弃救世主情结 / 073

放下救世主情结，把孩子培养成不再需要父母的人 / 074

与孩子并肩同行，走自己的路，而不是占据孩子的路 / 078

觉醒实践 / 079

第 6 步：丢掉标签 / 085

你给孩子贴的标签，塑造了孩子对自己的看法 / 086

你给孩子贴的标签，带有很大的偏见 / 089

孩子理应得到成长和发展的空间，而不应承受标签的负累 / 092

觉醒实践 / 095

第二阶段　从病态模式到主动选择 / 100

第 7 步：发现你的两个"我" / 107

缺乏觉知的养育方式，造就了世代相传的病态模式 / 108

认识第一个"我"——内在小孩 / 112

认识第二个"我"——假冒我们的我执 / 113

觉醒实践 / 117

第 8 步：发现你的我执假面 / 121

我执的存在，只是为了保护你的内在小孩 / 122

五大我执类型，帮你辨识你的假面 / 123

- 战斗型我执假面　• 修补型我执假面　• 伪装型我执假面
- 封闭型我执假面　• 逃跑型我执假面

认清我执假面，是打破病态模式的关键步骤 / 163

觉醒实践 / 164

第 9 步：识别你的情绪爆发点 / 168

所有沟通怪圈背后，都有一个情绪爆发点 / 169

让一件事成为情绪爆发点的并不是事情本身，而是你的解读和认知 / 170

我执越强大，情绪的爆发就越猛烈 / 171

觉醒实践 / 175

第 10 步：打破沟通怪圈 / 179

每一种我执假面，都会在亲子间形成特定的沟通怪圈 / 179

认清五种沟通怪圈 / 182

- 战斗型沟通怪圈 • 修补型沟通怪圈 • 伪装型沟通怪圈
- 封闭型沟通怪圈 • 逃跑型沟通怪圈

改变破坏性的情绪模式，打破病态因果循环 / 188

觉醒实践 / 192

第 11 步：激活第三个我 / 195

只有照顾好你的内在小孩，我执才能平静下来 / 196

激活智慧之我，开启疗愈之旅 / 198

觉醒实践 / 209

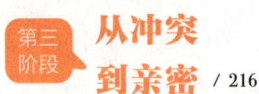

从冲突到亲密 / 216

第 12 步：学点儿童心理学 / 220

父母的我执越强大，孩子的我执就越强大 / 221

如果父母不接纳孩子本来的样子，亲子关系就会出现裂痕 / 227

理解孩子的真实本性，接纳他们本来的样子 / 230

- 焦虑的爆炸型 • 过度活跃的探索型 • 跑前忙后型、过度给予型和过度讨好型 • 内向的梦想型 • 不羁的反叛型 • 轻松愉快的乐天型

只有顺应孩子的天性，才能养育出拥有自我价值感的孩子 / 249

觉醒实践 / 254

第 13 步：发现孩子的我执 / 262

父母的我执，造就了孩子的我执 / 263

看清孩子的我执假面，打破亲子沟通怪圈 / 264

- 战斗型孩子 • 修补型孩子 • 伪装型孩子 • 封闭型和逃跑型孩子

觉醒实践 / 270

第 14 步：如何与孩子说话 / 273

读懂孩子的表面行为背后的真正需求 / 274

用共情和理解，安抚和肯定我执假面背后的孩子 / 282

- 面对战斗型孩子 • 面对修补型孩子 • 面对伪装型孩子 • 面对封闭型孩子 • 面对逃跑型孩子

觉醒实践 / 286

第 15 步：不惩罚的话，要怎样做？ / 288

传统管教方式基本上是制造恐惧、欺负孩子 / 289

真正的教育，并非来自强迫或操纵，而是来自孩子内在认知的自发

成长 /292

觉醒式养育的基本原则：先改善关系，再矫正行为 /294

觉醒式养育的三大支柱：协商、设定规矩、结果教育 /295

觉醒实践 /312

第 16 步：重新看待犯错 /315

害怕孩子犯错的背后，是父母对控制和完美的需求 /316

用平常心来看待孩子的犯错 /321

把每一次犯错，都当作成长的契机 /322

觉醒实践 /324

第 17 步：深入理解孩子 /326

巧用沟通四大步骤，深入理解孩子 /327

• 肯定 • 共情 • 用平常心看待 • 促成深度转变

觉醒实践 /343

第 18 步：说"好！" /345

父母与孩子之间的冲突，大多源自大人和孩子的本质差异 /346

对孩子说"好"，不是屈服或退让，而是理解与肯定 /349

用说"好"的方式来关注和尊重孩子的需要 /356

保持开放的心态，给孩子做梦的空间 /358

觉醒实践 /360

第 19 步：现在就开始 /363

活在当下是养育孩子的关键 /364

三种妨碍我们活在当下的思维模式：内疚、指责和后悔 /365

你现在的智慧，大多来自那些缺乏觉知的时刻 /369

重新开始，永远都不晚 /372

觉醒实践 /374

第 20 步：拥抱全新的自己 /376

现代养育模式，都是建立在我执的基础上 /377

弃旧迎新，准备好脱胎换骨 /379

觉醒实践 /384

致身为父母的你 /388

致谢 /390

前言

"我真是没辙了！我不管做什么都没有用！"黛安娜眼睛红肿，流下了无助而绝望的泪水。她耷拉着肩膀，双手不停地颤抖。她在诉说日益孤僻和暴力的 9 岁儿子带给她的痛苦。她已经束手无策。儿子变成这样，是因为他沉迷于社交媒体吗？是他受到了同龄人的影响吗？是学校压力太大吗？是棒球教练太严厉吗？还是说，这是她自己的原因？因为她正忙着照顾她 4 岁的女儿，而女儿也有女儿的问题。她的儿子到底出了什么问题？如何才能解决？黛安娜已经受够了每天都会上演的亲子冲突。生活怎么会变成这样？她已经走投无路了。

她的窘境折射出我几十年来帮助过的上千位父母的绝望，我甚至从中看到了我自己的影子。我完全理解，她非常害怕自己与孩子变得形同陌路。她的话让我想起了我和女儿马娅发生冲突的那些时刻。如果你是一位家长，你一定也能理解这种跟孩子僵持不下却束手无策的懊丧，或是那种不论你多么努力都无法靠近孩子的凄凉。黛安娜走进了死胡同，在里面撞得筋疲力尽。

像黛安娜一样,大多数父母都渴望改善或修复他们与孩子之间的关系。在许多父母眼里,这是最重要的关系,没有之一。如果亲子关系亮起红灯,我们肯定不好受。没有什么烦恼比亲子关系出问题更折磨人了。我们愿意倾尽全力让孩子感受到我们的理解、鼓励和彼此间的亲密,只是许多父母不知该怎样做。我非常确信,所有父母,不论年龄、种族或收入水平,都经历过类似黛安娜这样的痛苦。养育孩子就是这样——常常像迷失在无边无际的大海上。

我帮黛安娜制定了一套分步骤实施的计划,以重建她与儿子的关系。在取得多次重大进展后,黛安娜终于掌握了修复母子关系的新方法。眼看他们的关系一天天变得愉悦而充满活力,我的内心充满了暖意。这就是我倾力帮助父母们觉醒的原因,因为这么做能让亲子关系发生蜕变。而能够亲眼见证这些转变,是我莫大的福分。

在我女儿小时候,有一阵子我感觉毫无头绪,不知该怎么办,也不知该向谁求助。我觉得我对女儿的养育非常失败,其他父母都比我强,所以心里十分内疚。我和她的相处总是陷入一个怪圈:她做了我不喜欢的事,我很生气,随即吼她或不理她,接着女儿哭了,我开始自责,于是加倍补偿她,娇惯她,纵容她利用我的心软,结果我只能再次约束她,而她也再次不听话。我无论如何也走不出这个怪圈,感到十分痛苦。我不仅体会不到自己跟女儿的亲密感，心里很绝望，还积累了许多愤怒和怨恨的情绪。我知道，这样下去绝对不行，必须赶紧想办法。

直到我开始探索觉醒式养育，我才跳出了这个怪圈，得以重新开始。通过尝试这一方法提供的各种工具和策略，我终于逐渐找回了养育的快乐和母女间的亲密。觉醒式养育为我提供了路线图，挽救了我和女儿的关系。我不再迷茫，而且找到了建立紧密而深刻的母女关系的具体方向。

养育孩子苦乐参半。这条路，我已经走了20多年。我自己有孩子，工作也涉及育儿。我几乎每天都能感受到育儿的酸甜苦辣。我们对孩子的爱无比炽烈，因此产生的焦虑也让我们痛苦万分。育儿是冰火两重天，爱得热烈，也痛得深刻。孩子极大地滋养了我们的心灵，也狠狠地折磨我们，可他们转头离开时，甚至不知道自己做过这些事。

在成为母亲之前，我从未想过爱与痛竟然可以并行不悖，生养孩子竟需如此付出。孩子对我们的消耗几乎是全天候的，而且不仅费钱费力，也劳心劳神。孩子对我们的影响也是全方位的，不分时间，不分地点，甚至影响我们一辈子。直到做了母亲，我才顿觉责任深重，而此前的我对此毫不知情。我只看到玫瑰色的育儿生活——生日蛋糕、小狗和公园嬉戏。

没人跟我们透露过育儿的另一面，以及它对父母心理的影响。在我看来，没有谁在成为父母前就已了解它复杂的一面。

我们不知道自己将在育儿的过程中遭遇那么多让我们茫然无措的困境，例如孩子被欺负了，在学校跟不上了，跟同龄人合不来了，不想上学了……没有人给我们工具包来应对这些让我们心痛的情形，不是吗？我们只能独自摸索。没有人警告我们，当孩子排斥我们、不听我们的话、不把我们放在眼里时，我们可能会多么难受，我们随后的反应可能会多么幼稚。我们只是被丢进了这段揪心关系（也许是此生最揪心的关系）的汪洋大海。没有桨，没有救生衣，也没有路线图。

我牵着父母们的手，陪伴他们走过高潮和低谷，如今已有25年。在整个过程中，我总是惊叹于这一牵涉极广的独特关系所体现的人类经历的巨大共性。身为一名专业心理学工作者和母亲，我专门总结了一套非常有针对性的做法来修复亲子关系，即觉醒式养育。我介绍它的第一本书《父母的觉醒》（*The Conscious Parent*）出版于2010年。当时，这本《纽约时报》畅销书得到了埃克哈特·托利[①]（Eckhart Tolle）的盛赞。在那之后，我又写了三本畅销育儿书。也许你想了解我为什么还要写这本书，原因是我先前的书讲了什么是觉醒式养育，以及为什么要如此养育，而这本书讲的是该如何做。父母们一直希望我可以"绘制"一张路线图，以便他们能循着一条清晰的路径来改善亲子关系。这本书就是父母们期待已久的那张路线图。

[①] 曾在剑桥大学担任导师，著有《当下的力量》等多部畅销作品。——编者注

我不了解你的情况，但我开始养育自己的孩子时是毫无头绪的。虽然当时我已经帮助过几百位父母，但这一经历对我养育自己的孩子几乎没有帮助。当眼前是自己的孩子时，情况就完全不同了，是不是这样？我们都能为别人的生活出谋划策，可事情一旦落到自己头上，就是另一回事了！

说实话，如果我没有遵循觉醒式养育的原则，那么我不仅会把孩子的自我价值感毁掉，自己也会生活在极大的痛苦之中。我写这本书，就是为了能让你拥有我初为人母时所希望拥有的东西——一份关于如何养育孩子的详尽指南。

请注意，你即将读到的内容可能会极大地改变你的生活。读完这本书，你对自己和你爱的人的整个看法都可能会被颠覆。因此，这本书读来可能并不轻松。这么说吧，你会发现自己身上一些你从未意识到的东西，并且深受冲击。读完这本书后，也许一切都无法再回到原来的模样。有人曾告诉我，我写的每一本书都有这样的颠覆性。为什么？因为它们是模式爆破器、观念驱动机和心灵清醒剂。它们质疑现状，会动摇你的陈旧观念，暴露你的病症。它们会打破你对自己、对孩子、对生活的一切幻象，迫使你面对残酷的现实。它们会敦促你觉醒，将一切消耗生命的旧模式悉数打破。

这本书需要勇敢、无畏、有志于探寻真相的读者。既然你已经读到了这里，那就说明你具备这些品质。如果书里的文字揭示或触碰了你的痛处，不要放弃。花一点时间，想想你回忆起了什么。这些文字旨在刺激、搅动、改变、鼓舞和激发你以全新的方式思考和行动。我们的孩子理应拥有敢于抛弃旧的生命状态和行为方式、愿意尝试新方法来与孩子建立亲密感的父母。你可以成为这样的父母。既然你正在读这本书,那就说明你已经是这样的父母了。

今天的父母处在一个特殊的时代,日新月异的科技变革带来的压力前所未有。虽然我们的父母也曾为我们的未来担心,但今天的父母的担忧要严重得多。世界飞速变化,让我们跟不上脚步,也让我们内心充满了恐慌与无助。但我们接下来做了什么呢?我们把这些情绪化作非常高的期望,迫使孩子表现得比我们父母心目中的我们还要完美。孩子们感受到了这种压力,并且被压得喘不过气来!看看结果吧:精神疾病的发病率正在以前所未见的速度急剧上升,完全没有下降的迹象。青少年的自残率和自杀率高得惊人,焦虑症和抑郁症的青少年病患已多到无法形容。孩子们遇到了问题,我们却使不上力,只能干着急。

然而实际上,我们既使得上力,也不必干着急。我们能做很多事情,只是需要知道该怎么做。这本书会帮你。它会告诉你如何清理亲子关系的废墟,打下拥有自信和亲近感的新地基。如果你照书里的步骤去做了,你就会发现你与孩子的关系慢慢(有时是立即)变好了起来。觉醒式养育的策略将是指引你驶离迷雾、驶向全新亲子关系之彼岸的灯塔。

觉醒式养育不是为胆小鬼，而是为勇敢无畏的人准备的。它属于敢于挣脱旧模式、打破幻想的人，即敢于跳出舒适区并重新开始的人，哪怕需要承受孤独。尽管听着可怕（我没说假话，确实可怕），但觉醒式养育能带给你传统养育方式所缺失的东西——真正亲密的亲子关系，这种关系尊重彼此本来的样子，因而无须去操纵或控制。觉醒式养育旨在建立这样的亲子关系，即双方都能在其中自豪而快乐地肯定自己的价值。如果这样的亲子关系是你一直渴望的，这书你就选对了。

只要读到这里，你就已经向育儿和生活方式的巨大转变迈出了第一步。只要捧起这本书，你就是在宣告，你不再接受当下的状况。记住，并非所有父母都能注意到觉醒式养育的呼吁。你不只注意到了，还响应了它。

觉醒式养育能给予我们一直渴望的东西：深刻而持久的内在价值感。我们每个人不都渴望内心深处的自己能够真正被理解、被肯定吗？每个人都渴望自由地绽放真我，远离评判、内疚与羞愧。我们的孩子对此也有深深的渴望，而好消息是：觉醒式养育能告诉你如何满足这一渴望。当你接受和尊重孩子的个性，而非试图让他们符合社会的期望时，你就可以确信，没有什么比允许他们成为真实的自己更重要的了。

我代他们感谢你。

我们开始吧！

引言

你与孩子的情感纽带是这世上最神奇的东西
它让你欣喜若狂,也让你痛不欲生
它让你意气风发,也让你自惭形秽
它点燃你的创造力与想象,也摧毁你的美梦与幻想
它是你的首席心灵师和促变者,也是你的终极克星和引爆器
它让你振作上山巅,也让你沉沦坠谷底
只有它有如此力量,也只有它能令你如此无助

你与孩子的关系极其特殊,原因有二。其一,你要对孩子负全责——从出生到成年,甚至成年之后,都是如此。其二,没有哪两个孩子是一模一样的。由于这两点,亲子关系就成了极难经营、极其揪心也极其复杂的关系。要想让它存在和发展,家长们就得运用一整套特殊的技巧和工具来应对。

孩子"来自于你",不论身心都是如此,所以你要对孩子负全责。因此,你对他们的身心健康的投入和关心也非同一般。这种关系绝无仅有,只存在于你和孩子之间。诸事顺遂时,它能带给你无边喜乐。遭遇麻烦后,它也能让你陷入焦虑、失望和痛苦。

在生活中，你可以选择不再与其他成年人交往，躲开他们，朋友也可能与你反目或渐行渐远。许多关系会结束，婚姻有时也会解体。然而你和孩子的关系却永远都不会结束。不论好坏，他们都是你的孩子，永远都改变不了。你只有两种选择，要么主动迎难而上，克服迷茫、绝望与疲惫，要么掉下悬崖，坠入关系破裂的万丈深渊。

这段关系独一无二的第二个原因是，他们是"孩子"。我之所以在这里加引号，是因为孩子是非常独特的一群人。他们遵循不同的规则，拥有不同的大脑，需要我们使用完全不同的语言去与之沟通。我认为，我们低估了我们与他们之间的差异。我们会想："他们不过是小一号的我们，能有多难？"

孩子不是小一号的我们。没错，他们和我们都是人，但仅此而已。在所有其他方面，两者都无法相比，压根儿不是一回事。由于我们没有应对这一差异的工具，所以总把事情搞砸。大多数成年人都缺乏与"孩子"沟通的能力。你学过儿童语言学或儿童心理学吗？当然，有的人确实学过儿童心理学，但这与生养你自己的孩子并且去了解他们的沟通方式仍旧是两回事。

这便是为人父母的残酷现实：无论到了哪个育儿阶段，我们都承受着巨大的压力，因为我们知道要对孩子负责，也完全知晓我们极度缺乏相应的技能去理解孩子、与孩子沟通和建立亲密感。

若想走上这条成长和改变的道路，我们就得承认自己不了解很多东西。谁也教不会不想学的人。接受我们在为人父母方面的无知是一切的开始。只有诚实地接受这一点，才能让我们打开头脑和心灵，去学习和成长。只有遭遇痛苦时，不去逃避，而是用心面对，我们才能改变自己。

我们这些父母总是假装自己知道或理应知道该如何养育孩子，这说明许多父母都有妄想症。我们总想假装自己很完美，假装一切有条不紊，甚至遇到麻烦也只是默默承受，不敢让别人看到我们的痛苦。我们不寻求帮助，不分享经验，不努力学习，也不寻找新的解决方案。结果呢？孩子就成了我们不愿承认自己无知的受害者。

事实上，我们并非只凭直觉就能知道该如何养育孩子，所以孩子让你抓狂在所难免，你无计可施也十分正常。你不是"坏"家长。我希望你能记住这些话。你不懂育儿很正常。

我即将介绍包含详细步骤的养育路线图，它将帮你彻底扭转这一局面。我将耐心地、手把手地告诉你觉醒式养育该如何实施。在实践当中，你的思维、行事和沟通方式都会改变。一旦完成这些步骤，你与孩子的关系就会面貌一新，你与自己的关系亦然。

觉醒式养育的实施有三个关键阶段，不同阶段对养育力的提升各有侧重。第一个阶段是"从灰心失望到豁然开朗"。这个阶段的第一步是清理旧的观念和想法。我们这些父母深受许多文化观念的影响，例如孩子应该成为什么样的人，以及如何成为这样的人。这些观念让我们把许多标准和期待强加给孩子,而这些东西往往会伤害我们与孩子的真我产生链接的能力。只有在这样的层面发生改变,我们才能继续深入。

第二个阶段是"从病态模式到主动选择"。在这部分内容里,你将看到过去的模式是如何不声不响地影响了你现在的生活方式和各种决定。你将学到如何破除这些旧模式,以便主动做出当下真正想要的新决定。做到了这一点,你和孩子的关系就会迅速升温。

第三个阶段是"从冲突到亲密"。这个部分专门讨论如何建立更加亲密的亲子关系。你将学到如何更加深入地理解孩子,以便听懂孩子的话,让彼此的心靠得更近。

我会把每个阶段分成许多步骤来帮你实现目标。改变不会突然发生,需要积累点滴之功。如果你在阅读当中想起过去与孩子的冲突,很可能会产生强烈的内疚和羞愧感。请注意,这些感受非常正常。当你体会到这些感受时,我强烈建议你与自己共情。正如玛雅·安吉洛(Maya Angelou)[2]所写:"在你的认知范围内尽力做到最好。认知提升后,再去追求更好。"用爱意善待自己。还有,你一定要记住,促使你捧起这本书的正是你过去的那些下意识的反应。过去的已过去,最重要的是当下。你此刻正在学习新知,这是非常勇敢的举动。

---

[2] 美国作家、诗人,代表作有《我知道笼中鸟为何歌唱》等。——编者注

阅读时，对自己耐心些，因为改变往往需要时间。你改变的不仅是你和孩子的相处模式，还有此前流传了数代人的相处模式。所以，慢慢来。没有非得达成的完美目标，也没有必须获胜的比赛。你此刻的学习状态已经展现了极优雅的风度。我会一直陪伴你，为你获得新知、做出转变而欢呼。我们会一起前行。

在前行的同时，你也要记住：没有哪个家长是完美的。我们也许会把完美投射到别人身上，但是作为一名帮助过数千位父母的治疗师，我可以负责任地告诉你，没有哪个家长是完美的。相反，所有父母心里都充满了疑惑。如果你把任何形式的完美投射到我身上，那么我现在就打破它：我帮别人恰恰是因为我急切地想要帮自己。所以，我们在同一条战线上。我曾有过和你一样的感受——全世界的父母都有过和你一样的感受。养育孩子不论对谁来说都是难题，因此我们才急需这本书来展示这幅养育路线图。

下面，我们将开启这一成长之旅的第一个阶段——"从灰心失望到豁然开朗"。

> 第一阶段

从灰心失望到豁然开朗

宝贝，只因有了你
　我才渴望完美
　唉，我过去真傻
因为是你让我知晓
完美不仅无法达到
连追求它也是妄念

事实上，只要做了父母，你就会犯错，谁也逃不掉这一宿命。比起其他关系，亲子关系很可能最容易让人陷入焦灼。

原因在于，与我们朝夕相处的孩子处在成长的关键期，而此时的我们也在成长，在不断认识自己。但我们大多心理不成熟、稚气未脱。这就形成了一对尖锐的矛盾：处在成长关键期的孩子需要父母处在最佳状态，但我们尚未达到这一状态，甚至连它的一半都未企及。这导致了很严重的问题。孩子的各方面都未成形，我们这些父母也不太成熟，这种局面是无法避免的，不怪任何人。

所以实际情形是，我认识的所有父母都犯过很严重的错，所有父母！所以，假如你正在为孩子的事感到自责或惭愧的话，你就可以长吁一口气了。育儿无须完美，甚至无须优秀，只需觉知和觉醒。

觉醒意味着理解我们痛苦背后的核心原因。例如，你为何会失去理智，像三岁小孩那样跳脚，或是像青春期的孩子那样喊叫？关键不是彻底杜绝此类情形，而是理解这背后的原因。这不仅能显著减少亲子冲突，甚至还能让我们窥见冲突的根源。想象一下，假如你明白为何一个半岁小儿就能让你心态崩溃，为何一个5岁幼儿的哭闹就能让你口不择言，或者为何一个青春期孩子的轻蔑顶撞就能让你火山爆发，你会有什么样的感觉？

所以，要提升养育力，就得从根源下手。不理解为何发生，就不会知道如何解决。不懂为何会把事情搞砸，怎知如何着手改进？如同身体的病痛，得先找到病因，然后才能对症治疗。这就是这一阶段的核心任务：理解和觉知。

我在这里展开的这份养育路线图，也是我在带我的女儿时所遵循的。我花了许多时间经历这些阶段，摸索这些步骤。在反复试错、绕路和碰壁后，我终于开始转变方式，最后成功地从一个怕这怕那的控制狂变成了一位平和快乐的母亲，带孩子也从苦差事变成了逍遥游。不过，受益最大的还是我的女儿。她的内在价值感和自信越来越强，表达真我的胆量越来越大，不论表现平凡还是优秀都一样快乐。最重要的是，我们之间的争吵和冲突慢慢消失了。我越不去控制，她就越没有反抗的必要，我们的交流也变得越来越畅快和随性了。

觉醒式养育需要耐心和勇气。每走一步，你都能向你的真我靠近一步。这样一步步走下去，你不仅会找回你的真我，也会停止阻拦孩子找回他们的真我。只有开启这段旅程，你和孩子才能摆脱过去的相处模式和代际创伤的拖累和束缚。觉醒式养育能打破你根深蒂固的生活方式，帮你塑造全新的自己，而你的孩子也会因此获得自由。

你准备好了吗？深吸一口气——出发吧！

第 1 步

找到问题的焦点

我努力影响你的情绪

调整你的感受

主宰你的命运

控制你的心灵

终于走投无路

你无须改变

有问题的

是我

亲子冲突的根源，与其说是孩子，不如说是你和你的童年创伤

我女儿 3 岁时发生过一件事，给我留下了很深的印象，好像就发生在昨天。直到后来接触了许多父母，我才发现这种事很常见。唉，要是当时知道这一点该多好，我就不会觉得自己很失败了！

那天我们该离开公园，回去做晚饭了。我已经做好了心理准备来应对女儿的拖拉和不配合，并预留了不少时间，可没想到，我再如何准备也应付不了随后到来的混乱局面。她的反应十分激烈，坚决反对离开公园。一听说要走，刚才那个可爱顽皮的小天使转眼间就变成了大魔王。你遇到过这种事吗？孩子上一秒还好好的，下一秒就开始哭天抢地、撒泼打滚。我第一次遇到这种事，当时的震惊、尴尬和窘迫无法形容。

女儿说什么也不肯离开公园，我只好把她硬塞进婴儿车。在我们走路回家的 20 分钟里，她尖叫、吼叫、嚎叫、咆哮、大哭了一路。看她那痛苦的样子，不知情的人还以为那婴儿车是把电椅。她胳膊乱甩，身体挺直，吸引了所有路人的注意。指责的目光从四面八方直刺过来，他们一定认为我是这世界上最差劲的妈妈。我以为女儿折腾久了会累，可她丝毫没有停歇的意思，反而哭闹声越来越大，每一秒都让我感到煎熬。

我尝试了很多办法，转移注意力、呵斥、抱怨、皱眉、叹

气、大叫、责骂、恐吓，却都毫无效果。我安静了片刻，接着又开始唱歌、安抚、威胁、贿赂。我尝试变换各种腔调，吓人的、甜美的、生气的、温柔的。我逗她，讲笑话给她听，甜言蜜语地哄她。我还试图摆事实，讲道理。最后，我不得不放弃，停止了挣扎，满怀羞愧地走回了家。我从未经历过如此漫长的20分钟，那真是我此生的至暗时刻。

到家时，女儿已经让我彻底崩溃了。我心想："我是全世界最差劲的妈妈。"无助和恐慌的岩浆在体内涌起，我爆发出一声愤怒而懊丧的呐喊，让人毛骨悚然。孩子的爸爸闻声，赶紧把女儿带到了远离我的地方，还用轻蔑的语气让我控制好情绪，我听了之后更难受了。最后，我离开家，一个人走了很久很久。

这次经历是我人生的转折点。我一边走，一边认清了当下的现实，即我完全不懂该如何从情感的角度帮孩子调整心境、情绪和想法。就在那一刻，我意识到我的孩子——而且很可能是所有孩子——都能让父母陷入无助、愤怒和失控的境地。问题不在于孩子做出了怎样的行为，而在于孩子的行为让父母产生了怎样的感受。

我感觉我抓住了真相。我明白了。我那天的反应与我的孩子**完全**无关。她只是在做自己，想多玩一会儿。我产生的所有想法、感受和行为，都与我内心深处的某些东西有关。**一切都是我的问题！**

我哭了。我的眼前浮现出了孩提时的我。我看到一个无助的小女孩渴望主宰她的世界,渴望从父母和老师那里得到认可,感受到自己的价值。她缺乏安全感、不自信,迫切地希望从身边的大人那里得到关注和肯定。她失落极了。

我意识到,我3岁的女儿唤起了我内心的伤痛。那天她不听我的话,拒绝屈从于我的想法,激发了我内心的无助感。这种无助和无力感,跟我小时候体会到的一模一样。旧痛浮上心头,遮蔽了我的双眼。我感到一阵恐惧,于是极力想要拯救我的内在小孩,却错把我的女儿当成了需要去征服的敌人。我失去了共情能力,丝毫意识不到她也在挣扎。我的内在小孩接管了一切,眼里只有自己。它只想赢、赢、赢,不惜一切代价。

童年的伤痛如此强烈,让我一下子启动了生存模式。女儿的意志撞上了我的意志,激起了我的恐惧,于是我想控制她。而她拒不服从我的控制,我便失去了理智。我立即给她贴上了"坏孩子"的标签,把她当作敌人,进而想要逃离她,抛弃她。这时,自责如潮水般涌上心头,让我羞愧难当。我不敢相信,自己竟能如此冷酷无情。

我恍然大悟:当时那种反应并非出自"我"本身,而是出自埋藏在我心底的、我几乎意识不到的另一个我,即我心里那个受了伤的内在小孩。你看,当下与过去之间有一道情感裂痕,而它就是理解我当时反应的关键。我对当下的反应源自童年的创伤,而这些创伤只是些陈年旧事。这一觉知好似一道闪电,让我瞬间觉醒。那一刻，一切忽然清晰了起来，觉醒式养育的种子也就此播下。

每当我告诉来访者"你的孩子没问题"时，他们都会当即反对。

他们会问："那是谁有问题呢？"

当我说出"你有问题"时，对方常常会目瞪口呆。

听我说，我明白你在想什么。有人说你自己就是问题所在，这话听着确实刺耳，但认识这一真相却是觉醒式养育的第一步。

把养育的焦点放在自己，而不是孩子身上

我们都在传统养育方式下长大，所以会认为孩子是养育的焦点。然而这种做法既不正确，也非常有害。**养育的焦点应该是父母，而不是孩子。**

当众介绍这一观点时，我常常会遭到反对。很多人会说："这么说太无礼了！""你什么意思，养育的焦点是我？你想说这都是我的错吗？"你可能在想："孩子有多动症或者爱发脾气，怎么成了我的责任？""孩子有社交焦虑症，跟我有什么关系？"我们这些父母很讨厌别人的指责和评判。我们如此看重"父母"这一身份，以至于任何攻击都像是对我们的脆弱自尊心的伤害，甚至亵渎。有人竟敢含沙射影地说孩子的问题是我们导致的——**绝对不行！**

与大多数父母一样,在有孩子之前,我对如何做母亲也心存误解。我以为只要给孩子足够的关注和爱就够了,关注孩子的父母就是"好"父母。如果不这样做,在我看来就是只顾自己,就是自私。可我现在想告诉你,这样完全是本末倒置,父母眼里如果只有孩子,其实非常有害。

这种观念极具误导性,它会让我们以为,好父母应该专注于养育完美的孩子。我们应该通过完美的童年生活,造就和培养出完美的孩子。这种压力太沉重了,是不是?一旦达不到预期,我们顷刻间就会陷入羞愧和自责的旋涡当中。

面对这些无法实现的愿望,你知道你和孩子得承受多么巨大的压力吗?我们这些父母认为,我们的孩子应该擅长美术、音乐和体育,有创造力、聪明、善良、社交能力强、敢冒险,而且最重要的是,要永远快乐。我们一直被这种观念和自己的强烈自尊所欺骗,真心认为自己十分独特,能把这一切全部实现。

然而现实是残酷的。我们会发现,自己并没有那么厉害,孩子也并非天赋异禀。我们意识到,他们其实很普通。然后我们却不肯承认这一点,反而把希望孩子成龙成凤的不切实际的沉重负担,全都压到孩子的肩膀上。这一压力全都来自这条害人的底层信念:**正确的养育方式就是要养育出极为优秀的孩子。**

只要你认为正确的养育方式是对孩子的"改造",你就会事无巨细地掌管他们的生活,榨干他们的所有精力,想方设法地控制他们、改变他们。然而，我们都知道努力改变别人会带来什么结果，那就是失败、粉碎、灰飞烟灭。

如果你已经到了四十不惑之龄，那么你大概已经意识到，你能改变的只有自己。这句话同样适用于养育孩子，可是这正是最容易出问题的地方。因为父母认为，改造孩子是自己的神圣职责和必须承担的义务。而一旦孩子不服从，结果会怎样？我们会感到无能为力，继而大发雷霆。我们责骂、喊叫、惩罚，还觉得自己这么做理所当然。

觉醒式养育首度揭示了这一观念的危害，因而是一种革命性的养育方式。传统养育方式追求完美，但这一点既不现实又有害身心，常常让父母和孩子两败俱伤。

不重新养育自己，就不会真正有能力去养育孩子

那么，我们该怎么做呢？

把养育的焦点从**塑造孩子**转换到别处。转换到哪里呢？

转换到**你自己**身上！

你要做的是**塑造全新的自我**。焦点一旦转换，整个局面就会焕然一新。

想象一下，假如所有父母一开始就知道，**养育之旅的主题是养育自己而非养育孩子**，结果会有多么不同。如此一来，父母就会把焦点放在自己身上，努力成为更好的自己；就不会费

尽心机改造孩子，而是改造自己；就会明白，**不回过头来重新养育自己，就不会真正有能力去养育孩子**。

如果我们专注于设计和改造孩子的童年生活，我们开启的就是经理人和暴君模式，我们就成了工头和控制狂，成了孩子的老板。简单地说，我们是孩子生活中的梦魇。

觉醒式养育改变了这一切。它提醒你关注自身，用完全不同的方式来面对孩子。你不再控制孩子，而是想方设法与孩子增进感情。你不再说教，而是向孩子学习。你不再为孩子领路，而是允许孩子走自己的路。你不再是孩子的上司和老板，而是他们的伙伴。你的养育方式和对待孩子的态度都会焕然一新。

焦点的转变会带给你新的觉知，即养育不在于孩子做了或没做什么，而在于你如何回应孩子，在于你回应时产生了什么情绪，以及你如何处理这些情绪。

这里就是你过去的伤痛发挥作用的地方。如果孩子情绪崩溃或顶撞你，你内心是什么感受？你想到了什么？你想大声叫喊吗？你觉得自己被冒犯了吗？你是战斗、逃跑，还是愣在那里不知所措？

一切皆取决于你。

养育的核心不是别人，而是你自己。养育的重点不是孩子有什么感受、情绪或反应，不是他们是优等生还是留级生，也不是他们是否听话、礼貌或快乐，而是你。权柄就在你手中，在你的回应方式中。

我们陷入了误区，认为自己的反应取决于孩子的行为。这种认识十分错误，因为我们的反应往往与孩子或孩子做了什么毫无关系。大多数时候，我们怎样反应是与孩子或当时的情境完全脱节的。这些反应针对的是过去的事。它们虽然发生在当下，却是指向过去的。因此，我们与孩子的疏离，在很大程度上源自我们过去的未愈之伤。

你的童年创伤疗愈得越充分，你就越是能带着觉知回应孩子

你会如何回应孩子，取决于你内心伤痛的疗愈程度。这才是一切的症结、核心和关键——你内心伤痛的疗愈程度。觉醒式养育是一段深刻转变的旅程，这一转变几乎全部发生在精神和心理层面。而孩子是你的首席唤醒者。孩子能令你内心深处的缺失和创伤显露出来，映照出你的真我，让你发现自己是多么需要疗愈和成长。

如前所述，你和孩子的所有冲突和矛盾反映的都不是孩子的问题，而是你有多么需要提升自己的觉知。它们折射的是你过去的创伤对你当下的情绪状态的影响。一个人越是旧伤未愈，当下就越是会深陷痛苦与冲突之中。所以，如果我们把亲子冲突看作反映我们自身疗愈水平的镜子，成长和蜕变就会发生。

与其改造孩子，不如着手改造自己。

这样一来，养育孩子就会成为你提升情绪整合能力③与心理健康水平的利器。

孩子比其他任何人都更能让我们看到自己内心深处的缺失。我们越是期待孩子成为我们心目中的样子，而非他们自然会成为的样子，我们内心深处的缺失就越严重。想让孩子"闪亮"，映照出的是我们内在的"不闪亮"。一旦明白这些期望产生的原因是我们对自己的内在缺乏觉知，我们与孩子的关系就会发生转变。

随着内心逐渐得到疗愈，我们会慢慢活出本真的状态。这一点会直接影响我们亲近孩子的能力。我们越是理解自己，就越是能理解孩子。我们内心深处的感受越丰盈，我们眼里的孩子也就越丰盈。我们与自己内心的关系改善后，我们与他人的关系也会随之好转。这就是我们与孩子结成深度精神伙伴关系的过程。在这个过程中，我们也必定会慢慢发现，孩子给我们的滋养远超我们给他们的滋养。整个过程的威力就在这里。当我们把焦点从孩子的成长转移到自身的成长，我们才能把陪伴孩子的每时每刻转变为自我觉醒的契机。这时你的养育方式已经不再是改造或改变孩子，而是自我进化。

你感受到自己的疗愈和成长可能引发的巨大改变了吗？如

---

③ 充分感受情绪并理解其意义的能力。——译者注

果你感受到了,那就说明你已经准备好睁开眼睛,成为更加觉醒的父母了。下面,我们来实践改变的第一步。

觉醒实践

亲子冲突的根源与其说是孩子,不如说是你和你童年的创伤。认识到这一点,亲子关系的改善就迈出了一大步。你会停止责备和羞辱孩子,转而为自己的反应负起责任。一旦你真正明白你自身的问题对你的养育方式会产生多么大的影响,你就能把关注的焦点从孩子转移到自身。

下面的练习能帮你理解,你过去的恐惧、创伤、渴望和期待,对你的养育方式和你的孩子的影响有多么巨大、多么深远。

把这句话补全:

我生养孩子是因为 _____

_____

_____

_____

你的回答可能是:

我喜欢孩子。

我梦想成为一名母亲(或父亲)。

我想生养许多孩子。

我想被爱、被接纳。

你的回答会用哪个词开头？是"我"吗？如果是的话，你生养孩子的原因就与孩子无关，而只与你自己的希望和梦想有关。

为什么这一觉知很重要？因为它能让你看到你的我执，看到即便孩子尚未出生，你就已经满怀各种需要、愿望、梦想和期待。尚未觉知到这一点的你已经准备好把这些东西通通"丢"到你的孩子身上，你甚至没有思考过，你的这些想法是否符合孩子的天性。花些时间，认真体会这一觉知，因为它真的很重要。它能让你看到，你是如何背负沉重的我执开启养育之旅，并且任由它影响你随后关乎孩子的所有决定，例如你如何夸赞或羞辱他们，如何为他们感到兴奋或失望，等等。你的一切养育决策，都受到你在远未成为父母之前就抱有的众多愿望的影响。

现在，我们来做另一项练习。想想孩子让你头疼的原因是什么。把下面这句话补全：

孩子让我头疼是因为 _____

_____

_____

_____

你会如何回答？"因为"后面的第一个词是什么？是你女儿或儿子的名字，还是代词"他"或"她"？还是你生活里其他人的名字？如果是这样的话，你就是在把你的困扰归咎于别人。这个词如果不是"我"，那就有问题，我们就得检查自己是否搞错了焦点。

我想用一位来访者的例子来解释这一点。艾莉总是跟她的14岁女儿贝卡闹翻。我让艾莉补全句子："孩子让我头疼是因为……"

她的回答是："因为贝卡特别不听话、叛逆、固执，跟她说什么都不听。"她接着告诉我，她已经试遍了她的父母对她用过的所有养育技巧。她试过大声责骂女儿，罚她站墙根儿，甚至关禁闭，但似乎都不管用。"她是天底下最难管的孩子，生养她简直是活受罪！"

你明白我的意思吗？艾莉把焦点放在了贝卡和她的行为上，只要这点不改，问题就没法解决。只有艾莉意识到她才是这一局面的始作俑者，改变才可能发生，否则她就永远也跳不出这个怪圈。

我问艾莉："你想改变这种状况吗？"

她几乎大喊着说："当然想了！你觉得我这么痛苦是什么原因？"

我接着说："要想真正改变，你就得从自己身上找找原因！"

她吃了一惊："我？怎么会是我的问题？贝卡不听话，该做的事情不做，该写的作业不写，又懒又倔，怎么会是我的问题？"

我回答："你跟孩子的关系不太好，这对她的心理健康很不利，你是亲子互动中的一方。你得注意你这一方的问题，注意你跟孩子的疏离。"

我再次让艾莉做这项练习，补全下面这句话："贝卡让我头疼是因为……"她回答："我觉得自己特别失败！我想让她这么做，可她偏偏要那么做。她让我觉得自己很没用，好像自己什么都不是。好像她特别讨厌我！"终于，艾莉把注意力聚焦在了正确的事情上，即她自己的感受。

在随后的治疗中，艾莉找到了这些感受的根源，那就是她与母亲的关系。她说："我妈妈很少在我身边。她是公司的首席执行官，每天都很忙。我得不到她的关注，觉得自己一点也不重要。我用尽全力去做一个听话的、努力的女儿，可还是得不到我渴望的关注，还是觉得自己不重要。我总觉得是我不够好，是我有问题。"又经过几次治疗之后，艾莉终于明白，她过去一直渴望母亲关注自己，肯定自己的价值，如今又让女儿来满足她的这一需要。当贝卡反抗母亲的权威，甚至像许多青春期孩子那样完全不把她放在眼里时，艾莉就会认为女儿是在故意惹她生气。如同儿时所感受到的那样，艾莉觉得自己没人管、没人爱、没价值。艾莉不理解，贝卡只是处在人生中的一个正常发育阶段，可她却把这一切全部关联到了她自身对掌控感和存在感的需要上。从本质上看，她是把自己的需要投射到了毫不知情的孩子身上。她看不到贝卡只是在做自己，看不到贝卡没有责任去满足她童年未被满足的需要。

经过我们共同的努力，艾莉开始明白，她的母亲没能给她需要的关注，而这一点使她无力养育自己的孩子。她开始意识到，她对女儿的反应中夹杂了她对母亲的愤怒。看到这一点，她便开始抚慰心底那个愤怒的内在小孩，进而从内心深处发生转变。这种对内在小孩的重新养育不仅改变了她自己，也从整体上改善了她与女儿的关系。

现在你对我们将内心深处的痛苦投射到孩子身上的过程有了更深的理解，所以我们来重复这项练习。补全下面这句话，然后看看你能否不再因为自己的痛苦去责备孩子，而是去体会自己内心深处的真实感受。

孩子让我头疼是因为_____

_____

_____

_____

如果你能承认，你对孩子有情绪主要是因为你过去的幻想和期待没能得到满足，那么你的第一步就走对了。一旦觉知到这一点，我们就能发现，问题其实出在我们自己身上。这时，我们就不会去责备或改造孩子了，我们就可以思考一些更具自我反思、自我总结意味的问题了，例如：

为什么面对孩子时，**我**会有这种感觉？

面对孩子时，**我**感受到的恐惧和缺失来自我内心深处哪一个隐秘的所在？

为什么陪伴孩子的此刻，让**我**想起了过去的事情？

除去陪伴孩子，**我**还在什么场合有过类似的感受？

当你认清为人父母就是养育自己时，你就拥有了自我反思的能力。你就能迅速地把注意力转向你的内心，审视你内心深处的状态。每一次把注意力聚焦于内心，你的自我反思就会加强一分。觉醒式养育就是让我们善用养育孩子的机会来增进自我觉知，推动自我进化。

在接下来的几天里，注意你因为自身感受而责备孩子的各种方式，并且努力用对自己内心深处的觉知来代替责备。问自己下面这个重要的问题："我过去或此刻的内在情感状态如何影响了我对孩子行为的评判？"看清我们内心深处对孩子的投射，是从懵懂到觉醒的第一步，也是至关重要的一步。

第 2 步

打破幻想

剧本已经打磨完美了
演员挑了,导演选了
布景做了,灯也亮了
就等演出盛大开启了

然后你出现了,让一切停摆了

你不想出演我的电影
你拒绝接受你的角色

你损毁了服装和道具
你破坏了舞台和布景
你砸烂了我荣耀加身的美梦
只因你坚持做你自己

我被迫吞下难以下咽的苦果
不得不放弃我的期待
撕碎我的幻想
我不再为你修改完美的剧本
不再为你想象完美的未来
也不再梦想你实现了完美的目标
我把它们全都付之一炬

然而,意外的事情发生了
我找回了我都不知道自己已经丢失的东西
那就是我的灵魂

每个父母的心里,都住着一个"完美小孩"

我们这些父母都是技艺精湛的电影制作人。我们一直在不停地为我们的许多电影做前期制作,例如写剧本、确定结局。有些电影是讲述特定时刻或事件的短片,有些则是筹备多年的史诗巨作。我们甚至意识不到自己脑中同时在酝酿多少个剧本。它们严重搅乱了我们的思维,使我们深陷幻想,还妨碍我们与孩子的真我互动。这些剧本也不可避免地让我们的期待落空,因为这些电影从未制作完成。

我们这些父母内心可能同时幻想着许多部电影:

《我家的天才宝贝》
《我家的完美假日》
《父母天团一击制胜》

早在孩子降生前,三部曲就已经有了剧本,一众角色也选好了演员,我们的导演席位也已确认。我们已经精细地调整了孩子将来会是什么样的人、我们会使用怎样的养育方式,以及这个家将会是什么样子。然而遗憾的是,我们这些父母似乎都有点缺乏想象力。我们想要的东西基本都离不开"完美"、"永远快乐"和"马到成功"。是不是?

我们电影里的那个孩子简直是个天才。他"应该"成为终结贫困、攻克癌症、扫除毒品、解决气候问题的人,或者至少成为下一代的世界领袖或超级明星,例如纳尔逊·曼德拉、马丁·路德·金,换句话说,成为一个半神的人。

我们对完美小孩的幻想如同去餐厅点餐,例如来两勺阿尔伯特·爱因斯坦、一勺圣雄甘地、一勺特蕾莎修女、一勺巴拉克·奥巴马，再来点名人的才华，例如阿黛尔、汤姆·布拉迪、莱昂纳多·迪卡普里奥或朱莉娅·罗伯茨。我们要求并不高，只要我们的孩子能够拥有我们幻想中那个世上最富有、最聪明、最成功的人的部分特征就行。尽管我们自己在生活中距离他们都很远，但我们依然认为幻想中的孩子跟他们有关系。

电影的理想拍摄地，应该是迪士尼主题公园之类的地方。在那里，孩子们永远快乐，永远爱他们的父母，永远听话和感恩。他们也非常有礼貌，会亲手写感谢信，主动看望病人、洗碗、冲厕所、整理床铺、吃蔬菜，成绩是一连串的"优"，不满13岁就能挣钱——并且这些都是他们主动完成的。

我知道你也有过幻想，所有父母在生养孩子之前都有过很多这样的幻想。所以我们才轻率地做了父母，仿佛养育孩子就代表着财富和惊喜。然而当孩子降生后，我们才猛然发现，这可不是一件轻松的事！没有财富，没有惊喜——什么都没有，只有日复一日的辛苦劳作。现在，我们得伺候一位新老板，还没有加班费。我们是身兼数职的劳动者，被这些无情的小监工所奴役，而他们完全不知道体谅为何物。

我们太愚蠢了。在那9个月的孕育期里，我们任由幻想的泡泡越吹越大，直到吞没我们的理性。我们以为自己在"培育"和"创造"小天使，他们会像宠物，甚至布娃娃或手偶那般对我们言听计从。不管怎么说，假如我们整日整夜地养育他们，那么他们不就属于我们吗？

我们让孩子忙不迭地做这做那，并非只是想让孩子多多接触这个丰富多彩的世界，而是因为我们希望我们的幻想能够以某种方式成为现实。我们起码要看到孩子在话剧演出中有个像样的角色，而不是扮演布景中的一棵树；起码要看到孩子在大合奏中有个体面的位置，而不是在最后一排，伸长脖子才找得到；或者起码要看到孩子在集体比赛中有表现的机会，而不是枯坐冷板凳消磨时间。

没有谁是带着以下期待成为父母的，例如"我要养个失败的孩子"，或者"我要用接下来的18年求我的孩子去冲澡，说'谢谢'，整理他自己的东西"，或者"我要做个糟糕的家长"。没有人这么想。我们成为父母，是因为我们对自己和孩子都怀有巨大的妄念。我们要做优秀的父母，要养育优秀的孩子。

即使我们在孩子出生前的各种谋划已经被现实击了个粉碎，我们也仍旧没有停止脑中的电影制作。这些谋划和期待一直在不断地变化和发展，我们依旧对完美和优秀充满幻想。即使已经知道养育孩子是件困难的事，我们还是放不下这样的期望：只要我们对孩子严格要求，他们将来就能赢得拼字比赛，或者拿下州冠军，要是万事俱备，甚至还能斩获奥斯卡奖或奥运金牌。

你知道我这么说是有道理的。你那可怜的孩子只要说一句他喜欢敲桌子，你就会给他买一整套鼓，送他去上音乐课；或者只要他喜欢从一数到十，你就会送他去数学补习班。我们成为优秀父母的欲望如此强烈，乃至一丁点儿暗示就能让我们兴奋不已。我们一不小心就会变成那种可怕的"舞台妈妈"或"足球爸爸"，在场边高声尖叫、行为失控。

被迫在父母的电影中长大的孩子，总是觉得自己被错置、误解和束缚。他们想大喊："我只想过我自己的生活。我不要出现在你们的电影里面！"但他们做不到，因为他们的角色早在婴儿时期就被确定了，并且此前一直都在这么演，所以他们无法摆脱这些角色。也许你还记得你小时候所经历的这种令人抓狂的压抑，你被安排了你不想演的角色，可不演代价又太大，所以你只好硬着头皮演下去。最后，你只能带着这种挥之不去的压抑感和错置感长大成人。

因为我们的真我在小时候没有被充分认识和尊重，所以我们才有这种痛苦的内在缺失感，我们才会拼命找寻一些人、一些东西、一些成就或财产来填补内心的价值空洞。虽然每个人的急迫程度各有不同，但共同点是我们都极度渴望填补内心深处的缺失。如今我们带着这种渴望成为父母，并且把它投射到了孩子身上。孩子也因此成为我们最后的救赎，成为我们最终获取存在感和价值感的救命稻草。这正是缺乏觉知的养育方式的特征。我正在努力借助觉醒式养育来扭转这种做法。正在读这本书的你与我是同路人，这说明你也渴望拥有更多觉知，能进一步活出自己。

我们的内在越是缺乏价值感,就越是会向外去寻求控制和完美

我们越是渴望拥有完美的孩子和完美的生活,我们内在的价值缺失感就越严重。我们没有意识到这两件事之间的联系,但这一联系非常紧密。如果我去读我帮助过的所有父母的电影剧本,我会发现它们几乎一模一样,都包含这种下意识的对"完美生活"的渴望。谁不想要完美的生活?拥有这种生活该有多棒!然而我们都知道,这只是一种幻想。我们之所以想要这种外在的完美感,是因为我们想控制一切。如果事情能完美地、如我们所愿地发生,我们就会觉得一切尽在掌握。可我们又为什么想控制一切呢?因为它能让我们感到舒适和安全,让我们觉得自己很成功。

成功能给予我们价值感。**我们的内在越是缺乏价值感,就越是会向外去寻求控制和完美。**我们试图控制外部世界中的一切。而在我们身边的所有人当中,谁是我们觉得最容易控制的人呢?你猜对了,是我们的孩子。我们知道,我们无法控制我们的伴侣或大多数同龄人,所以我们就把控制的枪口朝向了弱小的孩子。一开始,我们幻想孩子的长相、名字、爱好、举止、品质、梦想,以及将来跟什么人结婚。后来,我们还会把自己加入其中,例如孩子会带给我们怎样的感受?想到孩子,我们心里会有多美?我们会觉得自己多么有价值、多么重要、多么成功?

所有准父母都拥有同样的幻想。他们内心的缺失感越严重，幻想就越美好，而当幻想未能实现时，幻灭感也就越强烈。

一旦孩子降生，我们就开始细致地为孩子安排一切，并开始塑造他们。我们粉刷孩子的房间，买玩具，按照我们的幻想去督促、培育和完善孩子。如果他们肯帮忙，我们就为他们鼓掌。如果他们胆敢抗议或反抗，我们就生气、发怒，埋葬他们的心灵。

我们在根据自己内心深处的渴望和缺失来创作电影，认识到这一点对父母的觉醒非常重要。然而，说来让人心酸，我们的我执紧紧攥着我们的情绪，让我们完全意识不到自己被情绪所裹挟。我的来访者劳伦就是一个极好的例子。有一天，她突然打电话给我，讨论她正处于青春期的儿子布莱恩。她在电话那头大声咆哮，指责他没能进入学校的篮球队。她情绪激动，怒火冲天。"一整个夏天，我都在求他训练，保持身材，可他完全把我的话当耳旁风。他宁愿和朋友们一起出去消磨时间。结果现在篮球队不要他。他一放学就没事干了，只能去瞎混。我真要被他气死了。"我听得出她非常痛苦，她觉得孩子的一切表现都是在跟她作对。

只要我们对外部刺激做出特别强烈的情绪反应，尤其是涉及孩子时，我们就要注意，问题往往没有那么简单。深入探索需要勇气和悟性。身为治疗师的我了解这一点，也经常引导来访者认识这一现实，可他们常常表现得非常抗拒。

我解释说:"你的愤怒来自你的内心深处,劳伦。这不仅与你的儿子和篮球有关,很可能还与你对他未来生活的想象有关。"

劳伦震惊得一时说不出话来,她顿了顿才说:"什么意思,我的想象?我没有想让他做运动员。这一直是他的想法。我生他的气只是因为他不求上进。他本来可以加入校队的,甚至能获得奖学金!他篮球一直打得特别棒。可他现在完全放弃了。这才是我生气的原因!"

父母们总有千奇百怪的理由对孩子发怒,是不是?因为我曾经就是这样。如果我的女儿拖拖拉拉、丢了钱包,或是犯了别的错,我也会找些冠冕堂皇的理由为自己开脱,例如"我只是担心她才吼她"。我们从来不想审视自己的内心,去寻找我们愤怒或恐慌的真正根源。

我向劳伦解释说,遇到这种事,感到有些失望当然很正常,但她的愤怒程度说明她心里有问题。她心里有什么问题?为什么儿子放弃篮球让她这么生气?这是不是已经完全成了她自己的事?成为一名篮球运动员的妈妈是否是她的梦想之一?她的愤怒是否与这一梦想破灭有关?我花了不少时间才逐渐卸下劳伦的心理防御,即她生气只是因为她关心孩子。

我轻声提醒她:"关心可以用无数种方式来表达。你可以与他共情,也可以同情他的遭遇,但是你生气了。"经过几周的治疗,劳伦的态度终于缓和了下来。她承认:"我喜欢看他打球,那种感觉好极了。他球打得特别棒,我很为他骄傲。我仿佛看到他的未来一片光明,功成名就。这让我觉得自己是个优秀的家长。一想到这儿我就特别开心。"

最后,她承认她很难过,因为她的期待落空了。她承认她的设想是以她自己为中心的:"我希望我的孩子成为一名运动员,因为这会让我觉得自己很好地履行了父母的职责。"劳伦开始谈到她童年的一些经历,让整幅画面清晰了起来。"我小时候一直希望长大能够做演员,可是我不擅长表演。在学校的戏剧演出中,我只能演些边边角角的角色,我特别想演主角。可是,我父母从不鼓励我。他们跟我说,我永远都不会成功。所以我放弃了我的梦想,做了一名药剂师,只为让他们高兴。但是,我从来都没忘记那种被否定的滋味,还有他们不支持我去实现梦想。"

一说完这些,她立刻明白了。她看出了其中的联系,脸色骤变:"啊,我的天哪!你是在说,我这么生儿子的气,是因为他让我想起了过去总被否定、没机会追求梦想的感觉吗?也许他甚至都没有为这样的结果感到失望,但我却因此想起了我小时候那些没机会去做的事?"

只有父母放下幻想,孩子才有可能成为真正的自己

劳伦终于看到了她过去的创伤对育儿的影响。她在无意中

对儿子的高中篮球生涯寄予了厚望。她没有意识到,她已经把自己的感情倾注在孩子打篮球这件事上,她的卷入程度远远超出了她的想象。因此,当他最终没能进入校队时,她无法让自己置身事外,保持冷静,也无法带着觉知去与孩子共情。

我确信,许多父母都能与劳伦产生某种共鸣。也许你发现自己被孩子的决定弄得心烦意乱,完全无法共情他们的感受。我当然也记得很多类似的场景:我过于沉迷自己的想象,以致情绪激动,没法关注女儿,给她需要的共情。我仍旧记得,马娅第一次参加比赛后,就决定不再骑马,可她在比赛中表现非常好。我崩溃了。我一直把自己想象成一个"马术妈妈",开着拖车,带上帅气的马。现在这个梦想破灭了。她甚至不给我再做一次马术妈妈的机会。该死的女儿!我之所以没有吼她,唯一的原因就是觉醒式养育。那时,我已经写了两本这方面的书,所以我知道这根本不是她的问题,而是我自己巨大的期待在掀起波澜。但是,假如没有这些年来的觉知,我一定会让她扛起我的梦想,让她为没能实现它而感到自责。

我们要是能意识到自己脑中的那些电影,就是帮了孩子的大忙。这样不仅能让我们放下幻想,还能让孩子免于因为没能让我们幻想成真而自责。我们会把孩子从我们指派的、而非他们主动选择的角色中解放出来,还会帮他们重新选择符合他们本心的角色。这样一来,我们就能把孩子从我们幻想的桎梏中解放出来,让他们无拘无束地飞向无限可能的天空,去追寻自己的梦想，成为真正的自己。

觉醒实践

我们内心的冲突，特别是在养育孩子这件事上的冲突，往往来自理想与现实的落差。落差越大，冲突就越大。如果下次你又因为孩子做了某个决定而心烦意乱时，不要责怪他们。你内心的冲突很可能与他们毫无关系，只是你自己的期望与现实错了位。这才是问题的根源。

那么要怎么做呢？你得深入自己的内心，诚实地面对你的那些电影和剧本。你对孩子的期望越高，失望的可能性就越大。这对孩子不公平，是不是？他们根本不知道你都幻想了些什么，更别提如何去实现这些幻想了。如果我们下意识地按照这些电影剧本行事，我们就不得不接受自己和孩子走向失败的结局。现在，花些时间把你为孩子酝酿的电影写下来：

片名是什么？
演员都有谁？
他们各自演什么角色？
电影的结局是什么？

在这里写下你在脑中酝酿的电影和剧本：

下面,在下方左栏空白处写下你对孩子的所有幻想,然后在右栏空白处写下你所面对的现实。例如:

幻想
我的孩子将来会是一名体育明星。
我的孩子会是个外向而大方的人。
我的孩子会是个优等生。

现实
我的孩子不喜欢运动。
我的孩子害羞、内向。
我的孩子学习不太好。

下面,在下方写下你对孩子的幻想和你所面对的现实:

幻想

现实

你有没有发现,幻想和现实之间的巨大落差可能会转变为你内心的焦虑和压力?想象一下,假如你怀抱的这些幻想最终却没有一个成为现实,那种感觉是多么痛苦。你可能会因为孩子或你自己而感到脸上无光。你可能会认为你的孩子或你自己是真的有问题。如果你意识不到你的这些幻想,你可能会长期

生活在失望和焦虑当中，甚至不知道现实为什么会是这个样子。

写下你的幻想和现实后，问自己下面这些问题：

我能优雅地放下这些幻想吗？
我能抛开电影，接受真实的孩子和真实的自我吗？
放下这些期待后，我有什么感觉？
给我带来恐惧和痛苦的，到底是现实中的什么？
我能从孩子本真的状态里找到快乐和满足吗？

　　放弃自己幻想中的电影是非常痛苦的。可是，一旦我们接受了现实本来的样子，而非与它对抗，我们就可能找到久违的平和。与其责怪孩子没有出演我们幻想中的电影，不如转而想办法去欣赏孩子真实的样子，而不是指责或羞辱他们。

　　跟我们一样，我们的孩子也应该生活在他们自己制作的电影里，而非父母或外部世界制作的电影里。如果一个人能够被允许从自己的梦想和愿景出发去开拓自己的生活，他就会拥有抵抗挫折的能力和价值感，就会肯定自己。我们的孩子也一样。他们不应该按照我们的期望或幻想生活，而应该笃定地去做真实的自己。如果我们能够放下自己对孩子的幻想，允许他们去开拓属于自己的人生，孩子就能得到自我价值和自我接纳这些无比重要的东西。这一切都开始于我们努力调整自己去适应孩子本真的样子，而非总想把他们塑造成我们心目中的样子。

第3步

停止控制

想既关心又不控制是很难的
如何去陪伴而不给人压迫感
如何去爱而不让人有窒息感
如何并肩携手而不在前领路
如何和蔼可亲而不粗暴蛮横

啊,这就是养育的艺术与核心
就是它的惊险刺激与奇妙之处
也是这一切说不出的神秘所在

没有公式，无法预测，不能松劲
只有走不完的钢丝和未知的前方

你对孩子的爱，本质上是一种控制

我们总喜欢宣扬自己对孩子的爱是多么炽烈、多么深沉、多么刻骨铭心。我们常常说，自己做的每一件事都是为了孩子，没有一丝杂念。然而，我要来戳破这个泡泡了。

首先我想说，你确实非常爱孩子，非常非常地爱。你对孩子的爱甚至可能超过你对任何其他人的爱。但是，你对孩子的爱，有很大一部分来自你对控制和占有的渴望。我知道这样说可能会戳痛你。你觉得你的爱是真心的，没有附加任何条件。然而事实上，**你的爱几乎都是某种形式的控制**。除非你愿意承认这一事实，否则你和孩子的关系就一定会受到影响。

我们跟孩子在一起的时候，也是我们的控制欲和占有欲最强烈的时候。我们下意识地认为，既然我们要没日没夜地养育孩子，那么孩子就是"我们的"。我们还认为，孩子的想法、感受和行为也是我们的。我们下意识地希望，我们的孩子能够如我们所期待的那般行事，能够按照我们所设想的方式生活。如果他们不这样做，我们就会表现出强烈的控制欲，用尽各种手段让他们服从我们的意志。最常见的手段是什么？是发怒和惩罚。如果没用，我们还可能不跟他们说话，不跟他们交流感情,甚至把他们当空气一样不理不睬。

想想看,你会像控制你的孩子那样去控制你身边的成人吗?如果你想这么做的话,你难道不会三思,甚至千思百虑后再行动吗?你难道不会表现得更友善、更宽容、更耐心吗?如果你的朋友吃饭迟到了,把钥匙忘家里了,没有及时把洗碗机里的碗碟取出来,或者没能在你需要时赶来陪你,你会大发雷霆吗?如果他们把你心爱的书籍或首饰弄丢了,你会对他们大呼小叫吗?你会羞辱、惩罚他们,或者收回你的爱,拿走他们心爱的东西吗?我想,在面对另一个成人的时候,上面提到的这些事情,你是一件都不会做的。你会静下心来,认认真真地考虑这么做可能会带来的后果。

为什么我们不能给孩子同样的优待呢?为什么孩子忘记带书包,我们就要大呼小叫?为什么孩子弄丢了衣服或手机,我们就要惩罚、责骂他们?原因只有一个,那就是我们认为孩子是"我们的",所以我们可以这么做。这一切行为的背后,都是占有和控制。可讽刺的是,我们却认为这就是爱孩子的正确方式,甚至称之为"严厉的爱"。

爱应该是严厉的吗?如果有人给你"严厉的爱",你感觉好受吗?要是我肯定不好受。你想让朋友或伴侣给你"严厉的爱"吗?为什么要把爱跟惩罚和控制搅在一起?为什么与爱关联的不能是共情、同情、恳谈和亲密呢?爱绝不应该与控制相伴,可控制恰恰是我们许多养育行为的本质。传统上,父母所给予的爱不只有纯粹的、真正的爱，而是爱、占有和控制的集合体。

我们给孩子的爱在本质上是控制，认识到这一点非常重要，否则我们还是会继续控制孩子，削弱他们内心深处的安全感和价值感。不论多小的孩子都知道，他们只有在拥有自由探索的空间时，内心的直觉才能变得更强大、更稳固。要想推动这一进程，我们就必须丢掉控制他们的想法，而代之以无条件的接纳，并调整自己去适应他们。我们要问："我的孩子到底是个什么样的人？他的需要是什么？"而不是问："根据我的需要，我要让孩子成为什么样的人？"

停止控制，开始共情，亲子关系才会开始改善

你可能发现你并不认同我的话。不少父母都会问："如果我从不控制或惩罚孩子,我又如何让他去做他该做的事情呢？"好像我们不去控制就只能彻底放手，而一旦我们真的允许孩子自由追寻内心，他们就会开始上演毒品、性和摇滚（这里代指一切非主流行为）的极限真人秀。为什么父母会有这种感觉？因为我们已经被灌输了"恐吓、责备、羞辱"这样的传统养育观念，我们曾因此被迫放弃了自己的摇滚梦。由于这些被压抑的自我没能得到整合，所以我们也把这一养育方式投射到孩子身上。因为我们自己在控制和压抑中长大，所以非常害怕缺少

控制的生活，于是我们便去控制和压抑我们的孩子。

当然，我**不是**在提倡甩手不管，消极养育。我说的只是**控制思维**及其对亲子关系的负面影响。觉醒式养育要求父母觉知到自己内心深处的这种思维模式，认清自己是怎样把控制强加给孩子的。

为什么这一觉知很重要？因为当孩子不听话时，他们就不必再承受因为辜负了我们的"爱"而产生的愧疚，而是可以得到我们的共情。因为我们已经知道，是我们把自己的意愿强加给了孩子。我们之所以鼓励孩子去弹钢琴而不是吹长号，之所以鼓励孩子去做滑雪运动员、篮球运动员、歌唱家、舞蹈家、画家或表演艺术家，可能并不是因为孩子的本心，而是出于我们对控制感和存在感的需要。

我的女儿不想继续学马术，辜负了我多年来的巨大花费，我如果生她的气，冲她吼叫，这到底是因为我爱她，还是因为我期待落空而情绪失控？女儿上小学五年级，考试没得"优"，我如果很生气，这到底是因为我太爱她了，还是因为我培养牛娃的如意算盘没能实现？每当我因为她没有达到我的期望而生气时，这背后的原因到底是我对她的爱，还是我对控制的需要？

真相是，每次我生女儿的气，都是因为我需要掌控感，而不是因为我爱她。如果我的期待没能顺利成为现实，我就会发脾气。我可以假装这是因为我爱护女儿，关心女儿，可这是彻头彻尾的谎话。真相是，我们对孩子的所有期待、我们加诸孩子的所有"应该"、我们对孩子必须这样做或那样做的所有要求，首先都来自我们对控制的需要。

你可能会问："可是，如果孩子的事情很严重怎么办？比如，他打了自己的兄弟姐妹，偷了老师的东西，甚至沾染了不健康的习惯。"我的回答依旧是：为什么一定要通过生气和控制去解决？这种反应只是我们自身的期望和幻想破灭的结果，而且也无济于事，我们仍需另寻他法。解决之道不是让孩子恐惧，以防他们再次犯错，而是要深入探究，找到问题的根源。你要问自己："孩子出现问题行为的根源是什么？"儿童的问题行为通常有三大起因：（1）信息不足。儿童生活经验少，对很多事情缺乏了解。（2）技能缺乏。儿童的大脑尚未发育完全，无法像成人那样理性决策。（3）自我价值感缺失。儿童非常害怕遭到我们的拒绝或否定。

如果我们不再生气，不再控制，转而与孩子共情，深入探索孩子的内心世界，那么亲子关系就可能开始改善。生气和控制只会带来分离和疏远。如果你想走近孩子的心，你就要彻底改掉生气和控制这两个坏习惯。

我们对控制的需要隐藏得很深，最初很难察觉。它把自己伪装成关心、爱护、支持和保护的样子。我们已经太久没有检视自己了，我们甚至以为，自己不管做什么都是出于爱。

我想让你学小提琴，即使你不喜欢，那是**因为我爱你**。

我希望你将来能做医生，那是**因为我爱你**。

我要你留长发，那是**因为我爱你**。

我那天叫你胖妞，那是**因为我爱你**。

我那天吼你了，那是**因为我爱你**。

你猜怎么样？我们真心相信自己的话！我们根本想不到，除了爱，我们还能有什么其他意图。

穿透"爱"的伪装，寻找深处的控制和操纵是一个非常痛苦的过程。它需要自我反思，需要我们极为诚实地看待自己。虽然我们可以把一切都说成是爱，但勇敢的人会愿意直面自己潜意识中对控制和占有的欲望。一旦看到我们隐藏在"爱"下面的控制欲，我们跟孩子的关系就会开始明显改善，从不平等变为平等互惠，从控制变为亲密。

如果我们看不见自己内心深处的控制欲，我们就会见到一幅相当讽刺的画面——当孩子不服从时，我们反倒觉得自己是受害者。我们想知道为什么自己这么倒霉，可事实完全相反，孩子才是我们施加控制的受害者。通常，他们的行为并不指向我们，他们也不是在与我们作对，而只是在释放自己的天性。他们当然会犯错，也会做出幼稚的事，但他们这样做极少是为了攻击我们。然而，我们却看不到自己内心深处对控制的贪婪欲求，于是颠倒黑白，把自己当成受害者。

对父母来说，停止控制是极其困难的事。在这里，我们首先要把负责任和控制区分开来，这非常重要。停止控制孩子并不等于不管孩子，而是意味着孩子不听话时，你不再把控制强加到孩子身上。注意，负责任和控制完全不同。前者是你照顾孩子，对孩子的安全负责，后者却是让孩子为你的感受负责。为孩子负责是无条件的，而控制却附加了很多条件。读到后面，你会更加清楚两者的区别。

觉醒实践

想要在控制和爱的问题上得到新的认识，你就得直面自己的内心。只要你对孩子做出了负面的行为，例如生气、责骂、吼叫、惩罚，或者冷落孩子，你的出发点就不是爱。不管你怎么解释，这都不是爱。你可能是爱孩子的，但是在那一刻，你所表达的并不是爱，而是控制欲。所以，下次在你即将做出这类行为时，请停下来反思，问自己下面这些问题：

为什么我总想让孩子照我想的去做？我能放手吗？
为什么我总想证明自己是对的？我能放手吗？
当孩子的做法不合我的意时，为什么我会觉得没有安全感？我能放手吗？

如果我们控制孩子，压制他们的声音，我们就会严重破坏他们的自我价值感,并在无意中使他们不敢维护自己的权益,这么做还会让他们产生极为有害的自我怀疑。他们可能会想:"也许是我不好,我不重要,所以无法按照自己的想法做事情。""可能我太坏了,我就应该受到这样的对待。"在这种情况下,我们与孩子的互动是失调的,我们无法与孩子拉近距离。记住:只要孩子感受到恐惧,亲子关系就会受影响。要真正走近孩子的心,我们就必须让孩子感到安全,允许孩子自由地表达真实的自己。

只要我们不断反思这种一味控制的养育方式,就不仅会主动停止这样做,还会开始跟受我们压制的孩子产生共情。共情是亲子感情的基石。只有停止控制,共情之花才能恣意盛放。

对父母来说,要认识到我们的爱是有条件的很难,然而一旦做到这一点,我们就会停止拿这些条件去要求孩子。下面这个练习,能清楚地揭示出我们的爱是有条件的:

如果我的孩子 _____,**那么**我会感到骄傲。
如果我的孩子 _____,**那么**我会难过。
如果我的孩子 _____,**那么**我会生气。
如果我的孩子 _____,**那么**我会失望。

做这个练习能暴露出藏在你的爱背后的条件逻辑。实际上,你只要留意就会发现,你在一天当中对孩子使用这一句式有多么频繁。可能有十几次，甚至更多。这种附带条件的控制会让孩子觉得，他们的价值建立在取悦和服从我们的基础上。如果他们表现优秀，我们就会表扬他们，赋予他们价值感，否则我们不会夸赞他们。

如果你发现自己的爱竟然是有条件的，请不要为难自己。这并不代表你不是一个好家长，而只是人的本性的体现。实际上，大多数父母只能给予有条件的爱，只有极少数父母才能达到无条件的爱的境界。

对大多数父母来说，无条件的爱是种陌生的体验。因为大多数父母从未从自己的父母那里得到过无条件的爱。我们都是在"如果……那么……"式的爱和控制中长大的，即"恐吓、责备、羞辱"式养育，所以我们也会自然而然地用这种方式来养育自己的孩子。实现从控制到无条件的爱的转变需要我们看清真相。我们首先要在自己表现出控制的行为时觉知到这一点，接着再有意识地抛弃这种方式。你需要专心投入，反复练习，然后才能用这种你可能从未体验过的方式来养育孩子。是的，你过去可能从未感受过这种无条件的爱。

戴维和马西娅正在为他们 12 岁的女儿索尼娅发愁，原因是女儿要退出学校的体操队。索尼娅是校队的主力，从小学起就开始接受专业训练，并且参加过当地的所有比赛。她的房间里摆满了奖杯、奖状和奖牌。索尼娅的父母认识体操队里所有孩子的父母。整支球队好像一个幸福的大家庭。索尼娅要退出体操队这件事，让这对夫妇遭受了沉重的打击。他们实在拿女儿没办法，因此不得不向我求助。虽然他们已经试遍了能想到的各种方法，但都没有用。索尼娅一句话也不肯对他们讲，还开始出现抓挠自己皮肤的强迫性行为。

　　他们第一次来诊室时，我惊讶地发现索尼娅的身体非常虚弱。她解释说，体操队的所有队员都有自己的饮食和训练计划。这时马西娅插嘴说："但这些食物都很健康！将来索尼娅会感谢我们的。"戴维紧接着打断了妻子的话，语气沮丧："我们没时间闲聊。索尼娅已经三周没参加训练了。再这样下去，她会被体操队开除的。我只想知道她以后还能不能回到正常的训练状态。这是在浪费时间！"

　　我问索尼娅为什么要退出体操队，结果她的回答十分简单直接："我想做一个正常的普通孩子。我不想每天花6个小时练体操。我过去喜欢体操是因为它好玩儿，但现在它已经不好玩儿了。我总是觉得压力特别大。我没法和朋友们一起出去玩儿，他们能做的很多事情我都不能做。除了学习就是训练，我讨厌这种生活，我受够了！"

　　戴维又一次插话："练体操不是为了好玩儿，索尼娅，而是要训练自己的吃苦精神和毅力！我以为你明白这一点！你看，你已经练了这么多年，如果你现在放弃，过去的付出就全都浪费了！"

　　显然，父母比索尼娅更难接受这个决定。他们过于在意索尼娅的体操运动员身份,以至于看不见孩子真实的样子,也听不见她在说些什么。我只问了他们一个问题:"你们为什么就不能听孩子说下去呢?"戴维和马西娅吃了一惊,他们从来都没有问过自己:"为什么?为什么我们就不能听孩子说下去呢?"

我帮助过的大多数父母都下意识地认为,他们有权为孩子做决定,孩子得听他们的。当索尼娅想要摆脱他们的控制时,这对夫妇完全想不到要问自己:"我们为什么要控制她?"反而想控制得更紧。我说:"你们有没有发现,尊重和接受孩子的选择有多么困难。这不是你们的事,而是她的事!难道她练得还不够多,成绩还不够好吗?你们这是要干什么?难道她得再练 10 年,你们才能同意她退出吗?她要练多久才算够?"

我有点激动,因为我看到他们的问题非常严重。孩子已经这么痛苦了,他们却还是放不下自己的念头。对父母来说,抛弃旧模式,认识到自己需要改变可能会非常困难。跟大多数父母一样,戴维和马西娅也只看到了最坏的情况。他们担心孩子如果不继续练体操,上大学的可能性就会降低,他们剧本里那个天赋十足、摘金夺银的小体操运动员就不会成为现实。他们喜欢索尼娅成为明星,也喜欢自己是明星的爸妈。

戴维和马西娅认为,控制女儿是把她从"歧途"中"拯救"回来的唯一选择。他们觉得只要施加压力,女儿就会屈服。在他们看来,要想接近女儿,并让她改正错误,唯一的办法就是控制和操纵。然而他们不知道，这么做已经给孩子造成了极大的痛苦。

你有没有看到，我们的爱已经蒙上了控制和恐惧的阴影？只有深入我们的内心，认清自己下意识的恐惧，我们才可能愿意改变。当戴维和马西娅发现，他们的有条件的爱正在伤害索尼娅时，他们终于停止了控制，并且更加理解女儿的想法和处境了。

戴维和马西娅发现，索尼娅想跟学校的新朋友们花更多时间相处。还有，她也喜欢画画，可她从前没有时间来发展这一爱好。最重要的是，他们发现女儿的决定既不草率，也不是不负责任，而是忠于自己的内心。这难道不是一件好事吗？一旦父母开始无条件地接纳她，不再控制和压制她，他们就能带着共情来靠近女儿了。这个时候，养育方式也开始从整体上发生转变。

在戴维和马西娅眼里，女儿的决定从"错误"和"灾难"变成了舒展羽翼、追求新生活的绽放之旅。他们开始放手让女儿探索自我、追寻内心的价值。他们看到她从重压中解脱出来，最终蜕变成更加真实的自己。索尼娅开始有了更多的朋友，也开始钻研新的爱好。虽然没有了奖状和奖杯，但只是做一个"普通"的孩子就让她体验到了更多的快乐、平和、喜悦和满足。这不正是我们希望孩子们最终能够拥有的东西吗？

一旦停止给爱附加条件，我们就能从全新的层面——灵魂层面——看到孩子本真的样子。我们就不会通过控制他们来实现自己的愿望，而是用完全不同的方式深入地了解他们。只有愿意放弃"如果……那么……"这样的有条件的爱，我们才可能真正走进孩子心里。

第 4 步
停止追逐快乐和成功

我负了许多人
伤了许多心
碎了许多梦
只为那渴望的感觉

我追逐快乐与成功
……

我到达山顶

也无法快乐

因为我喘着粗气

丢了灵魂

漫漫来路

只有鲜血和痛苦

希望孩子快乐和成功，是养育最大的陷阱

有一种观念很容易搅扰我们这些父母的平静与喜悦，那就是希望我们的孩子既快乐又成功。在制造亲子冲突的能力方面，这种观念无出其右。因此，除非你清楚这种心态可能带来的危害，否则你将无法成为觉醒的父母。

随便问几个父母对孩子最大的期望是什么，他们都会不假思索地回答："我希望我的孩子快乐、成功。"我们甚至从没想过这个回答到底意味着什么，似乎快乐和成功就是养育子女的圣杯。在这里，我要向这一观念发起挑战，同时也为你提供一条新的见解——这两个目标其实是造成亲子关系紧张和冲突的主要原因。

首先，希望别人拥有什么东西的想法本身就是有问题的。希望别人过得好是一回事，但是希望他们进入特定的状态，比如快乐或成功，那就是控制了。想象一下，假如你正在努

力攻读学位，但是遇到了困难。这时，一个朋友走了过来。她没有对你的处境表示理解，反而觉得你不应该愁眉苦脸。她说："你怎么这么不开心？我想要你开心起来。别发愁了。"听她这么说，你心里是什么滋味？又或者，假如她说："你为什么没有得'优'？怎么考得这么差？这怎么行？！"这时你心里又是什么滋味？

我敢打赌，她的这种态度会给你造成极大的打击和伤害。你肯定想躲开她，不想再看见她，是不是？然而，我们恰恰就是这样对待我们的孩子的。我们如此执着地希望他们快乐和成功，甚至让他们觉得自己一旦做不到，就没有任何价值了。

我能听到你的反对意见："我们希望孩子快乐和成功，这有什么错？这也是我们对伴侣、父母和朋友的期望，不是吗？"父母需要了解这其中的区别。虽然我们希望孩子拥有这些东西，但我们并不像对待其他人那样，只是在心里默默祝福。我们对孩子的希望，实际上是我们自己的期待在孩子身上的投射。而且，我们不只在心里想，还会积极行动。我们把他们禁锢在我们对快乐和成功的想象中，不许他们自由地探索、失败、难过、生气，他们也就学不到"生活就是苦乐参半"的宝贵经验。

我们来进一步解析这一观念。我们首先得明白，不管我们的出发点有多么好，我们希望孩子快乐和成功的这种愿望都散发着自私的味道。我们希望他们快乐和成功，因为这样一来，我们作为父母也会感到快乐和成功。我们会觉得自己能力很强，作用很大。说到底，我们在乎的其实是他们的成功和快乐带给我们的感受。我是怎么知道这一点的？如果一个孩子玩得正高兴，可他的家长并不喜欢他那么玩，那么这名家长通常会生气、担心或不高兴。当然，我们都希望孩子快乐，但条件是，这一快乐得与我们的期望一致。事实上，我们真正希望的是孩子听话，对我们言听计从。这样我们才会感到快乐，觉得一切尽在掌握，觉得自己是成功的父母。

我们还得明白一件事，快乐和成功只是抽象概念，一千个人心里就有一千种快乐和成功。因为快乐和成功只是主观判断，不是客观现象。所以，这两个目标会给我们的育儿过程带来巨大的压力和不切实际的期待，让我们和孩子都感到失望，甚至失败。

我们都知道，快乐是短暂的。生活复杂而多变，想让我们的孩子（或者任何人）永远快乐是非常荒谬的。成功也是一个深奥的概念，有数不清的限定因素。在一个新手妈妈眼里，成功可能意味着她跟宝宝都能睡个好觉。在她的同龄闺蜜眼里，成功可能是戒掉对甜食或酒精的依赖。在她妹妹看来，成功可能是学会一门外语。而到了她侄女那里，成功又可能变成解出昨天没解出的习题。

我们如此执着于追求快乐和成功，却没有意识到它们缺乏稳定的意义。正是因为这种盲目的执着，我们才会在看到我们的孩子不快乐或不成功时失去理智。只要看到孩子哭泣，我们就立刻想要消除他们的痛苦，这么做既是为了他们，也是为了我们自己。只要看到孩子学习成绩下降，我们就想要惩罚他们或者纠正他们的学习态度。我们对快乐和成功这两个概念的执着，给我们制造了许多麻烦，也带来了许多不必要的痛苦和折磨。

这些有关快乐和成功的观念是我们从小就养成的，也是我们的文化的一部分。我们的社会以追求快乐和成功为目标。我们早已对这两样东西上瘾。除非我们能意识到，它们只是空洞的概念，否则我们将深陷希望孩子快乐和成功的泥淖无法自拔，还会因为孩子达不到我们的期望而遭受痛苦。

你可能会皱着眉头反对："你是说，如果孩子难过了或者成绩下降了，我们不该去关心？这也太不近人情了！"这里就是我需要你弄清楚的地方。关心孩子并不意味着你必须要让他们变得既快乐又成功，否则你就失职了。

关心孩子是指接受他们本来的样子。如果他们难过，那就允许他们难过。如果他们生气，那就允许他们生气。或者，如果数学让他们头疼，那就允许他们头疼。当然，我们也会询问他们的情况，帮助他们一起思考解决问题的办法。但我们这样做并不是为了实现所谓的"快乐和成功"。

父母们，我劝你们赶紧走下开往"快乐和成功"的列车！这一目的地并不存在。如果你不下车，你就会被困在永无止境的探索之旅中，不停地寻找，却永远也找不到。虽然我们都希望孩子能快乐地生活，但我们也得意识到，生活中并不存在永无休止的快乐和永不打折的成功，世界上也没有哪个人能做到天天快乐。所有人都会在生活中经历恐惧、失望、悲伤和失败，这太正常了。人不是神仙，遇到这种事完全正常。

与其追逐快乐和成功，不如关注当下和体验

与其教孩子追求无法实现的目标，不如教他们学会接受生活中各种不可避免的事情。**如果孩子接受"生活就是烦恼不断"，那么他们应对挫折的能力就会大大增强。**假如你的孩子从小就知道生活有不堪的一面，那么当这一天真的来临时，失望就不会成为必然。但是，假如你的孩子认为不切实际的幻想能够实现，那么当幻想最终破灭时，失望也就在所难免。

现在，我们需要用新的东西来取代快乐和成功这两个概念。我们得放弃结果，转而追求过程。让我们来关注这两样东西：**当下和体验**。关注当下时，我们关注的是一种鲜活的状态，以及我们与当下的紧密交织。关注体验时，我们关注的是接纳此刻正在经历的一切。所以，不论我们的孩子是在哭还是在笑，我们的重点都不是评判，而是允许他们去体验他们真实的存在状态。他们内心深处对生活的感受是什么？他们学到了什么？他们的内心深处正在经历什么样的转变？当我们关注这些真正重要的时刻时，生活就不再是追求某个固定的结果，而是关注

我们的存在状态。感觉也不再只分为"好"与"坏",感觉只是感觉。

当下和体验关注过程,而快乐和成功重视结果。如果我们能教孩子学会体验生命的过程而不去过分关注结果,他们就能把内心的压力释放出来,进入喜悦、平静的状态。当然,父母也可以这样做。

请关注与孩子相伴的当下。他们是在感受当下吗?如果是的话,那就够了,他们"高兴"还是"生气"就一点也不重要了。重要的是,他们是真实的,并能如其所是地看待当下的现实。这与成绩好不好、会不会挣钱没有关系,只与孩子当下的感受有关。如果他们正在以自己的方式体验生活,那么不管他们的体验如何都没有关系,只要那是属于他们自己的体验就好。

为什么对父母来说,这种新的做法如此重要?因为它能把父母和孩子从各种压力中解救出来。它能让父母接纳孩子的天然状态和自我表达,而非逼迫他们永远快乐或成为天才。接受孩子正在经历的一切,例如"我家孩子正发愁呢",或者"我家孩子不擅长数学和微积分"。这么做能疏解压力,让父母和孩子都进入"心流"的专注状态。

斯泰茜有个10岁的儿子乔希。乔希去参加夏令营了,斯泰茜一时难以接受这一现实。这是儿子第一次离开她身边这么久,她很害怕未来没有儿子的三个月。她十分在意乔希的心情,为他喜也为他忧。而乔希也同样依赖母亲，只身在外的他渴望与母亲保持联络，每隔一小时都要向她讲述自己的感受，这让想要走近乔希的辅导员们颇为头痛。每当斯泰茜从辅导员那里收到儿子的好消息，或是在网络相册里看到他的身影，她的心情都会立即舒畅起来，否则就会情绪低落。她无时无刻不在关注着儿子的心理状态。

斯泰茜认为，她有责任给予儿子美好的夏令营体验，以及快乐的童年。在她看来，父母的使命就是让孩子快乐。所以当乔希遇到困难时，她会马上冲上去解决困难，好像那困难是她自己的一样。她的心思一刻都离不开乔希。乔希快乐，她才高兴。乔希伤心，她也跟着难过。

我尝试帮斯泰茜分析她的愚蠢做法。我问她："谁说孩子们必须永远快乐，永远成功？谁说我们的职责就是要让他们拥有好心情？这都是误导。"我向斯泰茜解释说："你已经让你的儿子养成了为自己的心情感到焦虑的习惯。因为你太想让他快乐了，这让他觉得焦虑和伤心是很不好的事情。但事实上，它们只是转瞬即逝的感觉，只要我们不去控制，它们就会自行消失。如果他不开心，你就紧张，那么久而久之，他也会因为自己不开心而紧张。结果，他就养成了抗拒正常情绪的坏习惯，而这种抗拒还会制造更多的焦虑。你得先接纳他的所有感受，知道它们持续不了多久，他才能学会用同样的态度来面对自己的情绪。不然，你们都会深陷情绪的相互感染而无法自拔。"

斯泰茜听了很震惊。"只要他不开心,我就紧张,我受不了他心情不好。我会觉得自己做母亲很失败,他要是有个好妈妈就会永远感觉良好。在我的记忆里,我从没见过我妈妈真正高兴过。每当她走进阴暗的房间,在里面躺下,我都很害怕。她这种阴郁的样子持续了很久很久,不管我多么努力都无法让她高兴起来。因此我总是害怕悲伤的面孔,因为它们会勾起我儿时那些孤独和恐惧的记忆。我不知道要等多久,那个'快乐的'妈妈才会重新从房间里走出来。"这就是斯泰茜和她儿子的情绪相互感染的根本原因。斯泰茜从小就把坏心情当作洪水猛兽,很多人都是这样。她的母亲很可能不知道该如何管理自己的情绪,她把这种焦虑传给了她的女儿。现在,她的女儿又把这种焦虑传给了她的儿子。

通过治疗,斯泰茜终于意识到,她的快乐一直依赖于乔希的心情。乔希高兴,她才会高兴,进而觉得自己是重要的、成功的。她对乔希的依赖极为严重,导致乔希也极度依赖他的母亲。他实在没有别的选择,因为他们之间的相处方式迫使他在情绪上与母亲融为一体。他从小就知道母亲需要什么。他成了一个好儿子,但同时也失去了自己。他现在正做着与斯泰茜小时候完全相同的事。

如果我们认为孩子应该是快乐和成功的,这就说明我们认为自己应该是快乐和成功的。这是因为我们的内心深处缺乏快乐和自我价值感,所以才会把这些需要投射到孩子身上。只有当我们用心去体会自己内心深处的感受时,才能不再下意识地利用孩子来满足自己的需要,才能让他们免遭我们的控制和干涉,自由绽放,拥有属于他们自己的生命体验。

斯泰茜花了很长时间才弄明白这个道理。当她发现自己过度依赖儿子的情绪正在阻碍他成为真实的自己时,她最终摆脱了母子间的情绪共振。经过多次练习,她终于不再每天三番五次地确认儿子的心情。几个月的痛苦戒断,让她开始能够忍受无法 24 小时持续陪伴儿子的不适。虽然乔希仍旧十分焦虑,但他也在尝试借助其他途径来满足自己的需要,例如与朋友、心理医生交流,还有最重要的,与他自己的内心对话。

虽然我们都希望自己的孩子能够快乐和成功,可一旦只盯着这个愿望,失败和失望就难以避免。生活是复杂的,也是烦恼不断的。快乐来来去去,成功也转瞬即逝。只要对它们当中的任何一个抱有执念,愿望落空后的失望就在所难免。让我们把这些概念扔进垃圾桶吧,那里才是它们该去的地方。一旦这样做了,我们就会持续体验到喜悦和自由,而我们的孩子也会如此。

觉醒实践

下次当你的孩子感到不开心,或者在学校遇到烦心事时,我希望你能觉知自己的心里涌起了什么，并且品咂它的滋味。你能接受孩子的难过和挣扎吗？还是说，孩子的这些感受会让你失去冷静？

如何应对孩子的种种痛苦，是父母们都要面对的一大难题。我将在这本书的第三阶段详细讨论。目前的阶段旨在帮你建立正确的认识，我希望你能意识到，孩子的情绪对你的影响有多大，以及你与孩子的联系有多紧密。

正因为我们的父母不懂得如何回应我们的痛苦和挣扎，我们才把这些感受与一些我们不喜欢的，或者"坏"的东西联系在一起。因为我们的父母从来都不知道该如何帮助我们应对这些情绪，所以我们也很难帮助我们的孩子去应对他们的情绪。当孩子遭遇这些情绪时，我们会想要立刻躲开，就像我们小时候陷入情绪时父母总想躲开我们一样。所以，下次看到孩子苦苦挣扎时，请你告诉自己：

我的孩子正在体验生而为人的痛苦和挣扎。这些都是人的正常感受，是所有人都逃不开的痛苦。它们不仅不是不好的感受，还非常有价值，因为它们能把我的孩子锤炼成善于自我调节和自我管理的内心强大的人。清除这些感受不利于孩子做真实的自己。我不觉得孩子快乐或成功才能证明自己是个好家长。我的价值并不取决于孩子的成绩、心情或经历，只取决于我自己。我将完全包容我的孩子展现出的真实的自己。我还会通过接纳真实的自我来教会孩子接纳真实的自己。

让我们把"快乐"和"成功"从期待中清除，代之以"当下"和"体验"。只有这样，孩子的生命才会自然绽放，而不会被我们的评判带偏。这是我们能给予孩子的一份珍贵礼物。

我们的执念不只有快乐和成功，还有其他概念，比如什么是好、什么是坏、什么是美、什么是爱。所有这些信念都会影响我们对孩子的看法，改变我们的养育方式。你可以做这样一个练习，即探究自己关于这些概念的无意识假设，以便在它们干扰育儿时觉知到它们的存在。当你写下这些关联的假设时，你就会开始明白你的想法是如何被他人影响的，以及这一点对亲子关系的影响。我已经在下面的表格里填写了一行作为示例。你可以尝试把其他空格填满。

	妈妈	爸爸	他人	你
成功	得"优"	赚很多钱	有车有房	真实，有朋友，开心
快乐				
好/坏				
爱				
婚姻				
养育				
钱				
性				
美				

在填写表格时，你察觉到了什么？你看到你的父母和其他人对你的影响有多大了吗？你看到你的各种观念对自己养育方式的影响了吗？如果你觉知到了这些观念对自己的塑造作用，你或许就能理解，它们也给你带来了压力和焦虑。而疗愈不只在我们产生这一觉知时发生，也会在我们破除旧观念、主动建立新观念的过程中发生。

第 5 步

抛弃救世主情结

我以为我能拯救你
　于痛苦和沮丧
　于眼泪和恐慌
　于伤害和风浪

　直到我意识到
　这不会使你成长
　只会束缚你的翅膀
　使你成为弱小的羔羊

> 没有这些考验
> 活着也如同死亡

放下救世主情结,把孩子培养成不再需要父母的人

你需要记住下面这个重要的事实:让我们成为父母的不是孩子,而是我们自己,这是我们自己的选择。

读到这里,你可能会想知道,为什么我要强调这个显而易见的事实。因为,在潜意识层面,我们并不认为它是显而易见的,反而觉得那是天方夜谭,好像我们养育孩子是在帮他们的忙,他们应该永远感激我们的照顾,似乎我们是他们的救世主和造物主。我们觉得自己是"大善人",应该为养育了孩子去参选"最无私的人"。

我们下意识地把自己当成了救世主,认为既然我们无私地养育了孩子,他们就该把我们当主人来对待。身为他们的"造物主",我们就应该对他们发号施令,对他们的生活施加影响,这既是我们的职责,也是我们的权力。如果他们没有在我们的生日当天打电话给我们,或是没有及时回复我们的信息,又或是做出了违背我们意图的事,我们就会情绪失控。

要想成为更加觉醒的父母,你必须彻底接受以下两个基本事实:(1)你的孩子不是你"创造"的,他们来到这个世界是生物学机制的作用。(2)养育孩子**不是**无私的行为。你养

育孩子是为了实现你自己的目的。你的孩子什么都不欠你的。当然，他们可以给你尊重和爱，但他们不欠你任何东西。

因为孩子不是你"创造"的，所以你既不是他们的救世主，也不是他们生活的全部。你可能会想："他们应该把我当救世主来对待。毕竟他们闯祸时，我得为他们负全责。如果他们受伤进了医院，或是错过了末班车，我就得给他们收拾烂摊子，去救他们的急。"如果你觉得不公平，我非常理解，但生活就是生活。这种感觉尽管很糟糕，但养育孩子的现实就是如此，谁也没说过这是公平的。

理解你作为父母的角色是觉醒式养育的关键。你可能认为自己应该扮演救世主，也享受这个角色带给你的良好感觉，但实际上，这就是你和孩子深感痛苦的根源。我们的救世主情结深埋于潜意识的深处，很难察觉。只有在看到孩子的行为跟我们的期待截然相反的时候，它才会浮出水面。一旦我们认为孩子的决定很"危险"，或者孩子的想法完全背离了我们眼里的"最佳"选择，我们就会反应激烈。这背后的原因是，我们对救世主的角色过度认同，以至于我们觉得孩子应该臣服于我们的权威和教化。如果他们不这样做，我们就会感到被冒犯，怒从心头起。我们觉得孩子在故意跟我们作对，于是我们和孩子内心的平静都被打破。如果孩子遭遇了挫败，我们会觉得这一定程度上也是自己的失败，因而备感痛苦。或者，如果他们在交朋友方面遇到了麻烦，我们也会认为这是我们自己要解决的问题。如果没有足够的觉知，这种"救世主"的想法就会让我们产生要"改造"孩子的巨大压力。要是发现他们无法"改造"，我们的愤怒还会变本加厉。你知道此刻孩子是什么感受吗？他们会因为自己惹出了这么多麻烦而极度自责。没错，这是我们在不知不觉中强加给孩子的另一重负。

实际上，觉醒式养育的目标之一，就是让我们在孩子眼里变得不再重要。你没听错，是不再重要。我们的我执非常抵触这一看法。我们可不想变成对孩子无关紧要的人，永远都不想。我们不仅要让孩子觉得我们非常重要，还要让他们觉得我们最重要。然而实际上，**我们得把孩子培养成不再需要父母的人**。要做到这一点，我们就得给他们空间，让他们全心投入自己的生活。我们得退到后面去，不再频繁发表意见。你看出这其中的门道了吗？我们不能既希望孩子独立，又在孩子不理会我们的意见时着急跳脚。这两者完全是矛盾的。

要想抛弃救世主情结，最有效的做法是问自己以下两个问题：

如果有人认为我需要"拯救"，或者试图控制我，那么我会有什么感受？

我喜欢整天被人呼来喝去、批评教育吗？

你肯定不喜欢被别人支配，没有人会喜欢，这不符合人性。跟所有动物一样（我们也是动物），我们也不喜欢被禁锢。虽然我们可能会屈从于别人的控制，好似笼中鸟兽，但遵照别人的指令生活绝不是我们的本性。这样的生活会带给我们无尽的失望和愤怒。终有一天，我们会绝地反击，拼力挣脱。

我们太习惯于支使孩子，以至于我们甚至不会停下来想想，被迫唯命是从的他们心里是什么感受。我们太执着于掌控一切和高高在上的妄念，以至于我们认为孩子离不开我们，乐意做我们的提线木偶。

没人喜欢做提线木偶，没人！你不喜欢，孩子也不喜欢，不管他们的年龄有多小。管控太多，孩子就会反抗，要么对抗我们，要么对抗自己。理解了人性的这一基本特质，我们就能看清自己对孩子的控制，就会主动包容孩子天然的反叛行为。

我们的管束让孩子感到窒息。实际上，他们从出生起就一直依赖我们，除了听命于我们别无选择，所以他们早已厌倦了我们的管束。长到十几岁时，他们终于撑不住了。我们把这一现象称为"青春期叛逆"，还用负面词语来形容它。然而我们没有意识到，这是孩子至关重要的发展阶段。如果孩子被过度压制，没有空间去释放青春期天然的叛逆冲动，他们就会在成年早期大爆发，并且彻底走偏。

为什么青春期叛逆是全球的普遍现象？这仅仅是巧合吗？几乎不可能。孩子们的叛逆行为以如此激烈的方式呈现出来，原因只有一个，那就是他们已经厌倦了父母的救世主情结，以及让他们听话和顺从的要求。年幼时，他们别无选择。但是一旦踏入青春期的门槛，他们就会开始奋力挣脱。

如果我们不允许孩子叛逆，就会阻碍他们的成长。只有通过反抗我们，孩子才能找到内心的声音和真实的自己。他们是在通过这种方式告诉我们，你的救世主情结可以结束了。虽然我们认为孩子是在反抗我们，但我们得认识到，他们终于开始为自己展开行动了。没错，他们不再凡事都听命于我们，而是开始聆听自己内心的声音了。这一点意义非凡。

与孩子并肩同行，走自己的路，而不是占据孩子的路

那么，怎么做才能放下救世主情结，同时又不失去对孩子的影响力呢？答案就是觉醒式养育。这种养育方式要求我们与孩子并肩同行。我们需使用全新的方式与孩子交流情感，增进亲密感，而不再只是领路。我们需用全新的做法与孩子相处，而不再把自己看作权威和正确的化身。**我们应与孩子并肩同行，走自己的路，而不是走在孩子前面，占据孩子的路。**

太多父母偏离了自己的路线，侵入了孩子的路线，这对孩子的心理健康十分有害。身为弱势的一方，年幼的孩子无力把我们推回自己的路线，只能默默忍受。这种对孩子的内

心意愿和自主性的压制，会极大地侵蚀孩子的真实本性。随着时间的推移，这种侵蚀作用会让孩子的内心产生强烈的不安和自我厌恶。

如果我们能守住自己的路线，就不会带着控制孩子的目的、盲目强硬地在前面为孩子领路。相反，我们会小心翼翼地待在自己的路线上，跟孩子肩并肩。如果他们向前走一步，我们也跟着走一步。如果他们向右移，我们也跟着向右移。只要我们先观察孩子往哪里走，然后让自己的步调与孩子保持一致，对孩子的养育就会顺风顺水，而不再激起孩子的抗拒。当然，我们偶尔也会引导孩子去往不同的方向，但此时的我们会尊重孩子，态度温和。我们不再试图通过控制、恐吓和操纵来让孩子跟随我们，而是带着觉知去引导，同时尊重孩子当下的样子。成为觉醒式父母的重要步骤就是离开救世主的宝座，同时守住自己的路线。

觉醒实践

我们每天都可以一边走自己的路，一边与孩子并肩同行，而不是走在孩子前面。如果我们能用心过自己的生活，并且拥有坚实的自我价值感，这一点会更容易做到。然而如果我们的自我价值和自我认同是从孩子身上获取的，我们就会很难放下救世主和领路人的角色。

我们得记住，我们的目标不是大谈自己的想法和说教，也不是做孩子的主人或上帝，而是激发孩子提出自己的想法，选择自己前进的道路。所有人都想走自己的路，主宰自己的生活。不同年龄和发育成熟度的孩子多多少少都想要自主权，想要做决定的权力。我们这些父母得寻找机会让孩子们尝试，并创造相应的条件让他们从小开始练习。对于很小的孩子，我们可以允许他们决定自己穿什么样的袜子和鞋子，吃什么口味的麦片，用什么样的杯子。等他们长大一些后，我们可以让他们挑选晚饭的食材和周末全家一起看的电影。我们应想方设法把决定权交给孩子，让他们能够练习倾听自己内心的声音。

许多父母对此不以为然，他们说："可我的孩子总要问我的意见！"我的回答是：孩子确实可能会问，但是，就像孩子吃了很多饼干还跟你要饼干，而你不会立刻同意一样，你也可以选择不立即发表意见，否则孩子就会失去对事物形成独立观点的宝贵机会。他们能通过寻找答案的过程学会分辨内心的感受。如果父母一直不让孩子体验这一过程，我们就会让孩子对我们产生极强的依赖心理，孩子会看不清自己的内心，失去寻找内心方向的能力。

喜欢讨好别人的孩子会轻易把自主权拱手让人。身为父母，我们得及时发现孩子的问题，并且慢慢地把自主权交还给孩子。如果孩子问我们某件事情该怎么办，我们不能下意识地回答。我们可以这样说："嗯，这是个好问题。我得好好想想，我还没想出来……你有什么想法？"就算孩子说不出自己的想法，让他们继续探索也比依赖你给出现成的答案要强得多。

为了把这一点落到实处，父母们可以问自己下面这些问题：

我怎样才能为孩子提供练习自主决策的机会？
我怎样才能让孩子知道他可以信任自己内心的声音？
我怎样才能离开孩子的路线，让他走自己的路？

你可以跟孩子讲下面这些话：

我也不知道，咱们一起来寻找答案吧。
我得坐下来好好想想，你也想想。
我知道你想让我告诉你答案，可是你得自己把答案找出来。
你知道该怎么做，你需要的是多倾听自己内心的声音。

海伦的女儿蒂娜每天都给她打电话，有时一天要打好几次。你或许以为蒂娜只有十几岁，不，她已经30多岁了，而海伦要满60岁了。她们每天都要聊很久，彼此都知道对方生活中的所有事情。从某种程度上说，这是一种非常亲密的关系。但是，这种关系并不健康，因为蒂娜做任何决定都需要母亲提供建议。蒂娜信赖她的母亲胜过她自己,也胜过她的同龄朋友。由此可见,两人是紧密纠缠的共生关系。这种关系并不健康,不利于蒂娜活出自己的人生。

海伦来找我,因为蒂娜离婚的事让她备受压力,好像离婚的人不是蒂娜,而是她自己。她参与了蒂娜的每一个决定,也跟蒂娜一起承担后果。她们每天至少交流十几次。身为销售经理的海伦已经无法正常工作了,因为女儿的婚姻危机让她心神不宁,感到非常困扰。

我尝试帮海伦分析她与女儿的共生关系,然而她非常抗拒:"蒂娜需要我,我会一直帮她,永远跟她站在一起。"海伦看不到"跟她站在一起"和"事无巨细地参与女儿的生活"之间的区别。我试着向她解释,如果女儿一遇到问题她就去救急,其实剥夺了蒂娜锻炼抗挫力的机会。海伦态度坚决,一再说道:"我不能让她失望!无论如何,我都要跟她站在一起!"即使我告诉她,这种紧密共生的关系会给她带来很大的压力,她也仍旧不愿改变。

如果我们与孩子紧密共生,总是试图解救孩子,那么我们不仅无法增强孩子掌控生活的能力,反而会打击他们的自我价值感,损伤他们的自信,可我们却意识不到这一点。我们任由孩子在完全能够依靠自己的时候过度依赖我们,这么做只会给孩子造成严重的问题。海伦抗议道:"是蒂娜一直打电话给我,跟我说她遇到了问题,让我帮她。不是我打给她的!"我试着向她解释，谁先打电话并不重要，重要的是父母是否允许以及以何种方式允许这种依赖关系继续存在下去。我告诉她："你其实可以只听她说，但不提供任何建议。如果你提供建议，特别是在孩子20岁之后，那么无论你是主动提供建议还是被动提供建议，你都是在妨碍孩子提升能力。你没有引导孩子寻找答案，而是怂恿孩子避开寻找答案时所必须经历的挣扎。这种挣扎对提升抗挫力至关重要。你正在阻碍蒂娜锻炼认知事物的能力，难道你没有发现吗？"

海伦非常不愿意承认自己在这一互动关系中的角色。她始终把责任推到女儿身上，拒绝承认自己有问题。直到今天，她也仍旧是我为数不多的拒绝转变的来访者之一。我巴不得向你炫耀自己的说服能力，告诉你她打破了自己的旧模式，然而那只不过是撒谎而已。我宁愿告诉你真相，好让你认识到旧模式有多么顽固。最后，我告诉海伦："对你来说，成为救世主比帮你的孩子提升抗挫力更重要。除非你愿意认清这一点，并且治愈你心里那个渴望被他人以这种极端方式需要的内在小孩，不然我也帮不了你。"

海伦过分受困于救世主的角色，乃至无法在自己和孩子之间划清界限。她过于痴迷扮演上帝，让自己完全投入其中。她只关心自己如何扮演这一角色，而不关心女儿的成长需要自己做些什么。化身为救世主让海伦获得了极大的满足，乃至她把心思全部倾注于此，却看不到蒂娜正在被过度依赖所戕害。

如果我们认为养育孩子就是做孩子的救星，那我们就低估了孩子的自救能力。如果过度溺爱孩子，我们就是在阻碍孩子锻炼能力，限制他们成长。这是在扼杀孩子的未来。我们让孩子相信我们，而不是让他们相信自己，这对孩子造成的伤害太大了。

　　所有父母都应想方设法表达对孩子的信任，夸奖孩子了解自己。他们非常需要我们给予他们这样的肯定。随着孩子的成长和成熟，如果我们无法给予他们更多这样的肯定，那就说明内心存在缺失和恐惧的是我们，而不是孩子。孩子早已准备好展翅飞翔（以与其年龄相匹配的方式）。正因为父母无法放手，他们才会自我怀疑、不知所措。

　　让我们回归自己的路线，相信孩子到了合适的年龄自然就会具备掌握自己命运的能力，这是一种巨大的信任和尊重。孩子们非常渴望能够从我们这里得到这样的信任和尊重。我们只需把这些东西慷慨地给予他们。一旦做到这一点，你就不会再自视高孩子一等，而能把他们看作生活这场冒险之旅中的平等伙伴。

第 6 步

丢掉标签

我的孩子不是什么标签
不是什么形容词或头衔
不是什么奖状或荣誉
也不是什么目标或亮点

我的孩子是一个人
他的一切尚是悬念
不停成长，不断蜕变
一步一景，追风逐电

> 我们的成龙成凤之愿
> 并非孩子的起心动念
> 只因我们不敢去面对
> 孩子和我们自身的善变

你给孩子贴的标签，塑造了孩子对自己的看法

尽管有重复的嫌疑，我还是得提醒你一件非常重要的事：传统养育方式给我们造成了非常坏的影响。因为它把我们这些父母放在了神坛上，给了我们大肆评判孩子的权力。我们常常想都不想，张口就说孩子"好"、"坏"、"懒"或"聪明"。我们不假思索地大贴标签，好像这并不是什么不得了的事。然而，这些标签却会影响我们对待孩子的方式。如果我们判断孩子的行为是坏的，我们就会觉得对待他们差一点是正当的，那么惩罚也就显得合理了。我们不会停下来思考："我这样对吗？""真的是这样吗？"在那一刻，我们眼里只有标签，并且据此行动，好像孩子就是标签所示的样子。我们没有意识到的是，我们正在不可逆转地塑造孩子对自己的看法。你需要考虑下面这两个重要的问题："我有什么权力评判孩子，给他们贴标签？我设身处地地考虑过他们的感受，体会过他们的处境吗？"

在我们评判别人或者给别人贴标签的时候，我们会基于几

条假设。第一，我们毫无疑问是正确的。这一条本身就十分危险，即认为自己必定比别人高明。这是世界上一切战争和冲突的根源。在评判孩子的时候，我们本质上就是认定自己是正确的。我们自视高人一等、有理有据、正确无比。这些正是人际隔阂与冲突的根源。

我们的第二条假设是，我们熟知另一个人，无论在身体还是心理方面。但其实没人能在这样的层面了解另一个人，哪怕是我们的孩子，所以我们给别人贴的标签岂不是彻头彻尾的妄想？然而，我们依旧照贴不误。我们给他人的评判和标签是孕育种族主义、性别歧视和暴力的温床。评判和贴标签是妨碍我们生存的祸患，也是这个世界冲突不断的根源。我们不断地给孩子贴标签，无意中教会了他们只从单一的角度看待世界：非黑即白，非好即坏。通过这种方式，我们不知不觉中给孩子种下了偏见的种子。这种充满隔阂与分离的社会动力机制，始于我们对孩子和其他人做出的评判和贴上的标签。好消息是，我们也能为这一动力机制画上句号。

我们最常给孩子贴的两个标签是"好"和"坏"。它们都是带有大量子标签的总标签。这些子标签有"聪明"、"懒惰"、"善良"和"刻薄"等等。我们认为，只要不断地对孩子的行为给予反馈，我们就能把他们培养成我们心目中的成年人。这种认识只有一小部分是对的，其余都是错的。我们先说对的部分。没错，反馈有助于塑造行为，但也是错误和麻烦的来源。

一旦反馈出自父母的我执，那么反馈就不只是为了塑造行为，也是为了控制行为。要知道，我们给孩子贴的大多数标签都来自我们的我执，来自孩子的行为带给我们的感受。例如，如果你因为孩子得了"良"而大声责骂他，那么你的这一反应就是来自你的我执，而与你的孩子和他的感受没什么关系。你看到这一点了吗？

其实大多数时候，我们给孩子贴上"好"的标签，是因为他们的行为让我们觉得自己是好父母，否则我们就会给他们贴上"坏"的标签。因此，"好"孩子其实就是那些听话、努力、卑屈、顺从的孩子，即那些屈从于我们的我执的孩子。但是，如果我们更深入地探究这些标签，并且愿意承认我们的我执对"我是好父母"的执着，我们可能就会发现，这些"好"孩子其实无法帮助我们转变，因为他们只会让我们的我执变得更加顽固。那么，我们口中的那些"坏"孩子能否推动我们转变呢？虽然他们可能会打破我们的我执，把家里搅得天翻地覆，但这些孩子其实更能推动我们觉醒。我们对"好"与"坏"的认定往往取决于孩子能否让我们感到舒服，而非他们是否真的很好。所以我经常说，"好"与"坏"其实只是空洞的标签，它们的背后是我们的我执。

你给孩子贴的标签,带有很大的偏见

事实上,我们给孩子贴的标签带有很大的偏见,也源自我们过去形成的旧观念。如果我们不想面对这一基本事实,我们就会继续给孩子贴标签,同时还自以为这样做是为了把孩子培养成更有道德的人。可实际上我们只是在驱策孩子成为我们期待的样子。

我的女儿马娅大约14岁的时候决定不再学钢琴,而她当时已经上了7年的钢琴课。她真的突然就不弹了。上周还在弹,这周就不弹了。我知道,这听起来很像我之前谈过的她放弃学马术的事。它们在某些方面确实相似,但我要在这里讲一个略微有些不同的观点,所以请继续读下去。我之所以三番五次地提及孩子放弃学东西或者不按照父母的期望做事情的例子,原因在于,正是他们做的这些决定让我们觉得他们是在跟我们对着干。可实际上,这些只是孩子追求独立的表现。我的我执想要向她的钢琴老师抱怨,说她这么做是"不好的""不负责任的""不在乎别人的感受"。我想骂她,吼她,哄骗她,想竭尽全力说服她继续学下去。为什么?因为我从小就喜欢弹钢琴,也一直希望我的孩子能弹一手好钢琴,并且弹得比我还好。所以当马娅决定停止学钢琴时,我的心被深深地刺痛了。或者更确切地说,是我的我执被深深地刺痛了。她的决定让我生气,也让我痛心。我的我执试图说服我,"好"家长绝不会允许孩子在如此重要的事情上独断专行，说不学就不学了；"好"家长会控制局面，要求孩子履行做一个"好"钢琴手的责任。我很庆幸，我那时实践觉醒式养育已有些时日了，所以我能摆脱我执的控制。

我之所以能抵制我的我执，是因为我知道这当中还有一股力量在发挥作用，而且这股力量要比我的我执重要得多。那就是，对于要不要继续学钢琴这件事，马娅能够听到自己内心深处的声音，也能决定将她的真我表达出来。虽然她对自己内心的清晰觉知冒犯了我的我执，但我意识到，对女儿的成长而言，她在这件事上忠实于自己的内心要比照顾我的感受重要一百倍。但是，假如我此前都是按照传统的方式养育她，这个时候我就会对她大加评判，给她的决定贴上"糟糕"和"不负责任"的标签。我肯定会说她是个"坏"孩子，让她自责。但是我没有这样做。因为我知道，我之所以想认定这是个"糟糕"的决定，原因只不过是她让我的我执"糟了心"。

我给"好""坏"二字加引号，是想告诉你这两个字眼的内在含义其实非常空洞，它们只是评判者用来评判他人的一种标准，而这种标准的依据只是评判者的个人经历。这两个字眼是用来给评判者撑腰和壮胆的，但本身毫无说服力和意义可言，因为它们只是评判者的个人感知。

我心里的那个觉醒的家长是不会这样看问题的。马娅能够去倾听她对学钢琴这件事的内在感受，并且有力量把这些感受清晰地表达出来，这对她的成长是非常有益的。能够倾听内心的渴望，并且在生活中表达这些渴望，无疑是过上自主生活的关键。

我想更进一步告诉你：我们无须评判孩子是好还是坏。从根本上说，他们在任何时候都是一样的——都是人。当然，他们的决定有时会让生活变好，有时会让生活变糟，但也仅此而已。身为父母，我们需要问的是："孩子的决定让他感到自由了还是被束缚？"如果是前者，那么这个决定就能让生活变美好。如果是后者，这个决定或许会在某种程度上让生活变得更糟糕。

在马娅的例子中，因为她在做出这个决定后感到更自由了，所以她的这个决定显然是能够提升她的生活品质的。所以，我们需要支持她的决定，并为她感到高兴。这一切都取决于她的感受，而不是我的感受。承受决定后果的是她，不是我。如果她能接受这些后果，并且她的年龄和成熟程度使她能够理解这些后果，我又有什么资格阻止她做决定呢？马娅决定不再学钢琴伤害的是我的我执，但滋养的却是她的心灵，因为这一决定使她能够尊重她的真我。说到底，最重要的事情其实是：怎么做对孩子的心灵更有益？

此刻，你可能会问，假如马娅决定不学钢琴这件事提早几年发生，我还会这样看问题吗？从某种程度上说，我还是会这么看。你知道为什么吗？因为即使是很小的孩子也能倾听内心的声音，表达真实的自我，他们只是更加冲动而已。考虑到年幼的孩子往往会在眨眼之间做出冲动的决定，我们可以这样对他们说："我知道，你不想学钢琴了。我也希望你能选择你认为是最好的事情，不过我们还是三个月后再决定吧，因为我们已经对老师做了承诺。如果三个月以后你还是这么想，我们就可以好好聊聊这件事。"我们这么做既尊重了孩子的愿望，也能利用这三个月进一步了解情况。这一做法就是与孩子并肩前行，而不是任由我们的我执在前面为孩子领路。

这是否意味着我们要让 4 岁的孩子来操持这个家？当然不是。但这确实意味着我们要积极地、有意识地跟孩子谈论他们内心深处的愿望，并且带着这些愿望一起协商和决策。我们要打开沟通管道，让他们听到内心的想法，并且带着他们的想法去讨论各种选择。这么做能让我们的孩子感觉到有人懂他，感觉到自己的愿望、声音和自主权得到了我们的尊重。

孩子理应得到成长和发展的空间，而不应承受标签的负累

我们给别人（包括我们的孩子）贴的标签大多来自我们的旧观念，以及他们的行为与这些旧观念的适配程度。孩子的行为与这些旧观念反差越大，我们给孩子贴的标签就越苛刻。我们不承认我们的旧观念在其中起作用，于是就用贴标签的形式

把一切压力都转嫁给孩子。被贴上"好"的标签时,他们会觉得自己有责任延续我们的快乐。同时他们也担心,如果他们不能继续让我们引以为傲,我们就会给他们贴上"坏"的标签。如果孩子的行为超出了我们为他们预设的选项,我们就会下意识地让他们觉得他们在本质上是"坏"的。在做决定的时候,这样的孩子只会考虑自己会带给别人什么感受,却不管自己心里是阴是晴。结果,他们既感到羞愧难当,又害怕让别人失望。我们的孩子们承受了多么大的压力啊!

我们得告诉孩子(请根据孩子的年龄加以调整):"你怎么决定是你的事。如果你做完决定感觉很好,也做好了承担后果的准备,那么我支持你的决定。如果你做完决定感觉不好,那么我可以帮你再做别的决定。"如果孩子年龄比较小,父母或许可以这样说:"我看得出,你现在不想学钢琴。下次我陪你去上钢琴课,看看你到时候感觉怎么样。如果你还是不喜欢,我们再一起想办法。我们可以多试几次,你好好体会体会。我会认真考虑你的想法,也会帮你弄清楚接下来要怎么做。"在上面这两种情况下,孩子都会觉得自己的感受得到了关注和尊重,都会相信父母会带着尊重认真考虑他们的感受。这样的孩子会觉得自己的心与父母贴得很近,也能毫无顾忌地聆听自己内心的声音,而不是一发现自己跟父母想的不一样就自责。你有没有发现,我们其实完全可以不去评判孩子,而允许他们只根据自己的本心做决定。这就是觉醒式养育要我们做的事情。

此时你可能会问："如果孩子吸毒或者犯法呢？难道这些不是不良行为？"我们首先得弄明白一个根本的问题，即你给孩子的行为贴标签到底是你的我执的自动反应，还是因为这种行为确实对孩子的心灵有害？倘若不理解这两者的根本区别，我们就无法明智地回答这个问题。

事实上，我们不应该在既不了解具体情况，也不提供帮助来促成改变的情况下，简单地给某事或某人贴上"坏"的标签。在我们能提供的帮助中，最重要的是理解和共情。少了这两样东西，孩子就会对我们产生距离感，也会感到害怕。我们还会在后面进一步讨论这个话题。

总之，评判和贴标签会在人与人之间制造隔阂，特别是在我们和孩子之间。因此，在做出评判之前，我们必须非常小心。我们的孩子理应得到成长和发展的空间，而不应承受标签的负累。他们需要得到犯错的自由，需要拥有我们在任何时候都会高度肯定他们的价值的自信。即使我们有时不同意他们的决定或行为，我们也需要告诉孩子，我们并非在评判他们本身。不论遇到什么情况，我们对他们的爱都不会有丝毫减损。

如果我们的孩子能够对我们产生这样的信心，他们就会一直拥有强烈的自我价值感，即使遭遇困境或冲突也不会改变。如果我们能肯定孩子的价值，孩子就可能发生质的改变。因为这么做会提醒他们，哪怕生活变幻不定，他们的自我价值感也不会损伤分毫。你难道不想送给孩子这样的礼物吗？

不过,你首先得抛掉那些评判和标签。你准备好了吗?我们一起来实践吧。

觉醒实践

生活在本质上是中性的,既不"好",也不"坏"。它只是无数因果叠加的表现。老虎捕食野鹿本身无关"好""坏",而只是一种自然现象。生活中的一切都是如此,都是无数因果作用的自然结果。从中截取一些片段,贴上"好"或"坏"的标签,并不是明智的做法。

我们将学习中立地看待问题。不过我们首先得承认:我们人类是积习难改的评判者。我们评判天气、交通、相貌、体型、衣着、鞋子、房子……不胜枚举。我们很少意识到,我们的评判只是我们过去形成的旧观念的投射。它们无法反映纯粹的现实。评判总是主观的。

在这一步当中,我们要做一项重要的练习,即用一周时间<u>改掉评判和贴标签的习惯</u>,做到能迅速发现自己在说话和思考时做出了评判和贴标签的行为。虽然这两种行为都不容易被发觉,但评判的念头显然更难被察觉。我先提醒你一句,如果你认为自己不是那种喜欢评头论足的人,这个练习会让你大吃一惊。我第一次做这个练习的时候,发现自己竟然那么喜欢评判。要是不带着评判想问题或说话,我几乎连一小时都坚持不了。我的脑袋似乎在不停地把事物分为"好"和"坏"两类。看到自己如此喜欢评判，我既觉得意外，又有些不适。做完这个练习后，我还发现了另一个事实：我评判自己的次数也非常多。我甚至评判我喜欢评判这件事本身。

做这个练习不是为了评判自己，或者拿评判来羞辱自己，而是为了觉知。觉知永远是转变的第一步。倘若意识不到我们的信念和想法，我们就会永远处在蒙昧之中，所以当下这一步我们才如此看重觉知。只有看清了我们内心深处的思维模式，我们才能带着觉知去做决定。否则，我们就只是在黑暗中射箭的机器人。我们希望所有箭都能落到靶盘上，可自己却没有起码的方向感。

所以，拿出你的笔记本，努力记下你在接下来的一小时或一天里做出的所有评判，过后再带着觉知和共情查看你都记下了什么。尽量不要评判你自己或者你记下的内容，只需不带感情地阅读。如果你能用一双觉知的眼睛来看待你的评判，你就能在它们出现时越来越快地发现它们，然后放下它们。

下面是一些评判的示例：

她让我在校门口等她那么久，真是没礼貌，不懂得体谅人。

他真懒，从来都不帮我洗碗。

他对我撒谎，一点儿也不关心我的感受。

晚上阅读我们记下的内容是发现和反思我们自身偏见和陈旧观念的好机会。他们真的是我想的那样吗？真的是我评判的那样吗？他们那样做是不是有他们的苦衷，或者有我自己的原因？这种向内的思考能让我们感受到他人的内心，而非只把他们看作我们自己的电影中的角色。

事实上，我们永远都做不到不评判。我们只能觉知自己的旧观念，这样就不会把自己的评判投射到别人身上，特别是我们的孩子身上。发现我们在评判后，我们就能及时停止把评判投射到孩子身上，并允许他们独自面对他们的烂摊子和错误，而无须取悦我们。对我们的孩子保持中立的态度能给予他们尝试不同选择的空间和自由，而不必让他们担心被父母贴标签。只有对自己共情并保有耐心，我们才能保持这种中立的态度。我们对他人的评判实际上折射了我们对自己的评判。看清这其中的联系后，一切都会改变。

所以，我希望身为父母的你能够用中立的眼光看待自己。别再因为这样或那样的原因感到自责和愧疚。尝试用下面这段话来抚慰自己：

我是一个会犯错、有缺点的人。这不是缺陷，而是生而为人的现实。我跌倒和失败并不是因为我"不好"，只是因为我是一个正常人。我的孩子们也是如此。我不再给他们贴上各种各样的标签，而只是专注地、如其所是地观察他们，不做任何评判。当我不带评判地观察他们时，就表明我相信他们拥有自我纠正和活出自我的能力。这是我送给自己和孩子们的珍贵礼物。

毫无疑问，让你觉得最舒服的人就是那些让你在做自己时感觉最安全的人，也就是那些不会评判你或给你贴标签的人。对我们的孩子来说同样如此。所以你要问自己：我是想成为孩子的避风港，让他们可以做自己，还是想成为他们害怕与之相处的人？你的回答决定了你是否愿意从评判转向共情。我十分确信，你将选择通往中立与觉醒的道路。

* * *

你已经走过了觉醒式养育路线图的第一阶段。感觉怎么样？

如果你觉得思维有些混乱，请暂停几天再继续阅读。在这段时间里，你可以戴上你一直在打磨的让你觉知的新眼镜。试着和你的孩子一起观察你自己，记下你想到的所有事情和感受。要让我们谈论的这些概念深入你的内心并成为直觉，这些反思必不可少。

觉醒式养育展示了一种反直觉、反传统的生命状态。它与世世代代以来的文化在我们心中种下的东西相悖。所以，这个过程的开头可能会让你感到孤独、陌生和不适，你可能会发现自己在抗拒。这很正常。对自己温柔一点。留出时间和空间，让新的生命状态慢慢渗入你的内心。如果你感到愧疚，那也是正常的。要知道，愧疚只是让我们停留在自我厌恶和痛苦中的一种方式。觉知到这一点后，把它记下来，再等它自行消失。

也许你没有觉得思绪纷乱，已经准备好继续读下去，那么我建议你现在花些时间记下你目前得到的所有重要的收获和启发，给自己一些时间来反思和感受。在这之后，我们就可以继续了。

我们即将更加深入地探寻你是一个什么样的人，以及你如何变成此刻的样子。在下一阶段，我将带你走进你的童年，让你看到它如何深刻地影响了你的养育方式。这个阶段读起来可能并不轻松，但它是这本书的核心——因为一旦你明白自己如何变成当下的样子，你就可以自由地做出新的选择，并彻底改变你与孩子的关系。

> 第二阶段

从病态模式到主动选择

我的孩子，我不想再和你兜圈子了
我很痛苦，走不进你心里，总是迷路
我不知道我做错了什么
只想努力给你幸福
然而总有艰难险阻
每每逼停我的脚步
它像一道深渊，把我们分隔两处
寒气从中涌出，让你我深陷痛苦
我多想把伤痕修复
让天堑，成为通途

戴夫是我的来访者。他有个 17 岁的儿子叫斯科特，是所在高中的棒球明星。有一段日子，他跟儿子的关系出了很大的问题，他为此深感痛苦。47 岁的戴夫是一家科技公司的首席执行官，能力出众，功成名就。他的一大爱好是打棒球。每逢儿子的棒球比赛，他都去当志愿者。一天，斯科特的棒球教练生病了，球队需要一位临时教练。听到这个消息，戴夫十分兴奋，巴不得赶紧上任，可此后情况却急转直下。

戴夫担任教练后，父子间的关系开始变得紧张起来。他们每天争斗不停，互相拆台。终于，斯科特威胁道，除非戴夫辞职，否则他就不再打棒球。戴夫觉得斯科特像个刺儿头，因为别的球员都喜欢跟自己学棒球。然而，斯科特却认为戴夫对所有人指手画脚，尤其是对自己，这让他非常尴尬。他觉得父亲羞辱了自己。

父子二人来到我的诊室，两人的关系有多么紧张一望便知。他们在感情上已经十分疏远。我鼓励斯科特谈谈他的感受。他是这样说的："我父亲不知道他有多霸道。他以为自己是天下第一，什么都知道。我只要犯一点错，他就对我大喊大叫，让我难受得要死。我过去很喜欢打棒球，但我现在特别害怕打棒球。棒球队已经被他变成了军营，所有人都得挨他的训斥。我小时候他也是这样，他那时经常教我打棒球。我特别讨厌他那种居高临下、粗鲁暴躁的样子！"

斯科特话音未落，戴夫就插了进来："我没有！绝对不是！

你倒是跟沙法丽医生说说你那天犯了什么错。在棒球场上，我不是你的爸爸，我是你的教练。指出你的错误是我的工作。我这么关注你，是因为我在乎你。别人才懒得管你！"我被情绪激动的戴夫吓了一跳。我明白斯科特为什么很难和父亲沟通了。戴夫继续咆哮："我这么做是因为我爱你。所以我才花时间来指导你们的球队。如果不是为了你，我的儿子，我才懒得管！"

我能看出，戴夫感到很挣扎。一方面，他确实爱儿子，并且为这份爱牺牲了他的时间。然而，跟许多父母一样，戴夫并没有弄明白问题出在哪里。他的意图是好的，但他的方法却完全错了。在斯科特眼里，父亲花时间来做教练不仅不是出于爱和支持，反而成了虐待。父子俩的关系变得一团糟。

我确信，你也遇到过这种好心被当成驴肝肺的情况。你听了都快要气炸了，是不是？造成这一落差的原因是，我们下意识地听任我们的行为被我执所控制，结果激起了孩子的反抗。孩子觉得自己被呼来喝去，于是通过各种形式发起反击。

父母们常常心想："可我这么做是为了孩子好呀。他不知道他现在的决定对今后的影响,但是我知道,所以我得告诉他。"或者如戴夫所想的那样："我得帮我儿子成为一名更加优秀的球员，我会尽一切努力来让他做到这一点。"当我们想要把孩子"训练"得比当下的他们"更好"时，我们并没有意识到，这会让他们的自尊和主动性受到多么大的伤害。我们没有看到，我们想让他们将来变得"更好"的愿望往往来自我们当下的恐惧和匮乏感。我们渴望让虚无缥缈的未来变得更好，却把当下搞得一团糟。

我打电话给戴夫，约他下周单独来治疗。我试图把斯科特的想法解释给他听，戴夫却不想听："斯科特是个爱抱怨、爱发牢骚的人，他总是消极地看问题。我不想继续迎合他的抗议了。他最好打起精神来，否则就会因为态度不端正而被踢出球队。我做这一切都是为了帮助这个孩子，可他的表现却像个该死的混蛋！"戴夫气坏了，他完全看不出自己有什么错，更别提他对斯科特的自我价值感的严重伤害了。

戴夫对孩子的养育完全迷失了方向。他已经忘记自己身为父母的使命。戴夫没有去做儿子身边的益友，而只想着实现自己的想法。不少父母的同情心都会被一些东西所遮蔽，像是被某种强大而诱人的神奇力量迷了心窍。你知道那是什么吗？那就是童年的创伤。我会在后面的内容里详细解释这一点。

我对戴夫说："你的儿子觉得被你管头管脚，没法在棒球队待下去了。你加入他的棒球队不是去提供帮助的吗？你有没有意识到，你做的事情是完全相反的，你在父子之间制造了巨大的隔阂？"

没等我说完，戴夫就打断了我："你怎么能这样说？我一直在提供帮助。只是斯科特忘恩负义，总觉得他了不起。我父亲要是能给我哪怕十分之一的帮助，我愿意拿一条胳膊来换。

我要是能有个像我这样关心他的父亲，我命都可以不要！我为斯科特做了那么多！"

看见了吧！童年的创伤。

戴夫认为，他要给儿子他从未从自己的父亲那里得到过的东西，成为一名慈爱的父亲。戴夫把自己童年的伤痛投射到了斯科特身上，只为满足自己对理想父亲的想象。戴夫这么做是他童年的痛苦使然，而与斯科特的需要毫无关系。戴夫只顾满足自己，却忽视了儿子的需要。

我得想个办法引导戴夫观察自己。"戴夫，你是在努力修补你的童年。你做的事其实是你渴望从你的父亲那里得到的东西。因为你从来没有得到过这些东西，所以你现在想尽力确保斯科特的感受不会跟你一样。可这一切只是你的感受，不是斯科特的感受。你是在把自己的需要投射到他身上，是在想方设法弥补你小时候的失落感。这样一来，你就把你和孩子的关系搞僵了。"

戴夫为了这件事挣扎了好几个星期，他怎么也看不出他是如何控制他的孩子的，而只看到自己的"好"意。多次回忆童年经历后，戴夫才开始触及自己童年的痛苦。他提到，小时候，他的父亲几乎从不关注他。因此，戴夫极度渴望得到父亲的肯定。他在学业和运动方面都很努力，成了同龄人中的佼佼者。可即使他取得了这些成绩，他的父亲也仍旧没有去看过戴夫的任何一场比赛。后来，他继续取得越来越大的成功，希望他的父亲最终能够看到他的价值。

然而，这一幕一直没有到来。直到今天，他们的关系仍旧十分紧张。戴夫最终承认："我甚至没有意识到，我父亲和我的童年让我承受了这么多痛苦。我一度以为我没什么问题。直到你把这一切都揭示出来，我才发现我的做法有多么不合适。我真不敢相信我是这么对待我儿子的。这正是我过去想要避免的局面。"

戴夫开始意识到，正是由于缺乏自我价值感，他才想指导儿子。他想给儿子自己从未拥有过的东西，成为童年的自己所盼望的"好"父亲。当他没能得到儿子的肯定时，他内心深处的痛苦就被触动了。在他感到自己"没价值"的那一刻，他的我执就成了一只咆哮的老虎，大发雷霆。与童年时一样，戴夫努力想做到最好。于是他努力想要成为最好的教练，并且不惜代价——哪怕是牺牲儿子的快乐。很快，戴夫在行为上就变成了一个失控的孩子。只有探寻过往的旧模式，他才开始看到童年的痛苦。到这一步，他才终于看清自己对儿子的投射，以及这些投射是如何让父子二人渐行渐远的。

我向戴夫揭示了他的旧模式后，他就能在这些模式露头时发现它们，打破它们，进而让父子关系立即得到改善。一年后，他真的彻底改变了旧模式，成了更加觉醒的父母。随着戴夫的进步，斯科特也像花儿追随太阳一样不断产生积极的转变。这就是孩子的美好之处。他们不想与我们产生隔阂，但他们只会在他们觉得安全的时候袒露自己的内心。

戴夫最初的抗拒并不鲜见。大多数父母都用自动驾驶模式生活，机械地度过每一天，凡事都诉诸情绪化反应和冲动。我们以为自己是在有意识地对当下做出反应，但实际上，我们只是在对自己的童年做出反应。不过，只要我们能在自动反应中停下来问自己："这种感觉是从哪里来的？是来自我的过去还是当下？"我们就能摆脱缺乏觉知的养育方式，构建更加和谐的亲子关系。

如同戴夫没有意识到他的暴躁情绪如何影响了儿子一样，大多数父母也不知道我们的过去是如何影响孩子的。除非我们能认清我们小时候的模式，否则我们将无法带着觉知养育孩子。做决定的将不是我们自己，而是我们过去的痛苦。在养育路线图的这一阶段，你将发现你此刻的行为和反应有多少来自过去而非当下。随着这一觉知在你的内心深处逐渐生长，你将能够更加自如地做出主动而笃定的、基于当下而非过去的新选择。

在这一阶段，你将有许多机会获得启示。当你下意识地自动反应时，你将认清你的旧模式，了解你的养育风格。你的武器是责骂、谈判，还是讨好？你不想知道吗？只有意识到你的各种典型反应模式，你才能打破它们。我将像我对戴夫所做的那样，手把手教你打破这些怪圈。你可以带着好奇和好玩的心态来完成下面的步骤。我并不是要责备或羞辱你，而是要激发你的兴趣，鼓励你认清自己的模式，进而开始改变它们。

第 7 步

发现你的两个"我"

孩子啊,我无法走进我的心
又怎能期待走进你的心
我几乎不知道我是谁
几乎不了解真正的我
只有找回我的真我
我才能尊重你的真我
只有内心获得疗愈
我才能与你真正联结
你才能恣意翱翔

> 我心灵的救赎
> 是一切的起点

缺乏觉知的养育方式,造就了世代相传的病态模式

不管我们是不是愿意把自己看作心理动物,我们的心理都深深地影响着我们。而在人的一生中,童年是心理发展最重要的阶段。虽然我觉得人的心理很有意思,但我也知道,很多人可能并不这么认为。所以接下来,我会尽可能让这一涉及大量心理学内容的部分兼具易读性和趣味性。请记住,这本书从头到尾讲的都是如何更加深入地理解自己,以便让你更加主动地把握你与孩子的关系。要做到这一点,我们就不能不对自己的心理有所了解。下面我们先从最简单的做起。

童年对人的塑造作用是无与伦比的。它不仅是我们日后所有人际关系的蓝图,也是我们全面了解自己以及确定自己将来会如何为人处世的阶段。简单地说,童年是我们一生的基石。很多非常重要的、我们并不能完全理解的事情都发生在这一时期。我们开始形成习惯,开始被我们的父母和我们的文化洗脑——只是我们对这一切一无所知。请听我进一步解释。

刚出生时的我们没有任何观念,我们的大脑里也没有来自父母和文化的各种规则、价值观、信念和传统。此时的我们是自己本心最纯粹的体现。我们完全活在每一个当下。我们以本

来面目示人，这是心灵最美丽的呈现。我们常说儿童"纯洁"，指的就是这一点。

当然，我们也不完全是白纸一张，而带有各自的独特色调。我们拥有无法否认的遗传倾向和气质类型。有的人天生平静、安详，有的人则冲动、吵闹。父母们常常喜欢说这样的话："你生下来就这样！"他们的意思是，我们的独特气质显现得很早，并且常常体现在我们的日常生活中。

虽然我们的遗传和气质都是独一无二的，但由于我们都是人类，所以我们也拥有同样的心理欲求，即我们都想被他人看到和肯定。得到认可是我们生而为人最大的愿望。然而，我们却很难成为"自己"。一旦在生活中遇到成年人，我们就要被迫去迎合**他们的**生活方式，围绕**他们的**现实来思考、感受和行动。我们无法按照自己的方式生活。

要让我们的真我得到肯定，父母就得调整自己来适应我们。然而悲哀的是，大多数父母都没有足够的觉知来持续地做到这一点。他们不允许我们做真实的自己，而是用他们自己的期待和幻想影响我们，让我们成为**别的人**。这就是当下的现状。我们这些父母一开始就把自己的愿望、期待和幻想投射到了我们的孩子身上。这种下意识的做法十分普遍。想想我们谈到孩子时都说了些什么，还有我们对他们的未来做过的各种设想。我们认为孩子的未来要由我们来塑造，而我们首先要描绘他们未来的样子。然而问题在于，孩子在我们心目中的样子与他们很可能成为的样子并不相同。于是，亲子隔阂的种子在孩子很小的时候就已经播下了。这粒种子往往与孩子的天赋、秉性毫无关系，而只与我们自己的欲望、期待和想象有关。

甚至在你降生之前，你的一切几乎都已经被预设好了，例如你的家庭传统、你的宗教信仰、你的价值观，以及你该如何去做一个男孩或女孩。现在，你可能会说："我的父母当然得这么做了，他们没有别的选择！所有父母都得这么做。"不过我认为，在养育孩子这件事上，其他选项永远都存在。我们可以按照父母养育我们的方式来养育孩子，也可以大胆丢弃老办法，使用更加贴近现实的新方式。选择第二种方式的父母可能会这样说："我决定抛开各种讲究和规矩来养育我的孩子。我首先要带着觉知走近他，了解他的性情，而不是操心他的各种事情。"除了给孩子起名字等特殊情形，觉醒的父母一般都会避免用陈规旧习去控制孩子。

我们的父母不仅给我们灌输了一整套生活理念，包括应该欣赏谁，直到最终和谁结婚，还列出了不这样做的一系列后果。违抗父母的意愿是无法想象的，甚至被认为是大逆不道。他们的爱附带着明确的条件：**要么遵从我的意愿，要么面对我的冷眼**。我们的父母无须明确讲出这些条件，我们都感觉得到。我们已经学会尽力避免吞下失去父母之爱的苦果。

这件事不怪罪任何人，我们的父母也是受害者。小时候，他们的真我也遭受过绑架。就这样，一代代的父母用缺乏觉知的方式养育孩子，最终造就了世代相传的旧模式。每一代人都决定了下一代人的命运。那些未愈合的心理创痛如浪潮般反复发威，其致命的浪头和暗流吞噬了无数的人。不过请放心，你此刻正走在终结这一怪圈的道路上。

孩子们本能地知道，他们最好听从父母的安排，不然就会给自己惹来麻烦。他们知道，比起冒险做自己，成为父母期待的样子要重要得多。要想被父母认可，他们就得做"好"孩子。他们也明白，做"好"孩子就意味着要压抑真实的自己。他们隐隐地知道，这是一场**交换**，要想得到爱，他们就得放弃真实的自己。随着时间的推移，他们的这一认识一天天清晰起来，而他们的真我也一天天黯淡下去。

从一定程度上说，我们都是这一幕的亲历者。父母没有给我们自由去绽放真我，而是逼迫我们放弃真我（主要通过潜移默化的方式）。随着我们心底的自己逐渐噤声，我们渐渐活成了上一辈的样子。我们遮蔽并最终埋葬了自己的真我，同时期待我们的新模样能让我们获得存在感和自我价值感。

想想这一严峻的现实：我们没有感受到我们本应拥有的自我价值感和掌控感，却不得不在自己的生活里活得像个异邦人。只有沿袭主流的风俗和传统，即父母的活法，我们才能获得公民权，否则就会被驱逐出境。因此，我们只好把自己的心灵埋没在远离视线的地方。

认识第一个"我"——内在小孩

如果真我得不到赞美,我们就会变成不安和匮乏的假我,渴望父母为我们提供关爱、肯定和自我价值感。我们的这个部分就是我们的内在小孩。我在这一步里会提到两个"我",这里是第一个。

我们需要深入思考下面这一重要事实:

我们的内在小孩心里不该满是恐惧和"空洞"。我们应该觉得自己是完整的、充盈的、有价值的。如果我们的真我能够得到肯定,如果我们的父母能够肯定他们的真我,我们就会有这种感受。我们的内在小孩之所以会感到害怕,是因为我们的父母和整个社会都缺乏觉知。

想想这幅图景!我们当下的一切不安和无价值感原本是可以避免的!然而可悲的是,那个完整而真实的我不仅没能得到肯定和接纳,还被否定和摧残,被戳得千疮百孔。心底的需求越是得不到满足,空洞就会变得越大。这些空洞就是我们的内在小孩,即我们讨论的第一个"我",也就是那个饱受自卑和恐惧折磨的"我"。

在治疗中,莫妮卡记起了她的内在小孩的由来:"我小时候很外向,很喜欢跟别人打交道。我记得,我总想跟兄弟姐妹以及邻居家的孩子们一起玩。我的生活充满了阳光。我小时候有一点胖，因为我妈妈总跟我说要多运动，少吃蛋糕。可是我讨厌运动，喜欢吃蛋糕！应该是在 6 岁左右，我发现我的生活完全变了。那时我刚开始上幼儿园，妈妈对待我的方式也不一样了。她开始限制我的饭量，还总是带我去看营养师。她没有用低调或隐晦的方式来做这件事，而是见人就大讲：'莫妮卡太胖了！'她甚至告诉我，如果我不注意这一点，别人办生日聚会就不会邀请我参加。我觉得我好像突然变了，开始不吃东西，过度关注自己的外表。那时我还不到 7 岁。我也从一个整天嘻嘻哈哈的外向女孩变成了一个害羞、没有安全感的孩子。我变得孤僻、安静，好像这么做了以后就不会再让妈妈不高兴了。说心里话，我很讨厌自己！"

　　莫妮卡与我们没有什么不同。我们与本心的疏离或许在程度上有差异，但它影响心理的方式是一样的。跟大多数人一样，她的内心深处一开始也充满了光亮，然而在不安和怀疑的冲击下，她幼小的心灵开始逐渐黯淡下来。她的母亲没有肯定本真的她，而是强迫她过度关注自己的外表，以至于她甚至忘记了她的真我的存在，把心思全放在了她的外表上。

认识第二个"我"——假冒我们的我执

　　我们可以看到，一旦在幼年失去真我，整个生活都会乱套。

现在，我们行为的背后不再是内在的价值感，而是对自己的嫌恶。这时，我们会制造出一个假我来应对内在价值感的缺失，用它来换取关爱、肯定和价值感。这就是我们所说的第二个"我"——**假冒我们的我执**。从根本上说，它是我们所有假面的集合。我们戴着这些假面来满足天生的欲望，即想要被看作完整的、充盈的、有价值的人。

在莫妮卡这里，她戴上了一副"孤僻隐士"的假面。这样她就能安心地躲在壳里，不必害怕别人不接纳自己了。我们选择什么样的假面取决于我们的气质类型和成长环境。有人戴着笑颜，有人戴着阴郁，有人戴着喜怒无常。还有人戴着"我不在乎"，因为他们认为追求父母的肯定只是徒劳。

透过这些假面，我们可以看到自己在拼命做两件事：（1）保护我们的内在小孩不被父母否定；（2）想办法换取关爱、肯定和价值感。这些"办法"往往与我们的真我相悖，也往往包含我们自己或别人对我们的某种控制。用不了多久，我们的整个存在都会依赖于这些假面，而我们最初的真我则会消失，成为遥远的记忆。

我们再来看另一个例子，它显示了内在小孩和假冒我们的我执在童年的形成过程：

1. 有位妈妈想让她的孩子去上小提琴课。她是一位音乐家，梦想她的孩子将来也能成为一位音乐家。然而，她的孩子并不想学小提琴，也不想学任何其他乐器。他喜欢的是运动，不是音乐。然而，由于妈妈一直想让他成为音乐家，所以她不顾孩子的意愿，强行让他学起了小提琴。

2. 这个孩子想要表达自己不想拉小提琴的真实感受，可每次一说出口，妈妈都十分生气，这让他心有余悸。

3. 这个孩子面临着艰难的抉择，要么努力实现自己的意志，要么压抑自己的真实感受。虽然他想说出自己的真实想法，可他知道这么做代价巨大，于是他开始压抑真实的自己。

4. 为了避免惹妈妈生气，假冒他的我执开始登场。他戴上了听话、讨人喜欢的"好孩子"假面，对妈妈说："我喜欢拉小提琴。"这让他得到了他渴望已久的来自妈妈的表扬和认可。

5. 日子一天天过去，为了获得妈妈的认可，这个孩子戴上了越来越多的假面，例如"超级上进者"和"讨好者"的假面。妈妈越是因此称赞孩子，孩子的假我就变得越强大。只有在多年之后，这个"我"才会在伪装难以为继的情况下崩溃，疗愈的窗口才会打开。

这个学小提琴的例子看似微不足道，缺乏说服力（如果这只是偶发事件，那么它或许确实微不足道），但这种对真我的绑架在我们的生活中不断发生，总有一天，我们会再也意识不到真我的存在了。

要想成长为能够掌控人生的全新的自己，我们就得看清自己被绑架的真我,这非常关键。这么做不仅是为了我们,也是为了孩子。当我们的真我能够自由绽放时,我们的孩子也会获得解放,绽放他们的真我。

觉醒实践

你的真我正等着你把它找回来。若要开启这一发现与回归之旅,我们首先得唤醒童年的记忆。我们来做下面这个练习。闭上眼睛,让你的思绪飞回你童年(2~10岁)的一些痛苦记忆中。一旦你想起了什么,就把它写下来。

你不仅要写下事情本身,还要写下自己当时的感受。

你对这件事有什么感受?
父母对你有什么反应?
你能毫无顾忌地表达自己的想法和感受吗?
你得到的是滋养和认可,还是羞辱和轻视?

如果你当时没能得到肯定或滋养,你或许就会压抑或否认你的感受。接下来,这些感受就会与你的真我一同遭到雪藏。

认识你的内在小孩是你有朝一日能够掌控人生的关键步骤。我们来做下面这个练习,以此来近距离地了解你的内在小孩。

给你内在的小孩取个名字，或者用一种颜色来代表它。把你的内在小孩的感受用笔画出来。不管怎样，找到某种方式来表现它，让它成为某个画面或实体。这么做很重要，这样你就可以观察它，关心它，随时随地地提起它。

你还可以做下面的练习。多年来，我就是这样安抚我的内在小孩的。请闭上眼睛问自己：

我现在内心深处的感受是什么？是恐惧还是平静？
我的反应来自内心的匮乏，还是富足？

我做过实验，尽力只在自己对以上问题的回答是"平静"和"富足"的时候才对外界做出反应，否则我就什么都不做，直到我的内在状态发生改变。在实验开始后的 7 ~ 10 天里，我没有说太多话，因为我发现，我的绝大多数反应都习惯性地来自我的恐惧和缺失。问这些问题能促使我们发现我们心底的恐惧、怀疑和匮乏有多么严重。请记住：一旦你的内在小孩占据了主导，你的我执就很有可能会被激活，以此来缓解内在小孩所承受的恐惧和不安。

你能在未来 24 小时里持续关注你的内心，问自己以上两个问题吗？以下 4 个问题也能为你的这一发现之旅带去有益的启示：

我现在需要得到别人的肯定和赞同吗？
我害怕被否定、被抛弃吗？
我害怕冲突、被别人看作坏人吗？
我现在到底在害怕什么？

体会我们心底的恐惧非常重要，因为我们的内在小孩正是通过这些恐惧来与我们沟通的。内在小孩总是在谈论恐惧，例如"不要说这件事，不然……""他们会认为你是坏人，所以不要说出来！"等等。适度谨慎很正常，但内在小孩的各种恐惧会造成破坏，把掌控感满满的真实状态变成内心充满匮乏感、戴着我执假面的虚假状态。

你可以把这6个问题写在几张卡片上，贴在显眼的地方。随着你开始关注内心的声音，你可能会惊讶地发现，原来你那么多的想法和反应背后都隐藏着缺失和恐惧。我曾经就是如此。如果你发现你也是这样，请不要惊慌，你只是感受到了你的内在小孩的愿望和需求。

说实话，要发现埋藏在心底的内在小孩的低语是非常困难的。它藏得很深，它的声音几乎听不到，那么疗愈之旅又如何开启呢？我们可以从更加显性的层面开始，即反应层面，也就是假冒我们的我执层面。为什么从这里开始会比较容易？原因是，我执很容易观察。它经常制造混乱、冲突、疏离和各种异常状况。它既能以强烈的方式向外宣泄，也能向内坍缩。因此，相比内在小孩微妙而隐秘的感受，我执的各种反应更容易观察。

在养育路线图的下一个步骤，我将帮你识别假冒你的我执，并让你看到它是如何在你和孩子之间制造冲突的。一旦发现你的我执，你就能走上打破它制造的病态模式、彻底扭转亲子关系的坦途了。

第 8 步

发现你的我执假面

我的百般假面之下，藏着个什么人
哪个是真的我？都是还是都不是？
我把真实的自己压抑得彻彻底底
我苦苦寻觅，却找不到前行的方向
想证明自己正确，结果却铸成大错
佯装自信的我，实际上害怕得要命
我还把这恐惧丢给了你，我的孩子
我得揭掉假面，去寻找真正的自己
这样我才能让你尽显你的真实本性

我执的存在，只是为了保护你的内在小孩

每当感到恐惧或不安的时候，我们都会戴上我执的假面。我们无法触碰内在小孩的恐惧，于是只能观察外在的表现，即我执的反应。你知道吗，你在下面这些情况下都戴着我执的假面：

吼孩子，骂孩子
责备或批评自己
因为害怕或被否定而退缩
隔绝或封闭自己

我们可以通过自己有问题的做法看清我们的我执，理解它到底在努力保护什么。从外在表现开始观察是较为容易的做法，所以我总是告诉来访者："我们先来观察你的我执有哪些表现，因为这些表现很容易看出来！"

在继续讨论之前，我先问你一件事，你认为我执是不好的吗？你很可能认为是这样。虽然我们很容易因为我执给我们闯了这么多祸而生气，但我们还是得理解，这并不是它的错。再说一次，重点不是责备自己或他人，而是要理解你的我执是从哪里来的，以及它为什么会有这些表现。

需要重申的是，我执的存在是有原因的，那就是为了保护

某些东西。它要保护谁呢？要保护我们感到恐惧的内在小孩。在我们小时候，没有人来关心我们的内在小孩。童年的我们是为了生存才制造出我执的，所以我执的表现方式也是原始的、幼稚的、不成熟的，例如大声尖叫、成瘾、自我伤害和搞破坏。我们没有学会成人的应对方式，只知道耍小孩子脾气。悲哀的是，这些做法从来都不起作用，只会让一切变得更加糟糕。于是，内在小孩的恐惧也变得更加强烈。要摆脱这一困境，我们必须转而关注内心——让内心深处发生改变，这也是我正在教你做的事情。如此一来，你就能学着用新的方式来主动安抚你的内在小孩了。

五大我执类型，帮你辨识你的假面

有理论认为，我们的身体在面对压力时会做出三种反应，即战斗、逃跑和愣在那里不知所措。我在这一理论的基础上构建了父母的五大我执类型，来帮你辨识你的假面。这些我执类型分别是战斗型、修补型、伪装型、封闭型和逃跑型。当然，人的心灵是无限复杂的，没有人一辈子只戴一张假面。这些类型是我长期以来根据来访者的真实经历总结出来的，旨在助力你对自己的觉知，并未得到经验证据或科学研究的证实。我希望它们能帮你对常见的反应类型形成大致的印象，这样你就能轻松地辨识出你的反应模式属于哪一种或哪几种类型。不过需要注意的是，面对不同的人时，我们展现出的自己可能是截然不同的。还有，我们的反应类型既可以同时带有所有类型的特点，也可能此刻属于某一类型，过了阵子又切换到别的类型。理解我执的类型只是为了理解自己，而不是为了责怪或羞辱。这么做只为建立一种觉知，认清自己被孩子"点着"时是如何反应的。

你最好用好奇和探索的态度来了解这些我执的类型。你即将发现你和身边其他人新的独特部分。希望你能用开放和轻松的心态来看待这段旅程，例如你可以这样诊断自己："嗯，原来我是战斗型！""没错，我就是逃跑型！"如果你发现你读到的我执类型无法引起你的共鸣，我还是鼓励你继续读下去，因为你永远都不会知道，这一类型会为你理解身边的某个人或某位故人带来多大的启发。记住，我们每个人都戴着一个或多个我执假面。这没什么可羞愧和害怕的。发现和识别你的独特假面，是挣脱下意识的自动反应，提升掌控力、改善亲子关系的关键步骤。

如果下面的某些我执假面让你看着眼熟，那么它们或许就是你曾经戴过，或是你在成长过程中看到别人戴过的假面。我希望你能去触碰这些假面背后的感受，并且以你喜欢的方式把这种感受创造性地表达出来，例如写日记、冥想或绘画。

◎战斗型我执假面

当孩子激起你的情绪时,你会不会提高嗓门,大声吼他?你会威胁、惩罚、尖叫或诅咒吗?如果是这样,你可能就是战斗型。我们来看看情况是不是这样。

什么样的人属于战斗型?简而言之,他们是易怒和控制欲强的人。战斗型父母控制恐惧情绪的主要心理策略是**发怒**。当他们的内在小孩感到恐惧时,他们就会戴上愤怒的我执假面,用愤怒来控制别人。他们大喊大叫,实施惩罚,贬损羞辱。这么做让他们觉得自己很强大。他们从小就知道,要让自己的声音被别人听到,进而获得肯定,他们就得戴上这张横眉怒目的假面。那些大男子主义和喜欢控制的人更容易戴上这种假面。

战斗型父母认为:

在我能控制所有人的时候,我觉得自己是有价值的。
发怒是获取存在感和控制他人的手段。

你认为你在面对压力时会这样反应吗?你有没有发现自己提高了嗓门、跺脚、逼迫或控制别人,以此来获取存在感?如果是这样的话,你可能就是战斗型。

很多人变成战斗型父母是童年耳濡目染的结果。也许你会发现,你的父母或其中一人就是用这样的方式来对待你或你的兄弟姐妹的。你在潜移默化中学到,这么做能让你获得存在感。

如果你小时候总是见到这样的行为,你就会自然而然地把对他人的控制等同于自我价值感和存在感。

这种做法听起来熟悉吗?战斗型有不同的子类型。阅读时,你可以想想,你有没有在使用这些策略。这些不是明确的类别,只供你在认识自我时参考。我说过,大多数人都兼具多种类型的特点。

执法型

当孩子激起你的情绪时,你有没有发现自己有时会说(或想要说):"没有为什么!""我在这个家就是这样,你不喜欢可以出去!"如果是这样,你或许戴着执法型假面。

这张假面后面常常是那些在家里说一不二的父母。这种父母要么经常不在家，要么在家也极少与孩子交流情感，但他们常常充当执行规则、维持秩序的角色。执法者对别人的情感需求不敏感，总是忙于自己的生活，达成自己的目标。他们想问题时非黑即白，更喜欢讨论对错而非感受。

执法型父母认为：

规则比感受重要。
孩子无论如何都应该服从父母。
孩子不听话要受罚。
父母说了算，否则就滚蛋。

在执法型父母的陪伴下长大的孩子不会与父母说太多话，往往表现乖巧。他们害怕做真实的自己，因为执法型父母的脑子里只有"我说了算，否则滚蛋"。这种父母控制欲极强，总想支使孩子。为了生存，他们的孩子通常在很小的时候就会有退缩和逃离的表现，而这只会伤害孩子。执法型父母可能会说这样的话："这是你最后一次机会。你真丢人。罚你两个星期不准出去玩。你给我吸取教训，别想再蒙我！"

如果你戴着这张假面，或者认识可能戴着这张假面的人，那就值得去触碰这张假面下隐藏的丰富感受，并且找到某种方式来深入地理解这些感受。

爆炸型

当孩子激起你的情绪时,你是否理智全无,大声尖叫?你会不会这一刻感觉还好,下一刻就完全失控,甚至还会摔东西?如果是这样,你或许戴着爆炸型假面。

戴了这张假面的父母常常利用暴怒来达到目的。虽然暴怒可能不常发生,中间会间隔一段日子,但一旦发生就足以令整个家颤抖。这些父母的怒火能在几秒钟里从零达到顶点。他们不表达自己的情绪,而是让情绪爆发。天哪,这些父母太可怕了!他们调节情绪的能力极差,阴晴不定,无法通过语言成熟地处理自己的情绪。他们似乎认为,除非他们大发脾气,否则别人就不会听他们的话。他们通过让别人承受极度的恐惧来获取掌控感和自我价值感。

爆炸型父母认为:

父母得让孩子知道,凡事都是父母说了算。
只有孩子怕了才能长记性。
通过惩罚和发火让孩子害怕是管用的。
孩子得顺从父母的意愿。
做父母的不能给孩子好脸色。

在这样的父母身边长大的孩子长期生活在震荡和窘迫的阴影中。他们觉得自己骑虎难下,要么听话顺从、亦步亦趋,要么在情感上遭受巨大的伤害。他们已经习惯了战战兢兢过日子，因为他们不知道父母何时又会戴上这张假面。他们一直生活在焦虑当中，不知道另一只靴子会何时落地，让自己措手不及。对孩子来说，这是一种非常不舒服的感觉。他们会花费很多精力过度取悦父母，以防他们再次爆炸。

爆炸型父母的反应可能会是这样："我受够你们了！我受够了！够了！够了！我一个字也不想再听了。你再说一个字，我就把它砸了。你们都是神经病！我受够了！"

如果你戴着这张假面，或者认识可能戴着这张假面的人，那就值得去触碰这张假面下隐藏的丰富感受，并且找到某种方式来深入地理解这些感受。

辩论型

当孩子激起你的情绪时，你有没有发现自己经常与他们争吵？和他们谈话时，你是不是总抢着说最后一句话？赢得辩论并且让别人了解你的主张对你来说重要吗？如果你的回答是肯定的，你或许戴着辩论型假面。

这类父母就像那种极其无情又理智、认为生活只是一场不间断的法庭斗争的律师。辩论型父母喜欢用理性的辩论和观点让对方哑口无言。他们就像侦探一样，不停地问各种问题，控制谈话走向，逼迫对方回答。对他们来说，赢得辩论极其重要，所以无法优雅地认输。为了控制对方，他们可能会使用不正当的手段，比如说谎、欺骗或诽谤。为了赢得论战，他们会不择手段。然而他们没有意识到，他们总是一败涂地。

辩论型父母认为：

生活是一场只有赢家和输家的游戏，而我要成为赢家。
我不会错，我会证明我没有错。
正确比亲子关系重要。
人生如戏，孩子是用来取胜的棋子。
获得价值感的途径是在头脑层面控制他人。
争论和辩论比对话有效。

看着这张假面长大的孩子，会觉得自己是任由法官和陪审团摆布的嫌犯。跟这样的父母在一起，孩子会觉得自己毫无价值。他们会觉得，除非自己被证明无罪，否则就是有罪的，而不是反过来。在辩论型父母的身边，孩子确实很难觉得自己是重要的、强大的，而应对这一局面的方法之一就是少言寡语和退缩。

辩论型父母可能会说这样的话："到底是不是这样？不要找理由，你就说是还是不是？你上次说是，现在又说不是。你前后矛盾，逻辑混乱。一会儿说是，一会儿说不是。你说是的时候到底有没有撒谎？你摆明了没有讲实话。"

如果你戴着这张假面，或者认识可能戴着这张假面的人，那就值得去触碰这张假面下隐藏的丰富感受，并且找到某种方式来深入地理解这些感受。

批评型

当孩子激起你的情绪时，你会找一些事由来批评他们吗？你会分析他们行为的每一个细节吗？你是否倾向于关注错误和消极的方面？如果是这样，你或许戴着批评型假面。

你有没有见过特别喜欢批评的人，从墙上的油漆到房间的照明，什么都不放过？如果是的话，他们就戴着批评型假面。这类人不喜欢顺其自然，不管走到哪里都要制造一点问题和不和谐的局面。他们通过负面评价和破坏事物的自然发展来获得存在感。戴着这种假面的人觉得，别人的反馈会让他们觉得自己很重要。

批评型父母认为：

我的意见很重要，要让别人听到。
没有什么能入我的眼，都有应该改进的地方。
接受现实或接纳他人会显得自己太软弱、好欺负。
批评别人会让我感觉良好。

由批评型父母带大的孩子自我价值感极低。他们不断得知自己有问题，内心充满了绝望和没价值的感觉。他们觉得生活是一场看不到头的苦斗，根本无法实现自己的价值或者达到父母的期望，总有更多的事情要做，或者更高的目标要达成。他们灰心失望、备感无助。

批评型父母可能会说这样的话："你为什么从来都不能用正确的方式做事情？你做得太差了！差得离谱。你有没有想好怎么解决问题？你确定你的想法行得通吗？我觉得你的做法不是最好的方案。要是我的话，我不会这么做。"

如果你戴着这张假面，或者认识可能戴着这张假面的人，那就值得去触碰这张假面下隐藏的丰富感受，并且找到某种方式来深入地理解这些感受。

消极攻击型

当孩子激起你的情绪时，你有没有发现自己在用隐秘或间接的方式来表达你的不满？你是不是很难用直截了当的方式来清晰地表达你的想法和感受？如果是这样的话，你可能戴着消极攻击型假面。

与其他类型相比，这张假面更加邪恶，因为它的外表更具欺骗性，更难被察觉。虽然其他战斗型父母的表现是"爆发"，与这张假面的消极攻击不同，但说到底都是控制和操纵。这类父母会用收回关注的方式来控制他们最亲近的人。如果他们觉得孩子没有顺从他们的意愿，他们就会收回自己的关注，并且故意让他们遭遇失败。

消极攻击型父母认为:

一切尽在我的掌控之中,我会利用这种控制权教训别人。

我要收回我的慈爱,给他点教训,让他听我的话。

我要让他看看到底谁是对的。我把他晾在那儿,他就懂了。

到头来还是我赢。

如果父母戴着这样的假面,那么孩子在需要帮助时就会感到被父母背叛和抛弃,尤其是在他们的需要背离父母的意愿或想法的时候。他们要为自己偏离父母的计划,依照自己本心的尝试付出代价,即失去父母的关心和关注。因此,这些孩子会非常谨慎,不愿违逆父母的意愿。他们知道,一旦这样做了,惩罚会令他们苦不堪言。他们只有两种选择:听从内心的声音,或者遵从父母的指令。这些孩子往往会屈从于第二种选择,压抑自己的本心。

消极攻击者可能会说这样的话:"我才不管你做什么呢!别把我扯进来,你自己搞砸了不要来找我。你自己的事情自己处理。我不会再为你这些破事操心了。"

如果你戴着这张假面,或者认识可能戴着这张假面的人,那就值得去触碰这张假面下隐藏的丰富感受,并且找到某种方式来深入地理解这些感受。

◎ **修补型我执假面**

当孩子激起你的情绪时,你有没有感到内心非常慌乱?你有没有那种想要挽救所有人于水火的愿望?你是不是总在寻找可以解决的问题,以此来获得掌控感?如果是这样,你可能是修补型父母。

修补型父母是什么样的人?他们是忙前跑后的人。他们为了缓解恐惧的主要情绪反应是拯救所有人,解决所有问题。他们是恐慌的、缺乏安全感的、杞人忧天的,他们的主要目标是被别人看作"好人"。与战斗型父母不同的是,修补型父母非常害怕冲突。他们会使用讨好、放任、纵容、解决问题和四处救火等手段来平息内心的风暴,以换取关爱和自我价值感。他们从小就知道，要让自己的声音得到倾听，获得肯定，他们就得戴上这张忙前跑后和取悦讨好的假面。那些较为温柔和女性化的人最容易戴上这种假面。

修补型父母认为：

如果别人觉得我是好人，我就觉得自己有价值。
讨好和救火是我获取存在感的工具。
在我解决了别人的问题时，我最受人喜爱。
我需要被别人需要，因为这能让我获得存在感。

跟战斗型父母一样，许多修补型父母也是由同一类型的父母带大的。此外，还有一些修补型父母是因为别无选择才变成这样。战斗型父母会通过控制别人的行为来让自己感觉良好，而修补型父母则是通过控制别人对自己的看法来让别人觉得自己是个好人。他们非常害怕被人讨厌，让别人失望，所以他们会竭尽全力地控制别人对自己的看法。

这种做法听起来熟悉吗？在阅读修补型的以下子类型时，请反思你是否使用了下面的应对策略。

推动型

当孩子激起你的情绪时，你会不会冲过去接管他们的生活，帮他们做事，即使他们完全有能力自己完成这些事情？你是否觉得孩子需要你，如果没有你，他们就会做得一塌糊涂？如果是这样，你可能就戴着这种假面。

这类父母会削弱孩子独立做事的能力。他们是典型的"消防队员"。他们为孩子做了太多的事情，乃至损伤了孩子的意志力。虽然这些父母表面上很爱孩子，但他们潜意识里的东西非常有害，特别是对他们的孩子来说。他们把孩子变成附庸，以此来树立起"高大"的形象。推动型父母需要别人征求他们的意见，寻找他们的帮助，以便确信自己是有能力、有价值的。

推动型父母通过他人对自己的接近和需要来获得存在感。他们把自己嵌入别人的生活当中，哪怕这样做并没有现实的理由或需要。通过这种方式，他们慢慢也牢牢地让别人对自己产生依赖。

推动型父母认为：

我的价值取决于别人有多么需要我。
当别人做任何决定都需要我时，我就会有掌控感。
与其看着别人挣扎、失败，不如介入其中解决问题。
控制别人的生活给了我掌控自己生活的感觉。

在这种父母的陪伴下长大的孩子感受不一。有的觉得父母帮自己是理所当然，有的会在面临抉择时感到无助或漠然。他们往往习惯于被动等待，让推动型父母为他们攻坚克难。由于这些孩子没有冒险和承担后果的实际体验，所以常常心怀不安、缺乏信心。

这些孩子也可能在某种程度上怨恨他们的推动型父母。他们直觉地知道，帮助附带着控制和操纵。他们为此感到愤怒和沮丧，却不知该如何表达。他们从心底感到无助和焦虑，因为他们几乎没有机会学习忍受挫折，提升抗挫力。有父母守在身边随时帮忙看似是一种奢侈，但从长远来看，这么做最终会损害孩子的自主性和掌控感。

推动型父母可能会说这样的话："我来帮你做这件事吧。我现在刚好有空，能帮你摆脱这个负担，我会很高兴的。交给我吧，我会处理好的。我做的时候你可以休息一下。"

问题在于，他们看起来是很好的父母，但事实并非如此。他们有以下特征：

他们会主动提供帮助。
他们会不经邀请就干涉别人的生活。
他们不给对方拒绝的权利。
他们自认为知道最佳解决方案，那就是他们来帮忙。
他们不与孩子商量，而是独断专行。
遭到拒绝时，他们会生闷气，并且不再关心孩子。

这种做法听起来熟悉吗？也许这就是你的假面，或是你小时候看到父母戴着的假面。我希望你能去触碰这些假面背后的感受,并且以你喜欢的方式把这种感受创造性地表达出来,例如写日记、冥想或绘画。

英雄型

当孩子激起你的情绪时,你会不会本能地想要控制一切?你喜欢那种一切都由你说了算的感觉吗?如果这种情况跟你很相似,你可能就戴着这种假面。

英雄型父母无所不知、无所不能,没有他们解决不了的问题。与工蜂一般的推动型父母不同,英雄型父母是蜂王,有种位高权重、说一不二的气度。推动型父母往往会全面介入他人生活的细节中,但英雄型父母不会。只有在孩子面临重大抉择、灾难或危机的关头,他们才会出马并接管一切。他们是无情的、正义的。他们无视别人在之前所做的一切努力,大肆运用自己的权力、能力和影响力。他们会在最后一刻把别人的努力成果全部推倒重来。在英雄型父母同意之前,他们的家人通常无法敲定任何计划。因为所有人都知道,一切最终的决定或计划都必须征得这名家长的同意。

英雄型父母通常是有权、有地位、有影响力的人。别人只能为日常琐事奔忙,他们则拥有扭转乾坤的能力。例如,在帮助孩子准备期末考试时,一般的父母可能只是陪孩子一起完成每天的学习任务,而英雄型父母会在最后关头突然出现,请来能对考试结果产生巨大影响的辅导老师。他们让孩子形成依赖的方式与推动型父母略有不同。虽然后者可能平时管得比较细致，但从根本上说，没有英雄型父母的允许、同意和批准，孩子们是不敢做任何决定的。

英雄型父母认为：

我是这个家的最高权威，少了我什么事都干不成。
我的决定就是最终决定，所有人都得照我说的做。
我知道怎么做效果最好，我的能力别人都佩服。
我是个天才，我需要别人承认这一点。

由这种父母带大的孩子常常无法拥有自己的生活，即使长大成人后也是如此。他们有一种挥之不去的感觉，即他们不论做什么都必须得到全知全能的英雄型父母的同意和准许。同时他们也知道父母能力特别强，所以这样的父母对孩子来说很像一把双刃剑。一方面，孩子尊重父母的权威，但另一方面，孩子又会觉得自己笨手笨脚、一无是处，甚至还会对英雄型父母的高大形象感到不满。这类父母的孩子常常会感到不安，缺乏自信，无法完全信任自己内心的声音。面对英雄型父母的伟岸身影，他们感到自惭形秽。

英雄型父母可能会说这样的话："你知道的，我从不犯错，我非常清楚这件事该怎么做。我告诉过你，你这样做不行，可你不听。我不知道你什么时候才能搞清楚,这件事你还没有弄明白,得照我说的做。这种事我是行家。我比你聪明,比你成功。我来帮你收拾你制造的这个烂摊子!"

如果你戴着这张假面,或者认识可能戴着这张假面的人,那就值得去触碰这张假面下隐藏的丰富感受,并且找到某种方式来深入地理解这些感受。

担忧型

当孩子激起你的情绪时,你会不会马上想到最坏的结果?你是那种杞人忧天的人吗?如果是这样,你可能就戴着这种假面。

这类父母是过度痴迷末日的预言家,一天到晚担心个不停。担忧型父母会通过对细枝末节的细致安排来获得掌控感。如果孩子流鼻涕,他们会担心这是支气管炎或肺炎。如果孩子考试得了"良",那就是世界末日。这类父母随时备着雨伞和午餐盒,冰箱里也装满了食物。然而可悲的是,他们的所作所为并不是出于内心的富足,而是来自内心深处强烈的匮乏与缺失感。他们努力预想将来的情形,防患于未然,以应对可能遭遇的各种灾难。他们会囤积大量物品以备不时之需。他们就是我们常说的"直升机式父母",不停地围绕孩子盘旋,嗡嗡作响,担心所有事情。他们总是提早半年整理物品,开列清单,做出各种计划。

担忧型父母认为：

我是唯一一会为灾难做准备的人。
如果我不多加小心，生活就会出纰漏。
生活需要持续不断的细致安排。
我需要时刻保持高度警惕以掌控全局。

由这类父母带大的孩子不仅会继承他们身上这种强烈的焦虑，还会对一切事情失去兴趣。由于没有足够的空间同时容纳两个高度焦虑的人，所以孩子往往不再管自己的事情。他们开始放下自己的主张和意志，期望父母在他们身边操持一切。

虽然这类父母看起来酷似推动型，但二者的表现却不尽相同。推动型父母会通过嵌入别人的生活来获取存在感，而担忧型父母则拥有更多焦虑的念头和强迫性的能量，这些东西会让他们形成极其复杂的思维模式。担忧型父母的强大能量场会让孩子感到既疲惫又恐惧，不如少言寡语、封闭自己来得轻松。这类父母的孩子往往会因他们紧张的情绪变成焦虑的人。

担忧型父母可能会说这样的话："这太可怕了！真不敢相信，这种事竟然发生在我们身上！我们该怎么办？一切都乱套了。如果我不做出重大的改变，局面就无法扭转。"

如果你戴着这张假面，或者认识可能戴着这张假面的人，那就值得去触碰这张假面下隐藏的丰富感受，并且找到某种方式来深入地理解这些感受。

鼓励型

你是不是特别受不了孩子哭或发脾气？你有没有发现，你总想消除他们的负面情绪，好让他们重新高兴起来？如果是这样，你可能就戴着这种假面。

这种假面属于那些无法忍受"悲伤"或"负面"情绪的人。别人不高兴会让他们难受和焦虑。鼓励型父母一开始似乎很快乐，然而跟他们相处后，你很快就会意识到他们特别喜欢逃避和控制。他们十分想让别人快乐，绽放笑颜，甚至会忽视和否定悲伤等一切负面情绪。他们总是扮演啦啦队员，好让别人感受到他们认为别人应有的感受。

鼓励型父母认为：

难过是不好的。
我有责任让别人快乐。
我让别人高兴的话，我也会高兴。
我不喜欢悲伤的情绪，所以我假装它不存在。
强烈的情绪很吓人，很不好。
我必须快乐，别人才会爱我。

由这类父母养大的孩子能够凭直觉意识到他们得压抑自

己的负面情绪。他们讨厌这类情绪，认为它们是不好的，是软弱的标志，而非正常的情绪。这些孩子特别不能接受自己不快乐，而且这一情形会让他们更加不快乐。他们如此痴迷于快乐，甚至扭曲了他们对当下的体验，让自己错失了当下实际的亲身感受。

鼓励型父母可能会说这样的话："你为什么要难过？不要难过！别人看了会怎么说？没什么好难过的！你得为你的生活感到高兴。要懂得感恩，不要在悲伤里浪费生命。我为你做了那么多，给了你那么多，你还是难过就对我太不公平了。"

如果你戴着这张假面，或者认识可能戴着这张假面的人，那就值得去触碰这张假面下隐藏的丰富感受，并且找到某种方式来深入地理解这些感受。

取款机型

当孩子激起你的情绪时，你会想办法通过花钱让自己摆脱窘境吗？在面对亲子冲突时，你会借助买东西来分散你和孩子的注意力吗？你会通过送礼物来表达你的爱吗？如果是这样，你可能就戴着这种假面。

这类假面的主人通常是事业有成的父母，他们会用财富证明自己的价值。因此，他们习惯通过"交换"来获得身边重要的人的爱和拥戴。取款机型父母通常不太关注孩子，也不太了解他们，而是用交换代替人与人的情感交流。他们的爱有附加条件，即金钱和权力。这张假面能给予这类父母存在感和自我价值感，因为他们知道自己手握金钱，因而对别人拥有权力。他们的爱往往是有条件的，充满了"如果……那么……"的逻辑："如果你答应我，我就给你钱。但如果你不答应，我就不给了。"

取款机型父母认为：

有钱能使鬼推磨。
金钱和成功是我的认同和价值的来源。
如果我给他们钱，他们就会喜欢我。
如果我能用金钱控制别人，我就永远都不会受到伤害。

由这类父母带大的孩子会与父母玩有条件的爱的游戏。他们意识到父母全心充当取款机，并从中获得认同感，于是"利用"这类父母来换取自己需要的东西。当孩子意识到父母对待自己的方式是肤浅的、交易性的，他们就会有样学样，用同样的方式对待父母。在更深的层次上，他们会厌恶自己只能以这种敷衍的方式依赖父母，不过他们知道自己没有别的选择。同时，他们也会苦于自己被物化，苦于父母的自我价值感源自对金钱的掌控，而非源自与他们建立亲密感。

取款机型父母可能会说这样的话："我总是帮你摆脱困境，也给你很多经济支持。你得心怀感激。你知道你从我这里得到了多少吗？别的孩子可不像你这么幸运！我从来没有从父母那里得到过任何东西。你得多多努力，给我长脸。"

如果你戴着这张假面，或者认识可能戴着这张假面的人，那就值得去触碰这张假面下隐藏的丰富感受，并且找到某种方式来深入地理解这些感受。

◎伪装型我执假面

当孩子激起你的情绪时，你的第一反应是"别人会怎么看"或者觉得"大庭广众之下成何体统"吗？你是否经常关注别人怎么看你？如果是这样，你可能就戴着这种假面。

伪装型父母消解恐惧的主要心理策略是寻求关注。他们极度渴望他人的目光。他们的内在极度缺乏安全感，极其依赖他人的关注和赞扬。他们关心的一切事物基本上都与他们自己有关。他们努力展现完美的生活来装点自己的门面，例如让自己和孩子穿最时髦的衣服，住最漂亮的房子。

伪装型父母是典型的爱吹牛的人，总在寻求奉承和肯定。他们刻意去控制或影响一切，包括他们的孩子，以此把自己置于舞台中央，以便最大限度地吸引眼球。他们的房子、财产，当然还有他们的孩子（在他们眼里，孩子属于财产），都是他们无休无止地卖弄优越感的道具。

伪装型父母认为：

别人怎么看我，决定了我怎么看我自己。
别人对我的看法至关重要。
我的价值源自我在社交圈中的地位。

你有时候也会这样吗？你是否十分在意别人对你的看法？你是否把你的自我价值感建立在别人的赞许上？你会花费许多时间关注别人对你的看法吗？如果你的回答是肯定的，你可能就戴着这种假面。

许多人成为伪装型父母是小时候耳濡目染的结果。还有一些伪装型父母是因生活的打击才戴上这张假面的。跟修补型父母一样，伪装型父母也想控制别人对自己的看法，而且他们更进一步，还极度渴望得到别人的关注和赞美。与修补型父母不同，伪装型父母不会试图以任何方式帮助他人，他们的注意力全在自己身上。他们只想被动地接受他们能得到的所有认可。他们的眼里没有别人，只有自己。

伪装型也有子类型。在阅读下面的内容时，请思考你是否用过这里描述的各种应对策略。

表演型

你有没有为了让自己的生活在别人面前显得完美无缺而刻意装扮，例如拍照片并发布到社交媒体上？你有没有刻意寻求别人的肯定和反馈？你总是需要夸赞和关注吗？如果是这样，你可能就戴着这种假面。

表演型父母会根据自己的生活在外部世界呈现的样貌来安排各种事务。他们总是在向外界展现有关他们的一切，特别是他们的孩子。表演型父母会通过这种展示来获得满足感。他们听不见自己内心的声音，马不停蹄地四处表演。

表演型父母认为：

别人怎么看我是非常重要的事。
我的自我价值感的高低取决于别人如何评价我。
比别人强对我来说很重要。
人生就是一场戏，我要成为戏中的明星。

这种父母的孩子经常被当作招牌来展示，以此为父母赢得梦寐以求的关注。通常，这些孩子在很小的时候就被当作工具，被迫参与父母的**表演和讲述**。这些父母会把孩子的生活记录下来，展示出来，以此求取别人的恭维和奉承。为了跟上攀比的脚步，他们会带着孩子参加各种活动，孩子因此备感压力，结果要么在重压下退缩，要么因为忍无可忍而反叛。

这种父母的孩子本能地明白，他们原本的样子无法被父母看见，而只能配合父母的表演。这些孩子的父母非常自恋，在他们眼里，孩子只是他们赢得各种奖项的垫脚石。孩子经历了什么、感受到了什么并不重要，真正重要的只有那些金灿灿的奖杯。这样的孩子知道，他们不属于自己，而只是父母达成目标的工具，可他们又无法从中逃离。

表演型父母可能会说这样的话："你的外在表现非常重要！你得通过你的形象和举止给所有人留下深刻的印象。不要让自己显得平淡无奇、毫无亮点。永远都要保持完美的形象，因为所有人都会评判你。别人怎么看你，你就会怎么看你自己。"

如果你戴着这张假面，或者认识可能戴着这张假面的人，那就值得去触碰这张假面下隐藏的丰富感受，并且找到某种方式来深入地理解这些感受。

交易型

你有没有发现，你总是用"如果……那么……"的方式与孩子相处，总是为自己寻求最有利的"交易"或好处？你是不是把人与人之间的关系视作某种交换，想要从中获得最大的利益？如果是这样，你可能就戴着这种假面。

交易型父母根据他们所能得到的回报与孩子建立联系。他们不管做什么都是为了获得回报，仿佛总是在问："这么做对我有什么好处？"他们的付出背后总是在为自己谋求某种回报。他们凡事都讲条件，用义务和愧疚把孩子与自己捆绑在一起。交易者非常害怕从内心深处与他人建立感情，唯恐受到伤害，所以他们从一开始就要确保自己能够得到些什么，这样就永远不会因为付出而受伤。

交易型父母认为：

如果我不能从这段关系中得到点什么，我就不会付出任何东西。

关系是痛苦的，只有能得到显著的回报时，我才会参与其中。

我只有在交易中才有安全感。

这种父母的孩子认为，他们与父母之间存在某种约定，而他们往往非常害怕打破这一约定。他们似乎隐隐地知道，他们有义务履行他们的职责，否则就会遭到父母的反对、否定或彻底排斥。这些孩子觉得他们不仅需要用忠诚和爱来回报父母，还得按照父母的生活方式生活，按照他们的想法做决定。这样的孩子觉得自己生活在父母的控制和监视之下。他们已经丧失了自由快乐地生活的能力。

交易型父母可能会说这样的话:"我一直在照顾你。为了你,我这一辈子都牺牲了。你做的任何事情的后果都得我去承担,去支付代价。你得尽你的一份力,给我需要的回报。你欠我的太多了。我希望你在做决定的时候都能考虑到我,这是你能给我的最起码的回报。"

如果你戴着这张假面,或者认识可能戴着这张假面的人,那就值得去触碰这张假面下隐藏的丰富感受,并且找到某种方式来深入地理解这些感受。

明星型

当孩子激起你的情绪时,你是不是更关心自己的状态,而不是孩子的状态?你是不是更关注自己的生活,而不是孩子的生活?如果是这样,你可能就戴着这种假面。

明星型父母是家里的主角,所有家庭成员都知道这一点。他们天生就有戏剧和表演天赋,无须刻意表现就能吸引别人注意。他们拥有闪耀的个性,习惯于受人崇拜。如果他们没有得到习以为常的关注,就会利用自己的情绪把别人的注意力重新拉回来。为了达到这一目的,他们往往会无事生非,搞点事情出来。为了获得渴望的关注,他们会不择手段,包括夸大、虚构、把问题描述得无比严重。如果需要,他们也会充当受害者。他们极其依赖他人的关注,以至于常常用夸张的情绪来吸引别人的目光。这类父母天生脆弱、敏感,会下意识地充当受害者,以此来制造话题。得到关注会让他们觉得自己很重要。

明星型父母认为：

我的价值高低取决于我得到多少关注。

我的感受非常重要，所有人都得照顾我的感受。

别人对我不理不睬会让我受不了，不论这是事实还是只是我的主观想象。

如果不能得到别人的关注，我会感到不安，觉得自己没有价值。

这类父母的孩子从小就被迫迎合父母的需要，他们关注的是父母，而不是自己。因为他们的需要不如父母的需要那么重要。在他们看来，父母的情绪比他们自己的情绪更需要得到照顾。在面对父母时，他们通常会压抑自己的内心，以免增加父母的压力。他们成了孤僻、听话的"好"孩子，为父母牺牲了自己的内在感受。

明星型父母可能会说这样的话："我有很多需求要满足。你知道我一天要做多少事情吗？我要做的事情太多了！我的生活太难了，压力太大了。你永远都理解不了我的感受。我承担着许许多多的事情，我需要你的支持。我需要你的时候，你却不在我身边，那怎么可以呢？你得从早到晚陪在我身边，帮我过好我的生活，因为我要做的事情太多了。"

如果你戴着这张假面，或者认识可能戴着这张假面的人，那就值得去触碰这张假面下隐藏的丰富感受，并且找到某种方式来深入地理解这些感受。

孩童型

当孩子激起你的情绪时，你有没有觉得自己难以担起父母的职责？有没有觉得自己有点招架不住？纷乱的现实生活有没有让你觉得压力山大？如果是这样，你可能就戴着这种假面。

这类父母不想承担自己的责任，反而希望孩子能照顾他们。他们总是一副手足无措、孤单无助的样子，迫使孩子去承担父母的角色。他们睡得很多，做事毫无章法，马虎草率，不是忘记按时付账单，就是错过约会，也不愿承担责任。一句话，他们把生活过得一团糟！他们用脆弱和无能来呼唤别人接手，这样才不至于拖累所有人。这些父母其实从未长大，缺乏成熟的决策能力。他们经常滥交、酗酒，如同冲动莽撞的青少年。观察他们的生活就像看7岁孩子开车，险象环生。

孩童型父母认为：

我应该得到照顾。
我可以不管，因为总有人会管。
我喜欢开心享受生活，不喜欢被无聊的事情牵扯。
我没必要长大。

我需要别人来帮我过好我的生活。

这种父母的孩子往往比较少年老成。他们被迫接受了父母的角色，但因为不成熟，还扛不起这一重任。他们只好放弃自己的童年去补救父母的鲁莽决定，却发现自己不堪重负。一旦筋疲力尽，他们往往会陷入抑郁甚至自杀。他们在生活中感受不到父母的关心和滋养，心里装的全是父母的心理需求，却看不到自己的需求。他们无法安心做孩子，由此造成的负面影响会伴随终身。

孩童型父母可能会说这样的话："生活太难了，我应付不了。我付不起账单。我不想做无聊的工作。我讨厌有这么多责任要承担。你为什么不能管好自己？为什么凡事都得我帮你？你得帮我做家务，我忙不过来。"

如果你戴着这张假面，或者认识可能戴着这张假面的人，那就值得去触碰这张假面下隐藏的丰富感受，并且找到某种方式来深入地理解这些感受。

◎封闭型我执假面

当孩子激起你的情绪时，你是不是想要逃开，跑得远远的？面对亲子冲突，你是不是希望自己能原地消失？如果是这样，你可能就戴着这种假面。

封闭型父母不愿扮演父母的角色。他们控制焦虑的主要心理策略是不与孩子建立亲密关系。他们像躲避瘟疫一样躲避与孩子的冲突和关系。他们只喜欢做**概念**上的父母，却不敢对孩子表露情感。

对这类父母来说，人类的情感是非常可怕的东西。他们在心中筑起高墙来寻求庇护，获得安全感。他们渴望亲密，又害怕受伤，于是学会了**麻痹**自己。他们是典型的甩手掌柜，不想参与孩子的任何事情。他们的这种态度十分明显，以至于身边的人会觉得他们冷漠无情，尤其是他们的孩子。

封闭型父母认为：

如果我对别人产生了感情，我就会陷入痛苦。

冲突很痛苦，别人可能会抛弃我。

你有时也会这样想吗？你会不会因为害怕遭到拒绝和背叛而不对他人付出感情？你是不是觉得情绪是很麻烦的东西？你是不是小时候遭到过拒绝，所以现在才把自己与别人隔离，以免再次遭受那种痛苦？

许多封闭型父母曾在幼时受过创伤，于是认为与其亲近他人，不如保持距离。他们渴望与人亲密，却又因伤口太痛而无法摘下冰霜的假面，而这么做原本可以让他们逐渐与他人建立起亲密的关系。

在阅读封闭型父母的各个子类型时，请思考你是否用过这些策略来帮你应对育儿过程和生活中的各种问题。

不情愿型

当孩子激起你的情绪时，你会觉得应对孩子的情绪是件棘手的事吗？你会觉得有些受不了，想要一个人待着吗？如果是这样，你可能就戴着这种假面。

这类父母即使看上去是在陪伴孩子，心思也不在孩子身上。他们待在孩子身边，却似乎并不情愿，也不在乎孩子的感受。他们得经过一番劝说才能投入进去，好像他们这么做是在帮别人的忙。他们怕脏，怕苦，怕麻烦，常常把孩子扔给保姆或其他人照看。他们喜欢在心理上与孩子保持距离，只是远远观望。就算要陪伴孩子，他们也表现得三心二意，甚至让孩子后悔找父母来陪自己。他们也可能会帮孩子，却做得不到位，或者不上心，让孩子懒得再去找他们帮忙。

不情愿型父母认为：

付出感情就意味着会受伤，而我不想受伤。
我不敢跟别人走得太近。
不等别人讨厌我，我就先讨厌自己了。
做旁观者比身处其中更安全。

这类父母的孩子常常觉得自己是父母的负担。他们想不通为什么自己毫无存在感，总是得不到渴望的关注和关心。他们备受父母冷落，甚至可能会把自己变成超级上进者和完美小孩，以此来博取父母的肯定与认可。

不情愿型父母可能会说这样的话："为什么演出要从头看到尾？为什么不能只看结尾？全看完太浪费时间，也太无聊了。而且没地方停车，我还得走那么远。我特别不喜欢看演出。我宁愿等演出结束再去接你。为什么我还得费工夫去做这种事？"

如果你戴着这张假面，或者认识可能戴着这张假面的人，那就值得去触碰这张假面下隐藏的丰富感受，并且找到某种方式来深入地理解这些感受。

空气型

你是不是一看到或者一想到孩子就会心烦？你有没有发现，只要是孩子的事情，你都懒得管？如果是这样，你可能就戴着这种假面。

这类父母在家中是多余的人，他们毫无趣味，缺乏感情，像空气一般没有存在感。他们对家里的人和事情都不感兴趣。他们虽然身处家中，却心在别处。尽管人在那里，却离彻底不存在只剩一步之遥。但是，他们毕竟占据了物理空间，所以会吸收资源，也会影响身边人的心情。空气型父母不仅拒绝承担家庭责任，还常常逼迫伴侣或年纪较长的子女来填补他们制造的空缺。这类父母想成为家里的一员，却不想为家里做任何贡献。

空气型父母认为：

我无须给予，只需索取。
我没有能力去帮助别人，也不想去尝试这样做。
我害怕失败，害怕暴露自己脆弱的一面。
别人都不在乎我，我为什么要在乎别人？
我不配以任何有意义的方式参与人际关系。

空气型父母的孩子可能会觉得父母表现出这种态度是自己造成的。他们想知道父母为什么不关心自己，可能会认为是自己不好。有些孩子还会被匮乏感吞没，变得孤僻内向、自惭形秽。他们也可能会努力变成一个极好或极坏的孩子来吸引父母的注意力。不论是哪种方式，只要父母没有回应孩子，他们就会错过改善亲子关系的宝贵机会。

空气型父母不爱说话和做事，但他们的表现似乎在说："这里的一切都特别没意思，不值得我付出时间和精力。我不属于这里。我对这些人没有感情。我不想待在这里。他们是他们，我是我。"

如果你戴着这张假面，或者认识可能戴着这张假面的人，那就值得去触碰这张假面下隐藏的丰富感受，并且找到某种方式来深入地理解这些感受。

◎逃跑型我执假面

逃跑型父母甚至没机会生孩子的气，因为他们完全消失了。他们缓解恐惧的主要心理策略是彻底弃船而去。他们抛弃、逃避、闪躲、溜之大吉。他们惯于逃避压力和责任。我们大可以去谴责这些对孩子毫不上心的父母，但我们要明白，他们自己也受了伤，也是受害者。他们之所以无法与孩子建立亲密感，是因为他们幼时受到了伤害，而不是因为他们用心不良。我并不是在为他们的行为辩护，但我理解，这种逃避和闪躲来自他们深入骨髓的痛苦经历——他们严重缺乏自信和自我价值感，以至于认为没有人需要自己。

逃跑型父母认为：

我对别人一点用处也没有，我没有存在的价值。

无论什么在我眼里都没有意义，我在别人眼里也没有意义。

你有时也会这样吗？你是不是觉得自己毫无价值，以至于你总是从关系或互动中逃离，只因你心里认定自己对别人毫无用处？你是不是因为忌惮自己像小时候那样被人无视和伤害而不敢跟别人走得太近？

逃跑型父母从过去的经历中学到，一旦付出真心就可能遭受伤害，被人抛弃，不付出真心是更安全的选择。你可以认真想想自己有没有戴过这种假面。

悠悠球型

悠悠球型父母总是行踪不定。他们不敢做出任何形式的承诺。这类父母来去都十分随意,毫无征兆,常常让人感到莫名其妙。他们不遵守约定,经常迟到,甚至爽约。你永远都不知道他们到底会不会出现。他们出现时往往表现得十分正常,接着又消失得无影无踪,几个月甚至几年都不见人影。他们十分害怕做出承诺,并且非常讨厌依赖他人和被他人依赖。他们受不了别人对他们有任何期待,所以干脆切断一切长久的关系。

这种对依赖的恐惧看似非常自私,在某种程度上也确实如此,但这是因为他们害怕让别人失望,害怕被抛弃。

悠悠球型父母认为:

不要付出真心,否则会受到伤害。
在别人抛弃你之前,先抛弃他们。
我对别人一点用处也没有。
没人希望他们的生活里有我。
人是不可靠的,他们会抛弃你。
依靠别人是危险的。
如果别人对我有期待,那么他们会失望。
我没资格给予爱,也不配接受爱。

这类父母的孩子会感觉被忽视和背叛,并且经常对亲子关系的捉摸不定感到迷惑不解。他们可能会花费大量时间和精力等待和盼望父母出现在他们的生活中，并且认为父母不关心自己是因为自己不好。他们可能会心生疑惑，自己究竟哪里做得不好，使得父母不愿花时间来陪自己？这让他们深感不安。

悠悠球型父母很少陪伴孩子，而就算做了，他们也会释放出这样的信号："我没空陪你。我还有自己的事，不能陷在你的各种麻烦里。我是生命的旅者，来去自由。"

如果你戴着这张假面，或者认识可能戴着这张假面的人，那就值得去触碰这张假面下隐藏的丰富感受，并且找到某种方式来深入地理解这些感受。

抛弃型

顾名思义，抛弃型父母总是缺位的。这些遭受过精神创伤的父母会彻底抛弃一切育儿的责任，可能会连续消失好几年。说难听些，他们的孩子还不如以为父母已经死了，这样就不会觉得他们被抛弃是自己的问题了。

这类父母往往有心理障碍和物质成瘾的问题。这种状况使他们无力应对养育孩子的责任和压力。他们完全无法胜任。此外，他们觉得自己放弃育儿的责任不会给任何人造成痛苦。他们极度缺乏自我价值感，以至于无法理解有人可能会因为他们不在而受到影响。

抛弃型父母认为：

跟别人打交道是非常痛苦的事。
我毫无价值，一点也不重要。
我一点用处都没有。
我的存在无法让任何人的生活得到改善。
没有我，别人会过得更好。

这类父母的孩子常常觉得自己被无情地抛弃、遗弃和忽视。除非这些孩子在这件事上能够获得令人信服的解释，否则他们很可能会认为这是自己的问题。这种被抛弃和"自己不好"的认识将伴随他们终身。他们需要下大功夫去疗愈自己，以防把这种认识传给他们的孩子。

虽然抛弃型父母不在孩子身边，没法跟孩子说太多话，但他们的缺席发出了强烈的信号："你不重要，我没有必要为此治愈我的创伤，改变我的生活方式。我自己都一团糟，哪顾得上考虑你的各种问题。我的生活已经极度糟糕，只能勉强过活。我得照顾我自己，没法照顾你。"

如果你戴着这张假面，或者认识可能戴着这张假面的人，那就值得去触碰这张假面下隐藏的丰富感受，并且找到某种方式来深入地理解这些感受。

认清我执假面，是打破病态模式的关键步骤

现在，我总结的主要的我执假面类型已经介绍完毕。这些假面的一些特征可能会让你产生共鸣，让你发现自己属于哪些类型。需要注意的是，根据所处环境的不同，我们可以戴上许多种不同的假面，例如有时是逃跑型，有时是修补型。还有些时候，我们也会依次戴上好几种假面，例如先是修补型，然后是战斗型，最后是封闭型。

我的来访者特丽莎最近对我说："我感到一阵恐慌，赶紧跑了过去。我费尽心思讨好她，补偿她，为她做所有的事情，给她穿鞋，整理床铺，梳头发。我做这些事情都是为了防止她发脾气。可她还是不听话，跟我唱对台戏，把我气得要命。我心里特别难受，又实在没办法，突然就冲她大吼了起来。可是吼完又非常后悔，我就放过她，不说话了。每次都是这样，我怎么也走不出这个怪圈。"

这种内心的复杂感受并非特丽莎独有。面对不同的情形和不同的人，我们通常会戴上不同的假面。意识到这一点对于推动自己的觉醒特别重要。请记住，人是复杂多变的，无法用某一种类型来表示。我讲的这些我执类型只是一套实用的参考框架，我并不是要用它来框住你，或是把你限定在某种类型之内。我只希望它们能为你提供某种启发和指引。

你的每一张我执假面都能形成可能引发痛苦、压力和冲突

的可预见的沟通怪圈。只有认清这些假面，我们才能发现我们与孩子习惯性的沟通模式，即我所说的"沟通怪圈"。我们不停地在其中打转，甚至没有意识到自己身陷其中。你准备好深入觉知你的典型反应模式和沟通怪圈了吗？

在进入下一阶段之前，先花点时间了解此刻的自己。读了上面的内容，你有什么感受？也许你是第一次注意到自己和别人心里的我执。这一觉知可能会让你感到难以承受，甚至害怕。觉知我们内心的运作机制是非常困难的，但要打破我们的沟通怪圈，改善我们与别人的关系，这是绕不开的一步。

觉醒实践

我之所以用如此清晰简单的分类来描述我们的我执假面，目的是让你能够在生活中发现自己和别人的假面。如果你非常不喜欢你的这些假面，那就一定要记住下面这四点：

你的我执假面并非是不好的。
保护你的这些假面使你免遭许多痛苦。
发现你的假面后，你不该觉得自己是坏人，你只是正常人。
觉知你的假面是打破旧模式的关键步骤。

你最常戴的是哪一种假面？其次呢？也许你也发现了你

关系	主要假面	次要假面	记忆	感受
妈妈	战斗	逃跑	我大约8岁时，我妈妈因为我打破了她漂亮的瓷盘而对我大吼大叫。她认为我是故意的。她说我是一个一无是处的坏孩子。随后好些天，她都不跟我说话。	我想找个地缝钻进去。我讨厌长时间的沉默。那种死寂的感觉很可怕。
爸爸				
兄弟姐妹				
自己				

的父母或亲人戴了哪些假面。你可以借助下一页的表格来理清思路。

现在，请用心体会你的感受。注意你的心里涌起了什么？也许你想起了过去的痛苦经历，或是感受到了对他人的愤怒。这些感受可能会再次激发我执做出新一轮的反应。如果你还记得我们戴上我执假面只是为了生存，那么你或许就能理解并共情自己和他人了。

为了将这些新的觉知付诸实践，你需要在这些假面出现的时候觉知到它们的存在，这非常重要。能够知道自己何时戴上假面是打破沟通怪圈的前提。但要注意的是，我们可能会在这个过程中进进退退，这是由我执引发的。

发现我们要拆除它的堡垒时，我们的我执就会通过自我阻碍来大搞破坏，迫使我们退回不正常的状态。在我的来访者身上，这类情形数不胜数。

当我的来访者布兰登即将在戒赌方面取得重大进展，并开始治愈童年的创伤时，他却突然不来了。我尝试联系他，他都没有回复我的电话和信息。我立刻知道发生了什么事。他退缩了。他的我执恐慌了起来，坚决拒绝改变，逼他退回过去的模式，好保住自己的领地。布兰登就快挣脱了，却害怕自己变得健康起来。人的心理太复杂，是不是？

大约一年半后，布兰登终于现身了。他垂头丧气地为他的消失道歉。我告诉他没什么好抱歉的。他说，在离开的这段时间里，他的赌瘾卷土重来，并且是迄今最严重的一次。直到他的妻子发现他欠了几十万美元，威胁要离婚，他才决定给我打电话。我很同情布兰登。他过去受过创伤，所以我理解他不习惯健康的生活方式。我们过于习惯过去的模式，因为不管它多么不健康，也比新模式更让我们感到亲切。与其带着觉知与智慧展开新生活，还不如留在畸形状态中来得舒服。

布兰登又花了一年时间接受治疗，才发现他从小就陷入了匮乏和缺失的模式。在治疗中，他从无数事例中发现，他总是没有钱，而一旦有钱就会感到不舒服，所以他会一下子把钱都花光。这种极度匮乏的模式使他一辈子都对金钱抱着复杂的态度，也是他养成赌博恶习的根源，因为赌博能让他永远停留在没着落又没钱的状态。直到布兰登把许多事情联系到一起，看到过往经历对当下的影响后，他才逐渐打破旧的认知，建立健康的新认知。大多数父母的经历其实与布兰登非常相似，我们都会不自知地深陷于过去的模式之中。

到了这一阶段，你可能会感到有些不安。若是如此，改变的步伐就可以放慢些。你的我执会发出各种杂音："这都是胡说八道。""你一直都好得很，你可以继续像原来那样生活。""你的朋友和家人会因为你变化太大而生气的。"我想告诉你，我执这么做只是为了自保。只要保持觉知，你就能逐渐摆脱我执的控制。我执不是那种你必须不计代价立即斩除的东西。你可以一边慢慢建立自己的安全感，一边逐步摆脱我执的控制。

第 9 步

识别你的情绪爆发点

我执的假面蒙蔽了我

让我深陷混乱当中

让我和孩子疏离

也让我忘记自己曾多么喜欢做父母

只有在镜子里看到这些假面

并打破它们禁锢我的枷锁后

我才终获自由

才终于看见孩子内在的美

所有沟通怪圈背后，都有一个情绪爆发点

一旦觉知到你的我执假面，你就可以了解扰乱亲子关系的沟通怪圈究竟是如何形成的了。这是提升养育力中非常有意思的一步，因为你们的沟通怪圈即将清晰地呈现在你眼前。还有，你也可以开始运用各种工具来打破你与孩子的沟通怪圈了。这难道不值得期待吗？

被孩子"点着"时，我们只会习惯性地反应，所以双方的沟通很难摆脱过去的模式。你跟孩子你一句，我一句，转眼就吵了起来，如同重复熟悉的舞步。好消息是，只要知道如何做，你就能跳出这种沟通怪圈。接下来我会介绍具体的做法。只有打破旧模式，才能建立新的互动机制，让亲子关系呈现出新面貌。

如果你发现自己和孩子总是陷入沟通怪圈，就要停下来，想办法打破你的旧模式。不论你相信与否，你都有能力改变这种状况。这一步专门讨论如何打破旧模式。这么做将促使你去理解孩子，并且用全新的方式走近孩子的心，与孩子重建亲密关系。这不正是我们渴望见到的结果吗？

首先，我们得问自己：激发沟通怪圈的小火苗是什么？你跟别人的所有沟通怪圈都源自一个共同的因素，那就是情绪爆发点。情绪爆发点通常是指能够让我们产生情绪反应的外部事物，不过这一理解并不全面。下面我会详细介绍情绪爆发点和

它的作用机制。

让一件事成为情绪爆发点的并不是事情本身，而是你的解读和认知

情绪爆发点并非一开始就是爆发点。情绪爆发点是某个事件、某种情境或某句话，例如某场生日派对、某次飞机晚点，或者有人在商店里说了某句话。简单地说，情绪爆发点一开始只是一件"事"，并且可以是任何事，例如餐馆上错了菜、堵车，或者有人评价了你的发型。对于这样的事，一百个人有一百种不同的反应。如果这些事情是真正意义上的爆发点，那么所有人应该都会做出大致相同的反应。

所以，情绪爆发点一开始只是一件"事"。使它成为爆发点的并不是事情本身，而是人的解读和认知。一件事能否成为情绪爆发点，我们的解读和认知起了决定性的作用。了解这一点对于提升养育力极为关键，所以我必须再说一遍：**让一件事成为情绪爆发点的不是事情本身，而是你心里对它的解读**。如果你能把这一点理解透彻，打破你和孩子之间的沟通怪圈就会变得容易许多。

举个简单的例子：堵车。假如天气晴好，你也无须赶路，那么你大概会以平常心待之。你甚至可以借机收听喜欢的节目，回复未接来电，让坏事变成好事。可是，假如你当时心情很差，

又着急呢？想必你会怒不可遏吧。因此，这件事会对你产生怎样的影响，完全取决于你当时的心情。你是心境平和还是憋着一股火，反应会非常不同。

可见，事件本身只是一个小火苗，它既可能爆炸，也可能熄灭。它能否让我们爆炸，取决于我们心里装了什么，也就是我们一直在谈论的我执假面。我们的假面到底是水做的，还是可燃物做的，或者是破坏力更大的炸药做的？

我执越强大，情绪的爆发就越猛烈

这才是情绪爆发点背后的真相。它仅仅是个小火苗。而让这个小火苗产生破坏力的是我执。我执越强大，情绪的爆发就越猛烈。

从根本上讲，孩子不听话只能说明"孩子不服从父母"，仅此而已。那么，是什么让这一情形成了情绪爆发点呢？你有没有发现，父母如何反应取决于他们戴了什么假面。他们是继续温柔地关爱孩子，还是勃然大怒？这一切都取决于他们心里的我执。父母越是缺乏自我价值感或安全感，他们的我执就越强大。我执越强大，他们的反应就越激烈。

我们可以形象地来解释这一点。想象父母内心表面的空洞是多还是少，空洞里是温润的水还是爆炸物。当然，空洞和爆炸物越少，父母发作时的怒火就越小。反之亦然。

图 1

图 2

图 3

内心创伤或空洞少的人（如图 1 所示），我执爆发时的激烈程度要比空洞多的人更轻微。虽然情绪爆发点或小火苗都是一根火柴，但它激发的"内心炸弹"的威力却完全不同。我们心里的爆炸物越多，"内心炸弹"的个头儿就越大，造成的破坏也就越严重。

你的内心更像哪幅插图呢？或许你已经注意到了，你的内心有时平静如水，有时却一点就着。理解自己内心的化学性质非常有用，这样你就能有意识地采取措施来保护自己和他人不被你的情绪爆发所伤害。一般来说，我们的内心创伤愈合得越好，我们对外在刺激的反应就越平和。花点时间，回想你最近一次被"点着"时的感觉。

导致你情绪爆发的是什么

事情?

你内心的那些空洞都代表了什么?当时你内心里是温润的水、易燃的汽油,还是威力巨大的炸药?

你当时是如何反应的?

提到内心世界对外界感受的影响,我要介绍一个非常感人的个案。个案的主人公叫杰克,他曾经参加过我的心理工作坊。当天活动结束后,他走到我面前失声痛哭。他说:"我终于明白了,我一直在自讨苦吃。这些年来,因为我自己的问题,我和如今8岁的儿子几乎每天都要吵架。我终于看明白了!一直以来我都以为是他有问题,但是今天你让我明白了,问题其实出在我身上。我的情绪爆发点是我,不是他。是我,完完全全是我。"杰克解释说,多年来,儿子总惹他生气,原因是儿子马克斯不像他希望的那样阳刚、健壮,还有语言发育迟缓和学习障碍的问题。儿子身上的这些问题都让杰克非常难以接受。

尽管杰克爱他的儿子,却每天与儿子冲突不断。最近的一次,他把一杯水泼在了儿子身上,又拽着他的夹克把他撞到了墙上。就在那时,杰克意识到事情已经失控,他急需帮助,于是报名参加了我的心理工作坊。我帮杰克分析了他童年的情绪爆发点后,他想起了小时候的一段重要经历,这段经历帮他理解了发生在父子间的许多事情。他记得在大约10岁左右,他在学校的浴室里被几个大孩子欺凌。他们叫他"娘娘腔",还在他哭的时候嘲笑他。杰克把这段记忆深深地埋入了潜意识中，却依旧记得那天的恐惧带给他的羞耻，以及自己因为过于害怕而不敢还击的感觉。他责备自己缺乏男子气概。而回到家后，他的父亲嘲笑杰克不敢站出来保护自己，让杰克觉得没胆量是件很丢脸的事。

从那天起，杰克逐渐戴上了一副拥有强烈男子气概的我执假面。随着年龄的增长，他强迫自己锻炼身体，花了很多时间健身。如果你看到他今天的样子，你完全不会想到他在男子气概方面有任何问题。而他的儿子马克斯不是那种典型的"男孩中的男孩"，而是有些女性化，敏感又温柔。马克斯的样子与他父亲对他的期望反差强烈，导致他们冲突不断。

杰克完全没有意识到，这件事背后是像岩浆一样翻滚的内心创伤。杰克把内心的痛苦埋藏得如此之深，以至自己毫无察觉。杰克感受不到内心的创伤，于是把痛苦投射到了儿子身上，认为这是儿子的问题，需要去纠正。杰克的童年创伤深埋在他的潜意识里，驱使他对儿子做出了现在的行为。他试图改变儿子，好让他避免承受曾经让自己深受折磨的痛苦。直到那一天，在持续多年斥责和羞辱儿子之后，杰克才看到了自己尚未愈合的创伤。洞察与觉知产生了巨大的冲击。杰克那个深陷痛苦之中的内在小孩终于显露了出来。它一直在杰克的战斗型假面下尖叫，却没人注意到它。我执的假面一直坚硬无比——直到那一天，当我执最终破碎时，内在小孩的痛苦才得以喷涌而出。

当杰克意识到，他一直在把过去的伤痛转移给他的孩子时，我看到了他眼中透出的巨大痛苦。我拥抱了杰克和他内心深处的那个小男孩。他们太需要关心，太需要被温柔以待了。我让他保证，他会找回内在小孩，允许它把多年来压抑的所有痛苦全部释放出来。他的内在小孩疗愈得越充分，他就越能接受他的儿子，允许他做真实的自己。杰克一直在把他过去经历的伤害投射到马克斯身上。这就是为何"受伤的人会伤人"。你看到了吗，如果我们缺少觉知，我们就可能把童年尚未疗愈的创伤转移给孩子。所以，你即将经历的成长非常重要，不论对你还是对你的孩子来说都是如此。

当你明白你的内心是个火药桶，外物是情绪爆发点时，转机就来临了。这一觉知能改变你与孩子的每一次互动。你越是能觉知到自己内心深处的痛苦和恐惧，就越是能深入地理解自己，你和孩子的关系也就越是能得到提升。你内心深处的火药或空洞越多，你就越是会把它们投射到你的孩子身上。这一投射反过来又会给孩子的内心制造空洞，这些空洞继而又会为他们未来的人际关系埋下火药。此刻的我们正在通过行动来终结这一因果循环。

觉醒实践

识别我们生活中的情绪爆发点的有效做法之一是"反过来

问自己"。具体做法是：

当我们在别人身上看到点燃我们的小火苗时，我们就反过来问自己："我曾经在自己身上看到过这个小火苗吗？"如果答案是肯定的，那么我们就迈出了了解内心创伤的第一步。

我们刚刚讨论过的杰克就是这样做的。他反过来问自己："我是否也有缺乏男子气概的一面，就像马克斯那样？"结果答案就很清楚了。

最近的另一个案例也印证了这一过程。一天，明显受了刺激的维多利亚来找我治疗。她30岁的女儿在几个月前提出离婚，但直到最近才吐露自己在身体和精神上遭到了丈夫的虐待。维多利亚脸色铁青，想向警方举报她的女婿。她也对女儿委曲求全的做法感到愤怒："她太软弱、太不成熟了，我可不是这么养育她的。我要她反抗，站出来保护自己。我真不敢相信，她竟然允许虐待自己的丈夫逍遥法外。"

看得出来，维多利亚的我执受到了很大的刺激。我问她："对女婿采取行动不是你的事，而应该是你女儿的事，是不是？"

维多利亚继续怒吼："我快气死了！我付出那么多，那么用心地想要养育一个坚强的女儿，想不到她最后却成了这副样子！"维多利亚告诉我，她和女儿大吵了一架，一怒之下还摔了手机。

我知道，维多利亚过去的伤痛被激活了，于是让她"反过来问自己"。我问她："你女儿的哪些做法是你特别不喜欢的？你觉得她被动、软弱。你过去有没有过被动和软弱的时候？"

维多利亚立即回答："有！我跟我前夫生活的时候就是这样！那是在我跟我女儿的父亲结婚之前。那时候，他经常对我又打又骂。我多次提出离婚，可他每次都会说对不起，而我也都会相信他，直到再次被打。这种痛苦的日子过了四年以后，我最终鼓起勇气离开了他。我想尽办法避免这种事再次发生在我身上，所以再婚时，我决定要选一位温顺、安静、爱我的男士。"问题就在这里。你看到了吗，过往的伤痛就这样赤裸裸地呈现了出来。

维多利亚对女儿的强烈反应源于她自己的痛苦经历。她极其努力地摆脱面对男性时的被动和软弱，而看到女儿有同样的表现时，她内心的伤痛被唤醒，却不敢去面对。我鼓励她说："或许你已经变得强大了，但你的伤痛并没有痊愈。想疗愈伤痛，你就得原谅那个被动、软弱的自己，并同情她。你只是扼杀了她，埋葬了她，然后继续过你的生活。这不叫治愈。我们现在知道这一点，是因为你想对女儿'软弱'的一面做同样的事情：扼杀它，埋葬它，然后继续生活。你得把这件事情的主导权交还给你的女儿。但只有看到那个软弱的自己，并且同情和理解她,你才能接纳过去的自己。一旦你接纳了那个软弱的自己,你就能接纳你的女儿了。你就会同情她的痛苦和挣扎,你们也会变得更加亲密。"

事实上,我们拒绝、否认和抛弃的那一面并没有消失,它只是被我们深深地埋藏在了心底。当我们在孩子或所爱的人身上看到自己的那一面时,我们会受到极大的刺激,并且会用对待自己的那一面的方式来对待别人。过去的巨大伤痛袭来时,我们会感到非常痛苦,以至于会不顾一切地保护自己,忙不迭地戴上我执的假面,通过猛烈攻击孩子来掩盖自己内心的痛苦。我们没有理解和接纳孩子的痛苦(与自己的内心疏离),而是用控制和贬低来打压孩子。可悲的是,我们甚至意识不到自己在做什么,一切都发生得悄无声息。这就是未疗愈的内心伤痛带来的巨大影响。

第 10 步

打破沟通怪圈

我们兜了一圈又一圈

错过了所有出口

锁链非但没有挣脱

还越箍越紧

每一种我执假面，都会在亲子间形成特定的沟通怪圈

大多数父母都曾陷入与孩子的沟通怪圈，并深受其苦。这

会制造压力、紧张和冲突，让人唯恐避之不及。我们之所以身陷其中，是因为我们没有觉知到自己的我执及其对亲子关系的破坏。只有看清自己的旧模式，即我们戴着什么假面，我们才会承认自己在亲子互动中的责任，而不是责怪孩子，让他们更加愤怒，也让旧模式继续延续下去。

关键在于，谁来打破沟通怪圈？谁来改变旧模式？会是你吗？你敢去做这件事吗？好消息是，你完全有能力改变这一切。孩子做不了这件事，因为他们深受我们的我执影响，只能被动反应，所以责任应由我们来承担。这条路或许艰难，但我希望你能勇敢面对，那么将来获得自由的不仅是孩子，还有你自己。

吉娜半年多来一直在找我治疗，最近终于迎来重大进展。此前，她总是一再陷入与7岁女儿安吉拉的沟通怪圈中。这是怎么回事呢？吉娜是封闭型。她讨厌冲突，总想从中逃离。她患有创伤后应激障碍（她竟然对此一无所知），所以无法妥善处理母女之间的问题。安吉拉是修补型。她渴望获得母亲的爱，因此会不遗余力地取悦吉娜。每当取悦碰壁时，安吉拉会哭得特别厉害，甚至会自残。她的情绪反应越剧烈，吉娜就越是封闭自己。而吉娜越是封闭自己，安吉拉就越是觉得自己"不好"，甚至"可耻"，如此陷入恶性循环。

我与吉娜讨论了她的生活，促使她认真探究她与母亲的相处方式。她曾多次因为母亲发酒疯而受到惊吓。为了应对这一状况，吉娜学会了从创伤中抽离出来，让自己麻木。后来，吉娜又把这一模式延续到她与女儿的关系中。每当安吉拉缠着她、表现得非常孩子气时，吉娜都会感到非常紧张。她无法唤醒自己那颗母性的、奉献的心。她深感自己不配为人母，因此无法相信女儿真的需要她。随着安吉拉的吵闹声变得越来越大，吉娜会觉得女儿是在冲自己发火，好像她要攻击自己，伤害自己。这时的吉娜陷入了创伤后应激障碍的模式。

我花了6个月治疗吉娜，才撕掉了她的封闭型假面，使她触碰到自己内心的创痛。这一步完成后，她的情绪堤坝突然崩溃了。她变成了一个惊惶失措的小女孩，急切地寻求母亲的爱。她抽泣着说："我妈妈从来没有爱过我。她爱酒胜过爱我。她从没真正希望我在她身边。我一直觉得自己毫无价值。我还不如酒。"吉娜浑身不停地颤抖。哭了好一会儿之后，她开始让自己平静下来。我轻声问她："你觉得安吉拉的感受是不是跟过去的你一样，所以她才通过大声吵闹来引起你的关注？"吉娜彻底明白了！只有看到自己内心的伤痛，她才能理解女儿的感受。她意识到，安吉拉只是需要得到母亲的爱，就像自己小时候那样。母女的痛苦和渴望都是一样的。吉娜对待安吉拉的态度逐渐变得温和。随着吉娜摘下封闭型假面，她更容易理解安吉拉的各种需要了。随着安吉拉得到越来越多的母爱，她也不那么黏人了。很快，她们的感情就变得深厚了许多。

我们戴着什么假面并不重要。但这些假面都来自我们的我执，所以它们必然会让亲子关系陷入病态的模式。每一种我执假面，都会在我们与孩子之间形成特定的沟通怪圈。

认清五种沟通怪圈

下面我们来聊聊这些怪圈，看看你会不会产生共鸣。我会概括性地介绍，请你利用这些个案来认清你自己的模式，看看其中的启示是否适用于你。

我们将在同样的故事背景下讨论每一种情形，同时观察每一张假面的显现过程。这一故事背景是，一个孩子"粗鲁"地对父母说"我讨厌你"。我之所以举这个例子，是因为几乎所有父母都会被孩子的这种言行惹恼。大多数父母会认为，这不仅代表不敬，更是忘恩负义。孩子的这类言行对传统父母来说是重要的情绪爆发点，能揭开他们内心深处缺少存在感的伤疤。我们来看看各种我执假面在这种情况下可能会如何反应。

◎战斗型沟通怪圈

当听到孩子说"我讨厌你"时，战斗型父母会在第一时间把这句话理解为对他们自身的攻击。他们会立即回应："你说什么？你竟敢这么跟我说话！"于是，他们的愤怒激发了沟通怪圈。

如果战斗型父母把孩子的反应看作挑衅，他们就会利用愤

怒来重新获得掌控感。他们认为这类言行必须立即被制止。常用的手段是羞辱、贬低或惩罚。他们会大声吼孩子，恐吓孩子服从。面对这样的父母，孩子会觉得自己的想法和感受不被认可，觉得自己的心声被父母忽视，觉得父母既不理解自己，也不关心自己。

在这一沟通怪圈中，父母的反应会让孩子产生负面情绪。这些情绪不仅不会消失，还会催生出一系列新的病态模式，如此恶性循环。

◎修补型沟通怪圈

当听到孩子说"我讨厌你"时，修补型父母也会把这句话误解为对自己的攻击。然而，修补型父母不会试图控制孩子的行为，而是会努力影响孩子对自己的看法。他们很怕失去孩子

的爱,因此会竭力挽回关系。他们会采用授权和补救等手段来确保孩子不会抛弃他们。他们往往通过默许和取悦的方式来应对孩子的问题行为。下面我们来看看这一沟通怪圈的可能表现。

在修补型父母面前,孩子会觉得父母不在乎自己,看不到自己的真实感受,因为他们好像只在乎如何把孩子对他们的恨变成爱。修补型父母似乎并不关心孩子为什么会有这种感受,或在更深的层面上修复关系。在这一沟通怪圈中,父母的反应也会让孩子产生负面情绪。这些情绪不仅不会消失,还会生出一系列新的病态模式,如此恶性循环。

◎伪装型沟通怪圈

当听到孩子说"我讨厌你"时,伪装型父母首先想到的是别人会怎么看。在他们眼里,他们的形象和人设比什么都重要,因此会不遗余力地避免外界对他们产生消极看法。他们的惯用手段是想方设法掩盖问题,好让自己对外界展现出特定的样子。孩子的感受被完全忽视,因为伪装型父母更关心别人怎么看自己。孩子会发现父母完全不顾甚至排斥自己的感受。

同样,在这样的沟通怪圈中,父母的反应仍旧会让孩子产生负面情绪。这些情绪不仅不会消失,还会生出一系列新的病态模式,如此恶性循环。

◎封闭型沟通怪圈

当听到孩子说"我讨厌你"时,封闭型父母也会把这一幕理解为对自己的攻击。他们会筑起一道冰冷的铁墙,躲在后面。

冲突是引发他们自我封闭的重要诱因。封闭型父母什么都做不了，对孩子的请求一概回绝。逃避是他们的惯用手法。这些父母不会向孩子伸出援手，关心孩子的情绪，他们更在乎自己是否舒服，更喜欢躲到坚硬冰冷的铁墙后面。孩子接收到的信息是：他们的情感遇上了铁石心肠，这让他们感到孤独无助、毫无价值。

在这样的沟通怪圈中，父母的反应会让孩子产生负面情绪。这些情绪不仅不会消失，还会生出一系列新的病态模式，如此恶性循环。

◎逃跑型沟通怪圈

逃跑型父母把孩子口中的"我讨厌你"视为要逃避的现实。他们不认为孩子是在攻击他们，因为基于他们过去遭受的创伤，他们完全不承担任何个人责任。在他们眼里，孩子的问题根本不是他们的问题。逃跑型父母会逃避一切责任和纠结。孩子会觉得父母看不见自己，自己在父母眼里无足轻重。这些感受会让孩子对他人产生普遍的不信任感，其中还夹杂着被父母背叛和遗弃的强烈痛苦。

你有没有注意到，这些沟通怪圈里藏着一些危险的东西？在所有这些情形里，孩子都被父母所忽视？这些沟通怪圈对孩子有害，因为当我们深陷其中时，我们会完全忽视孩子的想法和感受。我们只关心自己的感受，只关心如何保护自己。

我们越是向外部世界展现我执的假面，内心的创伤就越严重。我们心里越痛，情绪爆发就越强烈。而孩子只能无助地被我们的情绪和幻想所裹挟。他们没法从中逃脱，换个地方生活。

他们那么依赖我们,只能成为我们心里的我执怪兽的猎物。他们是上天无路、入地无门的无辜囚徒。我们必须治愈自己内心的创伤,才不会把自己的痛苦转嫁给孩子。

作为父母,要承认自己在无意识中做了这一切是很难的,可这就是残酷的现实。我们是被缺少觉知的父母带大的,难怪会把自己的伤痛传给下一代。但如果我们能认清自己的病态模式,就有能力去打破它们。在那之后,我们才能真正理解孩子的真我和他们的感受。

一旦我们的内心创伤得到治愈,决定我们的反应的就不再是内心的那些空洞,而是内心的完满和丰盈,我们就能养育眼前的孩子,而非那个藏在我们内心深处的内在小孩了。

改变破坏性的情绪模式,打破病态因果循环

我们很难打破那些病态模式,是不是?我们很难看到我们戴着的我执假面,也很难从已经上演的沟通怪圈中逃脱。我们只能希望在沟通怪圈开启前就终止它。要做到这一点,我们就得认清自己在进入应激状态时会如何反应,这一点非常重要。

进入应激状态时,我们的身体会想方设法通知我们。它确实发出了信号,只是我们需要察觉。这些信号表现在我们的生理状态上。那么我们该如何察觉呢?我们得关注身体的应激反应系统。例如,你有没有觉得心跳加速、手心出汗、胸闷气短、

嘴唇发抖、眼眶湿润？你的身体想要告诉你什么？关注这些身体信号，能让我们知道自己的情绪是否即将爆发。这样一来，我们的情绪就成了预警器，让我们知道事情不对劲。在情绪层面认清我们的模式是摆脱它们的重要步骤。

为了方便讨论，我归纳出了五大情绪模式。我们可以通过它们来了解自己，稳定心态，避免我执兴风作浪。下面，我们来深入讨论这五大情绪模式：

我执类型	情绪模式
战斗型父母	愤怒
修补型父母	焦虑
伪装型父母	寻求关注
封闭型父母	逃避
逃跑型父母	抛弃

你能辨认出你的情绪模式吗？这种情绪模式在你的身体上有什么表现？因为我是天生的修补型父母，所以我的情绪模式是焦虑。在情绪爆发前识别身体的各种表现对我帮助很大。一旦焦虑来袭，我的身体就会立即提醒我。我会发现自己开始深呼吸，眼眶变得湿润。随后，紧张的能量会在我的身体里积聚，我的胃部开始感到不适，脑袋里胡思乱想。显然，我的情绪就要失控了。

如果我注意到了身体的这些应激反应并且喊"停",从中跳出来,我就会做一些关爱自己的事情,例如冥想或写日记。有时,我也会在陷入情绪旋涡时打电话给朋友,或者暂时放下手里的事情,到外面去锻炼身体。这么做能帮我集中精神,稳定心绪。不过,也有很多时候我没有意识到身体发出的信号,或者即使意识到了也假装不知情。紧接着,我就会直接进入自动反应的模式,让修补型的我执大发神威。情绪一旦爆发就很难收回,所以我想帮你在情绪爆发前改变你的旧模式。

我们来看看这一因果循环的组成部分,以及你可以从哪里下手来打破它。

例如我的来访者贝姬,当她内心缺少满足感时,她就会试图寻求关注。她渴望也习惯了被人肯定,因而会极力求取他人的关注。再如我的另一位来访者斯图尔特,他总是回避别人。这是因为任何冲突和冲动的情绪都会吓到他,所以他用毫无反应来抵挡。这么做让他的家里充满了紧张与压力。我的朋友乔纳森通过发怒来获取存在感和掌控感。我发现,许多习惯于通过控制来获取自我价值感的男性都会首选这种方式。黛比的前夫是典型的抛弃型,他因离婚遭受了巨大的创伤,于是与她断绝了所有联系,远走异国他乡。

我需要让每一名来访者了解如何识别他们自己和家人的我执类型,发现背后的情绪模式。在这之后,我会帮他们察觉相应情绪模式在身体上的表现。等他们能更好地感知身体发出的

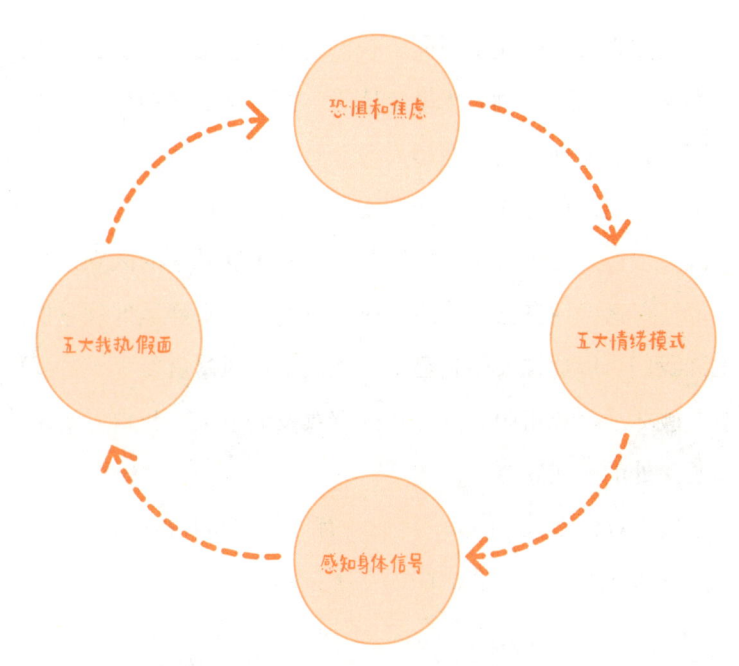

```
        恐惧和焦虑
           ↓
五大我执假面    五大情绪模式
           ↑
        感知身体信号
```

信号后,我就能帮他们停下来,改变原有的反应模式。例如,战斗型父母可能会发现自己紧咬牙关;修补型父母可能会发现自己手心出汗,开始深呼吸;伪装型父母可能会感到紧张,呼吸急促,因为他们担心被人看破;封闭型父母可能会感到心悸,因为任何情绪冲突都会吓到他们;逃跑型父母可能会感觉手脚冰凉,想要逃离。

我之所以称之为"情绪模式"而不是"感受模式",是因为在我看来,情绪和感受是不同的。情绪是内在感受的外在表现,通常源自我执,目的是保护我们。我们会借助情绪来传达内心的不适。它是一种信号,能提醒我们事情不对劲。但情绪与我们的真实感受完全不同。我们的真实感受只是供我们去感受和消化的东西。例如无助是感受，而责备是情绪反应；不安是感受，迁怒他人则是情绪反应。感受深藏于我们的内心，我们可以不动声色地体会。而情绪反应是我们逃避或表达感受的手段。表达感受不等于体验感受。你看了这其中的区别了吗？

只有意识到自己的情绪反应，我们才能平静地处理它们。也许我们可以这样安慰自己："我的情绪风暴就要来了，就要造成破坏了。我得阻止这一模式继续发展下去，我得弄清楚我内心深处的真实感受。"

只要对自己喊"停"，我们就有可能中断我执的自动反应，然后深入内心去关爱我们的内在小孩。

觉醒实践

疗愈的两大关键是，及时发现情绪反应，以防情绪变成我执假面，然后探寻情绪反应背后的真实感受。下面的练习能帮你做到这一点。

找一张白纸，按照以下示例，在左侧写下你的我执对情绪爆发点做出的情绪反应，在右侧尝试写出情绪反应背后的内在小孩的真实感受。如果不去直面这些真实感受，我们的情绪就可能失控。如果不去检视自己的情绪反应，我们的我执假面就会占据主导。一旦假面开始发威，我们就难以脱身，因为它们还会生出一系列新的病态模式。

例如，五大情绪模式背后可能有以下真实感受：

	情绪反应模式	背后的真实感受
愤怒	"我恨你。我不想跟你待在一起。"	"你伤害了我的感情。"
焦虑	"我会解决好的。我是个好人。我需要你。"	"我怕你不爱我。"
寻求关注	"你看到我了吗？你在乎我吗？"	"没有你的赞美，我感到内心空虚。"
逃避	"我不想靠近你！"	"我怕你否定我。"
抛弃	"我不在乎你！"	"我怕再次被你抛弃。"

下面是改变破坏性的情绪反应模式、打破病态因果循环的要点：

1. 当你出现强烈的情绪反应时，对自己喊"停"。

2. 注意身体发出的信号。

3. 需要提醒你的是，如果你不去关爱自己，这些情绪就会爆发出来。

4. 对自己说："我现在的真实感受是什么？我的内心深处现在是什么状态？在情绪爆发之前，我要先花点时间了解自己，发现我真正的恐惧。"

情绪是信号，提醒我们内心的海啸正在形成。它会借助身体与我们对话。如果我们没有注意到愤怒、焦虑、寻求关注、逃避或抛弃等情绪反应在身体上的表现，我们就会下意识地自动反应。很快，我们就会深陷病态的亲子关系中。其实，此前已经出现许多信号，只是我们不懂如何接收。这份养育路线图就是要把详细步骤说清楚，以便帮你做到这一点。

第 11 步

激活第三个我

深陷我执的海啸
我毁了我的爱
让你，我的孩子
苛责自己

假如你知道，这一切与你无关
你就会发现，心里受伤的是我
需要治愈的也是我
治愈的我，才能学着去养育你

只有照顾好你的内在小孩,我执才能平静下来

你心里之所以会有一个恐惧的小孩,是因为在童年时,你的父母没能认可你本来的样子。当你想要做真实的自己时,你遇到了阻力和否定。你害怕被否定,想要摆脱它。你渴望得到认可。

在治疗中,苏茜从头哭到尾:"我母亲说她后悔生了我。她说我胖,学习不好,丢她的脸。我每天控制饮食,努力学习,却总是没法让她满意。我现在30岁了,还在为自己达不到母亲的期望而讨厌自己。"

苏茜的内在小孩渴望得到认可。她责备自己,是因为母亲把自己的匮乏感投射到她的身上。她看不到匮乏的是母亲,而不是她。苏茜是个乖巧的小女孩,母亲说她生气是苏茜的错,苏茜就相信了。小孩子都相信父母。如果父母因为孩子生气或失望,孩子自然会认为这是自己的错。幼稚的他们还不足以认清:"哦,母亲把她的痛苦投射到我身上了!"他们相信父母,相信他们的话是真的。

为了保护自己,并从父母那里获得渴望的认可与肯定,我们制造了我执的假面。苏茜也一样,她制造了"超级上进者"的假面。她每天都非常努力,想要从母亲那里得到她所渴望的认可。然而,她不仅没有瘦下来,反而吃上了瘾,有时甚至暴饮暴食。她对我说:"你明白,这是我获取掌控感的途径。如

果我把身体也让给她，我就一无所有了。"我花了好几个月帮苏茜学会接纳和认可自己。她必须重新认识自己的价值，放下那个拼命寻求母亲认可的自己。

想象一下，如果父母能够接纳你本来的样子，那么你是不是永远都无须通过制造假面来获得认可？我们的假面会让孩子痛苦不堪。如果碰触不到自己的真实感受，我们就会不可避免地忽视孩子真实的情感需要，否定他们的真实感受，就像我们在前面谈到过的，眼里只有我们自己。

我执的使命是不惜一切代价保护自己。它不在乎伤害无辜的孩子。你能想象出，我们摘下假面后会如何对待孩子吗？如果没有我执的自动反应，我们会如何对待孩子呢？这就是疗愈的方向，也是你正在学习的东西。但要注意的是：我执背后还有个深藏不露的幕后老板。我执无法单独行事。这个老板是谁呢？它就是我先前提到过的，我们的内在小孩。只要内在小孩继续被忽视，创伤得不到医治，它就会召唤我执来保护它的感受。所以，想获得真正的疗愈，我们就得直击问题的核心，即内在小孩的痛苦和恐惧。只有照顾好内在小孩，我们才能照顾好我们的我执。内在小孩越是能得到滋养和关心，我执就越是能平静下来，然后消失不见。因此，养育路线图的这一步讲的就是如何治愈你的内在小孩。

激活智慧之我，开启疗愈之旅

治愈内在小孩的关键是理解它为何存在。那是因为我们没有遇到能够滋养我们，愿意接纳真实的我们的觉醒的父母。所以要治愈内在小孩，我们就得激活心底那个养育力满满的内在的家长。你准备好了吗？我将告诉你如何重新养育自己，以及如何以改变最彻底、效果最明显的方式疗愈自己。这一步讲的就是如何培育内心的慈爱家长，我称之为第三个我，或者智慧之我。

当你的内在小孩开始感受到智慧之我释放出的慈爱能量时，它就会发生深远的改变。它将开始感到被滋养和肯定，从而获得疗愈。随着疗愈的进行，你的内在小孩将感受不到拒绝和否定，也不再需要召唤我执来保护自己。它将被你看见和认可。这是多么巨大的变化！

你的我执会慢慢退出。当然，它不会在一夜间消失。首先，它会考验我们，确保我们真的走上了疗愈之路。我执非常执拗，毕竟已经保护了我们几十年，所以不会草率退出。它还要考验（甚至破坏）第三个我的力量，直到知道我们是安全的才会放手。一旦看到这个滋养我们的第三个我的力量，它就会悄悄退到幕后，让第三个我去安抚我们的内在小孩。

你的第三个我是你应该在童年时从父母那里内化来的自我，是擅长安慰和滋养的自己，也是无条件爱你、接纳你的真实本性的父母在自己身上的映像。我们大多由缺乏觉知的父母带大，他们要处理自己的愤怒和焦虑，无法给予我们无条件的爱。在很大程度上，他们把自己的焦虑和缺失投射到了我们身上，就像我们现在看到的，我们对自己的孩子所做的那样。

我将告诉你如何培育这个新的自己。你可以重新养育自己的这一面——只是需要一些时间和新的觉知。你需要通过实践来强化你的这一面。你的孩子需要你发展这一面，这样你才能掌控你的内在小孩和我执假面之间的互动。如果你的内在小孩得到了安抚，你的我执就会平静下来。

安抚我执所需的步骤对所有我执假面来说都是一样的。我们来概述一下：

1. 觉知你的内在小孩和我执假面之间的互动模式

理解你的我执会根据内在小孩的恐惧来做出反应，这是关键。到目前为止，你一直处于我执的模式中。你现在已经开始明白，我执只是在对担惊受怕的内在小孩做出反应。要想开启疗愈之旅，你就得把这一觉知印刻在你的意识当中。对于不同的我执假面，你的觉知也会有所不同。

战斗型

> 我好害怕。

> 他错了,我要控制局面,让他改正错误。

修补型

> 我好害怕。

> 我错了,我要尽力补救,别让她抛弃我。

伪装型

封闭型

逃跑型

> 我不重要。
>
> 我不关心对与错，我根本不在乎。

　　意识到你的我执总是对恐惧的内在小孩做出反应，这是疗愈之旅的关键步骤。它能让你看到，真正的威胁来自你的内心，而不是外部世界。下一步就是在恐惧流遍你的身体时抓住它。身体信号的感知是关键。还记得前面介绍过的五大情绪模式吗？只要及时发现这些情绪在身体里涌动，你就能让这一切停下来。

2. 感知与五大情绪模式相关的身体信号，及时喊停

　　时刻关注你的身体状态是关键。情绪会通过你的身体表现出来。比起你的显意识，你的身体对潜意识的变化更敏感。每天问自己以下问题，是关注身体状态的有效方式：

　　我的身体有没有感受到愤怒或焦虑？是不是需要获得

关注，或是想要从当下逃离？如果是这样，我能否及时喊停，去关注内心深处的感受？

我怎样才能尊重和关照我的感受，而不是戴上我执的假面？

及时喊停对我们的成长至关重要。这样我们才能把注意力集中在自己的身体上，做出不同的选择。从前，我们的我执会自动反应，但现在，我们能停下来分辨内心的真实感受。

一旦我们真切地触及内在小孩的需要和恐惧，我们就能进入新的生命状态，产生新的觉知，然后迎来第三个我的诞生。

3. 激活智慧之我

智慧之我发出的声音是平静、舒缓并充满爱意的。它会倾听内在小孩的恐惧，给它抚慰。

接下来，我将通过我的来访者琳达的个案来说明这一点。

琳达有个17岁的女儿特蕾西，两人的关系已经搞僵了。特蕾西想在上大学前休息一年，尝试独立工作和生活。这个想法把琳达吓坏了。她担心特蕾西中断学业后，就再也不想回到学校了。琳达没上过大学，因为她的父母负担不起她的学费，她也没有资格申请学生贷款。想到女儿可能步上自己的后尘，琳达感到非常害怕。她了解没有大学文凭的切肤之痛，所以不希望女儿也陷入同样的境地。琳达的内在小孩渴望获得大学文凭带来的认可，没有它就深感不安、陷入恐慌。她因不安、怀疑和恐惧而情绪失控。而她的内在小孩越是喊叫，她的修补型我执就越是凸显。她开始恳求、哄骗特蕾西。她说她可以帮忙请辅导老师，帮忙填写入学申请表，并且会为特蕾西选择的任何一所大学支付学费。可不论琳达多么努力，女儿都表示拒绝，甚至变得更执拗了。持续几周的努力失败后，琳达戴上了她的战斗型假面。她开始大发脾气，一有机会就责骂特蕾西，把所有焦虑的情绪都发泄到女儿身上。特蕾西也随之反击，两个人吵得昏天黑地，直到最后每个人都筋疲力尽、痛苦又绝望。

当我告诉琳达，让她做出如此反应的其实不是女儿特蕾西，而是她的内在小孩时，她感到十分震惊。我解释说："让你感到恐惧的是你过去的经历。没有大学文凭给你带来太多痛苦，让你羞愧不安。这些感受仍然积存在你的心里。多年来，你的我执一直掩盖着这一切。现在，你的女儿想要放弃你所渴望的东西，吓坏了你的内在小孩，于是它失控了，它还把这一恐惧投射到了你的女儿身上。"

琳达非常吃惊，她说："你说得对，我内心很恐慌，这确实是我的感受，不是她的感受。她不是我。我们是不一样的。"

接着，我开始帮琳达激活她的第三个我，鼓励她采用我在前面介绍过的做法："每当焦虑袭来时，你都要留意。这意味着你的我执就要被激活了。我希望你能关注自己的身体，听听它到底想跟你说些什么。你要试着理解你内心深处那个充满恐惧的内在小孩。你要安慰它，告诉它没问题、很安全，不需要大学文凭来证明自己的价值，同时特蕾西也没问题。"

我建议琳达在恐慌袭来时与自己对话，例如：

不管我的孩子要做什么，我都承受得了。
我不需要女儿来照顾我的感受。
不论我的孩子选择怎样生活，我都是个好妈妈。
即使我的孩子不走寻常路，我也仍是个有价值的人。

琳达开始每天在内心里重新养育自己，一感到恐慌就抚慰自己，效果立竿见影。争吵停止了，母女都平静了下来，两人的关系也更亲近了。琳达开始站在特蕾西的角度考虑问题，她不再与女儿对抗，而是提供支持。特蕾西很感激她的支持，也开始用积极的方式来回应她。

一旦抚慰了我们的内在小孩，我们就能与孩子和谐相处，也能让他们按自己的心意自主地生活。这就是疗愈内在小孩的巨大作用。根据我执假面的不同，你需要的第三个我也有不同的样子，详见下文中的插图。

你的智慧之我的声音能给予你巨大的安全感和自我价值感，你发现了吗？它能缓解我们的恐惧，驱散我们的不安，能让我们如其所是地接纳内心深处的恐惧，而不去评判自己或自惭形秽。我们小时候没能让这样的声音永驻心田，导致我们一直缺失它到今天。

用第三个我的声音对自己说话是治愈的关键。如果我们总是在内在小孩和我执之间横冲直撞,我们又如何能在孩子面前表现得平静和理性呢?只有重新养育自己,我们才有望以应有的方式养育孩子。这是觉醒式养育的关键。

接下来我们可以开始带着觉知来体会自己的感受了。我们可以带着平静而和谐的内心世界去生活。如此一来,我们心里才有余地用孩子需要的方式照顾他们。由于不再被自己的恐惧所蒙蔽,我们就能为孩子提供他们需要的安慰。我们关注的不再是他们给我们的感觉,而是我们给他们的感觉。

战斗型

修补型

> 我是爱你的！
> 你不需要忙前忙后！
> 试着把生活还给孩子。

伪装型

> 我看见你了！
> 你不需要给别人留下好印象！
> 多去理解孩子。

封闭型

逃跑型

孩子和我们一样，也有内在小孩和我执在发挥作用。现在，我们可以理解孩子的内心世界，帮他们处理内心冲突。我们已经让自己变得平静和坦然，这样我们就能以孩子需要的方式出现在他们面前了。这是觉醒式养育的前提。

觉醒实践

激活第三个我需要大量的观察和练习。下面有两个表格，我填好了第一个作为示例。表格涉及你的三个部分：你的内在小孩、你的我执假面，以及你的第三个我——智慧之我。你可以自行填写空白表格。

你的智慧之我可以对你说些什么呢？这没有固定的规则，你可以发挥创造力去灵活表达。你可以对自己表示肯定，例如："有人爱着你，你很重要！"你可以温柔地引导你的内在小孩接纳自己："记住，你的价值来自你本身，而非你做了什么。"你也可以编一句口头禅来提醒你的内在小孩：它被看到和认可了。智慧之我的话语的特点是共情、不评判。

停止自动反应后，你就是平静、泰然的。这是你的智慧之我的特点。试着在一天当中观察你在几种状态之间的转换。注意你的身体传达给你的情绪信号。你可以据此停下脚步，选择新的方向或反应方式。当你这样做的时候，你会从内心深处平静下来，感受到内在的宽广、开阔和放松。这时，你就能够把我执的各种反应放在一边，调整自己去适应孩子。

让我们来看看这些内心的声音会说些什么。我已经填写了一个样本（见下面的表），你也可以填写你自己的表格。

	内在小孩	我执假面	智慧之我
战斗型	我很失败。	我要改变你。	你很害怕。你想去控制，但你根本不需要去控制。
修补型	我不被爱。	我要取悦你。	你很害怕。你想要修复它。没有什么要修复的。
伪装型	我没有归属感。	我要让你喜欢我。	你很害怕。你希望他们喜欢你。你本来的样子就很讨人喜欢。
封闭型	我不够好。	我要忽视你。	你很害怕。你想忽略这一切。没有必要忽视它。
逃跑型	我不值得。	我要离开你。	你很害怕。你想离开这一切。你可以试着留下来。

	内在小孩	我执假面	智慧之我
战斗型			
修补型			
伪装型			

	内在小孩	我执假面	智慧之我
封闭型			
逃跑型			

一旦我们明白我们得审视自己的内心，我们就能持续不断地做出积极的改变，打破沟通怪圈。我们需要采取以下步骤来终结旧模式。

第1步：打破这一沟通怪圈

上图是典型的亲子互动情景。孩子说了些刺激父母的话，于是父母的我执做出了反应。本例中的父母是战斗型。如果父母一直如此反应，不打破旧模式，亲子关系就仍会停留在有害的、病态的状态。

第 2 步：父母看向自己的内心

要想打破这一有害的模式，我们就得去安抚我们的内在小孩，以防它激活我执假面。在上面的图中，你可以看到父母停下来倾听内在小孩的声音。

第3步：父母安抚自己的内在小孩

在这里，这名觉醒的家长满足了内在小孩的需要，安抚了自己。当内在小孩感到自己被关心时，它就不会利用我执来保护自己了。

第 4 步：父母去关心和理解孩子

一旦父母让内在小孩平静下来，就有能力去安慰现实中的孩子，让孩子感受到父母的关心和爱。最终双方就能建立渴望拥有的亲密关系。

第 5 步：终极的亲子关系

看到上面的插图时，你的心里涌起了什么感受？你知道你和孩子也可以变成这样吗？请把这幅画面印在脑海里，允许自己去畅想这样的亲子关系。

重新养育自己不是一件容易的事。我们得丢弃内心深处所有的旧声音，然后引入新声音。我们得学习一整套新语言。这个过程可能会比较艰难。你可能会觉得自己在国外旅行，却没有地图。如果此刻的你正在经历这种不适，那就要对自己耐心些。要允许自己有不舒服的感觉，尝试用爱去接受。你要理解，你之所以有这些感觉，是因为这一切对你来说都是陌生的。请为自己走到这一阶段鼓掌。

我们对内在小孩的抚慰将持续一生，没有尽头。我们不需要达到特定的结果，只需要不断肯定自己的价值，这样我们就能变得越来越完整和充盈。这是一条没有尽头的旅程，只要向前走就好。哪怕只是走到这里，也足以让你与孩子的关系产生飞跃了。你正在觉知你的内心活动和内在体验，平息你的恐惧，进而大幅提升你与孩子建立亲密关系的能力。

我将在下一部分介绍在日常生活中实现和保持这种亲密关系的具体做法。你准备好学习与孩子建立更加紧密而深入的关系的新方法了吗？我知道，孩子会一辈子感激你付出的巨大努力。我为你鼓掌。让我们深呼吸，然后继续走下去。

第三阶段

从冲突到亲密

如果在陪伴孩子时
接纳孩子的独特本性
孩子就能在我的目光下绽放
因为有自我价值感而挺起胸膛
因为有安全感而站稳脚跟
在平凡中感受非凡
无须做任何事情，去任何地方
此刻最美好
此心最自在
我的陪伴会滋润孩子的内心
让孩子得以展翅飞翔
无条件的爱是无价之宝
始自对自己内心无条件的接纳

想想那些你生活中最亲近的人。我打赌这样的人没有多少，但他们当中一定有你觉得可以在他们身边安心做**自己**的人。

"安心做自己"到底是什么意思？在我看来，这意味着你只要做本真的自己就足以得到肯定了。不管表现形式如何，你觉得做自己很安全。当身边的人让我们有这种感觉时，我们就会觉得自己有价值，有自信，有勇气，有活力，觉得自己是天之骄子。这种感觉非常美妙，是不是？

你猜怎么着？这也是孩子最想从我们这里得到的感受。他们也想在我们身边时有安全感，觉得自己像珍宝一样闪耀。他们希望我们接纳他们本来的模样。这也是觉醒式养育的终极目标：接纳孩子本来的样子。养育无关成绩、才艺和奖牌，只在于无条件地尊重孩子的真实本性。

只要接纳就好！听起来很简单，是不是？这能有多难呢？可如果你足够诚实，你就会承认，无条件地接纳任何人都极难做到。你知道为什么吗？因为我们不接纳自己。我们没有被父母接纳，也没有办法这样对待自己。接受自己和他人可能是精神领域最困难的事情之一，需要相当程度的觉知。为什么这么难？因为我们的文化已经给我们灌输了数不清的"应该"，因为我们先入为主地认为我们不能与别的人和事物简单共处。

看到玫瑰，我们就想摘下。看到夕阳，我们就想拍照。我们无法与事物简单共处，总觉得要对它们做点什么。与事物原本的样子共处是我们不习惯的，不管对象是我们自己的感受和内心冲突，还是他人的感受和内心冲突。我们习惯于对事物做出**反应**，于是造就了当下的现实——我们会把我们内心不接纳的东西通过我执的反应投射到别人身上。

当然，所有这些反应都来自我们的内在小孩的缺失。正因为我们内心有缺失，我们才会在外部世界、我们的孩子或我们的生活里看到缺失。这就是为何我们必须在进入第三阶段前完成第二阶段。如果我们不能首先走近自己，我们就无法带着觉知走近其他任何人。

得到父母无条件接纳的孩子拥有不可磨灭的自我价值感。他们感到自己的真我得到了接纳。而且，由于所有真我都是完整的，所以这些孩子长大后也会觉得自己是完整的。他们无须赢得父母的信任或认可。这些已经是他们的囊中之物，如同自己的呼吸一般自然，没有任何疑问。他们觉得自己本身就是有价值的，无须用奖牌或比赛去证明。他们觉得自己是被理解、被倾听、被认可的。他们的核心愿望，即让真实的自己得到充分的尊重和赞赏，已经得到了满足。这样的孩子是自动、自发、自觉。他们就像一个完整的宇宙一样独立自主。

拥有自我价值感的孩子仍旧可能犯错、失业、挂科、离婚，仍旧可能灰心失望或悲痛欲绝。他们无法避免挫折或情感打击。他们的不同之处不是生活不会给他们出难题，而是他们能利用自己内心的力量来面对困境，而不会陷入自惭形秽和自我厌恶的泥淖。

难道你不希望你的孩子也拥有这种能力吗？好消息是，你现在就可以开始把这些教给孩子。你只需知道该如何做。这一阶段的内容将告诉你如何走近孩子的真我，让他们感受到你认可他们本真的样子，而非他们在你想象中的样子。

带着觉知走近孩子的真实本性是觉醒式养育的关键。这是改善亲子关系的终极大招。这种做法看似简单，你只要照做就可以，但事实远非如此。它需要你积极投入，而且十分复杂。它需要你付出努力，在内心深处做出改变。它需要时刻保持觉知，需要治愈自己的内在小孩。它需要你成长。

第 12 步

学点儿童心理学

虽然我想像捏黏土那样

把你塑造成另一个我

逼你出演我构思的电影

但我意识到，让你放弃真我带来的痛苦

或许是我的心所无法承受的

所以我只能改变自己

丢掉潜意识里的恐惧和期待

最终靠近真正的你

并且从中学会什么是真爱

父母的我执越强大，孩子的我执就越强大

你懂你的孩子吗？你真的了解他们本真的样子吗？我们过于关注如何**养育**孩子，而忽视了孩子的**真我**。这是我们童年的一大缺失。

我们都忙着做这做那，却错过了真正的重点，即走近孩子和我们的真我。我们没有改变自己的养育方式去适应孩子，而是期望改变孩子的本性来适应我们。孩子在这种心理较量中落于下风，只好戴上我执的假面。为了尽力避免孩子展现出不真实的一面，我们就得为他们创造做自己的空间。这件事的责任应由我们承担。

也许我们的父母没能肯定我们本真的样子。他们或许肯定我们的成绩，却没有让我们觉得平凡也一样有价值，结果我们就去各种错误的地方寻找意义和价值。所以，我们的我执假面很可能会伤害到孩子。你刚刚在第二阶段疗愈内在小孩的努力能帮你驯服你的我执，进而让你更好地理解孩子的真我。而这一阶段我们要讲的是如何走近孩子的真我。

跟我们一样，孩子也是带着独特的本性降生的。如果我们不尊重他们的真我，他们也会戴上我执假面。如果亲子间任何一方被"点着"并且进入我执模式，对权力和存在感的争夺就可能变得相当激烈，双方都有可能更进一步激发对方的我执。你觉得哪一方的痛苦更强烈？显然是孩子，是不是？他们年纪

更小,更纯真,更容易相信和依赖我们。年幼的他们在心理上遭受的影响要远胜于成年人。所以,我们做父母的有责任尽最大努力去驯服我们的我执。当我们摘下我执假面时,我们就可以进入我们的内心深处,与自己深度连接。这时,我们与孩子的感情也会加深。

请记住:**父母的我执越强大,孩子的我执也会变得越强大。**如果我们戴上了我执的假面,他们就不得不如法炮制,是不是?他们别无选择。他们的我执是对我们的我执的反应——这几乎是一种应对策略。如果我们吩咐孩子做某件事情,而他对我们大喊大叫或置之不理,我们可能会觉得他们没有礼貌。但事实上,这很可能是因为我们说的话让他们产生了不好的感受。当然,这种反应并不明智,也让人难受,但仍是一种应对策略。当孩子与我们保持距离,或者把我们拒之门外时也是如此。他们是真的没有礼貌,还是在试图应对我们的我执?我并不是在说,我们是孩子戴上我执假面的唯一原因。当然不是。毕竟,还有数不清的事情能激活他们的我执。我想说的是,如果父母深陷我执模式当中,孩子就可能别无选择,也将自己的我执激活。

当安吉来找我治疗时,她已经快 40 岁了。她身体虚弱,身上布满了文身。她的头发非常稀疏,头皮上秃了好几块。她的指甲也被咬得非常厉害。她说,她从 7 岁起就饱受自己拔头发、咬指甲等强迫行为的折磨。她显然很痛苦。了解她的创伤史后，我发现，安吉骨子里有一种根深蒂固的信念，那就是她毫无价值。她的父亲是个极其暴躁的人，经常打她。她的母亲经常陷入抑郁当中，数周不与外界接触。没有人帮助安吉应对她的感受和挣扎。她记得第一次拔自己的头发是在 7 岁左右："很疼，但那种疼让我很舒服，就像心里的所有痛苦终于得到了释放。"

安吉拔头发的症状越来越严重，不得不戴着帽子去上学。她拔头发越频繁，她的父亲就对她越凶。随后，她开始抓她的皮肤，咬她的指甲。她在学校受到排斥，同龄人都躲避她。她没有人可以求助，自觉一无是处。治疗开始后，我告诉她，她从文身和穿孔到拔头发和咬指甲的所有行为都是她应对童年时期巨大压力的策略。我尽可能充满关爱地对她说："你曾经是个遭到忽视和虐待的小女孩。没有人帮你。你父母把他们的垃圾都抛给了你。你无法跟任何人诉说你的心声，所以你找到了唯一能表达你内心痛苦的方式，那就是通过你的身体来表达。这纯粹是你的应对策略。你在用这样的方式喊'救命！'"

安吉一脸震惊地看着我，好像以前从未有人这样安慰过她，尊重过她。她已经习惯了自责，这样的温柔以待让她感到陌生。在随后的几个月里，我慢慢帮安吉认识到，她在童年遭受了巨大的创伤，而她除了伤害自己之外别无选择。她的整个身体都成了内心痛苦的显示屏。她浑身上下都在呐喊："我很痛苦！

有人能帮帮我吗？"直到此刻才有人听到她的声音。实际上，她越是表达自己的痛苦，她就越是被过度诊断。她的精神科医生一直给她贴标签，给她开药，好像在对待疯子一样。安吉告诉我："我觉得我的一生都是有问题的，好像我应该被关进精神病院。"

你看到了吗，安吉承载了全家人的精神疾病。由于她的父母没有疗愈他们的内在小孩，所以他们把垃圾全都倾倒在了她的身上。实际上，她还相当理性地说道："哎呀，快把我逼疯了，帮帮我，我还只是个孩子！"可她的父母都沉浸在自己的痛苦中，听不到她的呼喊。我们开始治疗后，她才慢慢改变了对自己的看法，建立了初步的自我价值感和自信。

许多父母一直处于生存模式，用防御来应对童年的创伤。他们的我执根深蒂固，完全遮蔽、吞噬了他们的真我，只剩下强烈的痛苦。带着同情去理解自己是治愈自己的关键。要改变这一切，我们就必须把"发作"转变为"面对"。

假如当初，我们的父母治愈了他们内心的伤痛，没有召唤屠戮我们真我的我执，结果会怎样？你能想象被这样的父母抚养长大会是什么感觉吗？请想象你觉得自己的内心很完整的感觉。在这种状态下，我们的家将不是某座豪宅或某个悠闲的海岛，而是我们内心的安住之地。在这种状态下，我们是自己最好的朋友，也是自己的领路人和搭档。无论身在何处，我们都会感受到家的温暖和舒适，因为无论我们走到哪里，我们都同样轻松自在。如果世人都拥有这种内在的完整性，生活就会完全改变。没有战争，没有暴力——只有深度的相互依赖和带着觉知的深度连接。

坦白讲，在我女儿小时候，我也完全沉浸在对她未来的自我中心式的想象中，我甚至没有意识到我有这种想法。当我开始观察我女儿本真的样子时，那时她大约两三岁，我感到非常震惊。因为她跟我小时候完全不一样。我以为她会是个迷你版的我，甚至是个小天使。可我的愿望完全落空了！我怎么会有个这样的孩子？

女儿本真的样子完全超出了我的想象。我小时候害羞且听话，喜欢讨别人欢心，她却恰好相反。她胆子很大，甚至不怕跟别的孩子起冲突。她也完全不想取悦任何人，尤其是我。我温柔、顺从，她固执、不听话。我犹豫不决、消极被动，她毫无顾忌、积极主动。我希望她就像我一样，温顺，不惹事，可以任意揉捏。可她没有一点我的样子。她是个烈性子，精力充沛，争强好胜，不惧冲突。因为她与我想象中的样子完全相反，或者更确切地说，因为她不像我，所以我很难接纳她本真的样子。你知道，我当时还没有充分地疗愈我的内在小孩。

我强行让她出演我构思的电影，试图把她塑造成我想象中的样子。我想打造一个全新的她，让她成为我的完美复制品。可这么做势必会让我们之间频繁发生矛盾。我想把我的想法硬塞给她，而她坚决不从，毫不退让。她越是反抗，我的我执就越是膨胀，如此恶性循环。直到我开始尝试觉醒式养育，一切才开始向积极健康的方向转变。

在写下我过去的经历时，我明白你可能会不同意我当时的做法。我之所以主动剖白自己的心路历程，是为了让你明白，所有的父母，包括我自己，都无法摆脱我执的致命诱惑，我们都需要疗愈自己内心深处的那个孩子。塑造完美的形象只是骗人的把戏，毫无真实性可言，我对此毫无兴趣。只有正视曾经的创伤，疗愈才能成为可能。我想让你亲眼看到我是如何坦诚地揭示我的我执，所以你也能勇敢地去面对你自己的我执。这种毫无保留的坦白是自我疗愈的唯一途径——缺少了这种深层的疗愈，我们就会把内心的痛苦和缺失投射到我们的孩子身上。

我仍然清晰地记得，那天我目睹了活力满满、热爱冒险的3岁女儿放弃真我的那一刻。我当时非常生气，责备她不听话。我大声斥责，一副自以为是的样子。我正说得起劲，却突然见到了让我心碎的一幕。只见女儿羞愧地低下头，耷拉着肩膀，全身瘫软，像只瘪了的气球，眼睛里的光芒也熄灭了。我立刻让我的我执停了下来。我意识到我走偏了。若不控制自己的我执，我会毁掉女儿的真实本性。

我一次又一次地揭开我执的伪装，终于迎来了我生命中的另一个转折点——我开始疗愈自己内心的创伤，尝试觉醒式养育。被女儿鲜明的个性激发后，我看到了一种全新的生活方式。我不得不郑重地问自己:"你为什么不能接纳孩子最真实的模样?"我意识到,那是因为我不能接纳自己最真实的模样。

我曾经多次对如今已 20 岁的马娅说:"我讲授觉醒式养育的方法都是因为你。你敢于做你自己,即使被我的我执打压。你始终做真实的自己,于是我只能放下我执。"我永远庆幸自己孕育了这样一个勇敢而不屈的灵魂。如果她不是这样的人,我可能永远都不会意识到缺乏觉知的危害,也永远不会勇敢地改变自己。

如果父母不接纳孩子本来的样子,亲子关系就会出现裂痕

如果我们不把第二阶段的所有任务都完成,就无法进入自己内心深处,与孩子建立起深层次的联系。孩子降生后,没人告诉我们育儿最重要的一项工作是养育我们自己,是不是?我们毫无头绪地开启了这段旅程,又在不知不觉中把自己过去的所有创伤都甩给了我们的孩子,还认为一切问题都是他们造成的。真是讽刺!所以,这张养育路线图非常重要。它能教会我们如何疗愈,好让痛苦的连锁反应不会一直持续下去。

说回马娅,假如我继续做那个控制狂妈妈的话,女儿的自我价值感肯定就毁在我手里了。如果我继续把她当"坏"孩子

看待，她就会为自己的天性感到自卑。然而，她并没有做错任何事，她只是在做自己。问题的根源是我的缺失和不安，与她没有任何关系。

我的一位来访者的女儿阿妮卡刚好与马娅相反。两人年龄相仿，却性格迥异。阿妮卡态度温和，性格乖巧，是个典型的跟随者，而非领导者。在父母和朋友们面前，胆小的她总是无条件地顺从。她的乖巧让父母十分得意。不用说，阿妮卡就是那种典型的"小天使"。她对父母的话总是全盘接受，并且立即付诸行动。她的"完美"表现也一直受到父母的称赞。而他们越是称赞她，她就越想表现得完美无缺，甚至想成为超人。

一切看似很顺利，直到阿妮卡步入高中。这时，麻烦来了，她仿佛在一夜之间变成了一个"坏"女孩。她把完美的要求抛到脑后，开始逃课、吸毒，变得极其叛逆。她的父母大惑不解，他们的小天使怎么了？

我向这位来访者解释："这种情况经常发生在'好'孩子身上，特别是女孩。他们生性温顺，不注意这一点的父母很容易凌驾于他们之上。'好'孩子很容易让父母的我执占据主导地位。你过去就是这样。你觉得你可以对她发号施令，也一直这样做，直到她再也无法忍受，突然有一天爆发，不再做你理想中的完美女孩了。过去的一切也都烟消云散。不过，这其实也是好事，因为真正消散的是她的超级完美主义假面。"

阿妮卡的父母在无意中吞噬了她善良的本性，直到他们的我执把她完全摧毁。阿妮卡天生的温顺不断升级，直到超过限度，在讨好中完全丧失了自我。她追求的完美无缺只有超人才能达到。这一负累最终使她完美主义的我执假面彻底碎裂。虽然阿妮卡的改变伤害了她的父母，但他们也得理解，阿妮卡必须这样做才能让自己的真实本性存活下来。阿妮卡和父母的关系看似完美，却只是父母的我执要求的完美。对阿妮卡的真我来说，这段关系是压抑而沉重的。事实上，她在单方面地迎合父母的我执，而父母却没有去适应她的真实本性。

　　阿妮卡的母亲一时难以接受这些新观念。她如此习惯于拥有一个完美的女儿，乃至完全无法接纳现在的阿妮卡。她花了很久才终于承认自己在与女儿的关系中扮演的角色，明白是自己把这些不切实际的期望强加给了女儿。"好"孩子的父母很难接受孩子停止扮演"好"孩子的状况。这些父母的我执已经习惯了为所欲为，乃至他们根本无法在中途调转方向。在我们家，马娅的强大本性从一开始就没有屈从于我的我执。所以谢天谢地，我的我执很早就受到了约束。不论是我们的我执很早就得到控制，还是孩子的我执慢慢显露，例如阿妮卡的情形，我们这些父母都必须尽早正视我们的我执，而且越早这样做越好。

理解孩子的真实本性，接纳他们本来的样子

如同我们在第二阶段用五大类型来理解我们的我执一样，我也要介绍一些方法来帮你理解孩子的真实本性。从某种程度上说，孩子的真实本性是永远都不能被归于某个类别的，我也不建议你这样做。但是，孩子也确实在连续的光谱中占据着特定的位置。我将在这一部分内容里粗略地介绍这道光谱，以启发你去了解孩子的真实本性。我们越是了解他们的真实本性，就越是能与他们心意相通。

下面的分类并非基于从"好"到"坏"的连续光谱，而是基于焦虑程度从高到低的连续光谱。它们能揭示孩子基本神经构造的固有焦虑程度。一些孩子总是非常紧张，而另一些孩子则比较平静、随遇而安。看看这些分类，试着找出你的孩子在这道连续光谱上的位置。然后问自己：

我了解孩子的气质和真实本性吗？
我能给予孩子空间，而不去控制或支配他们吗？
我能尊重和赞美他们的真我，而不说三道四或百般羞辱吗？

这些分类同样适用于你，也适用于任何你认识的人。它们显示了我们每个人固有的本性。如果能带着觉知去提炼和升华，

其实每一种本性都是超能力。我们必须记住，每个人都有优势，只是需要适当的条件来突显它们。

当我终于开始接纳女儿的真实本性时，一切都变了。我开始调整自己去适应她天生的气质，而不是相反。我开始顺应她天生的自信和决断力，而不再抵触。我从她的任性里看到了自信，从她的固执里看到了自主。我开始赞赏她，并向她学习。我开始喜欢她了！今天，已经20岁的马娅仍然是个鲁莽急躁、不听人劝的人，并不怎么在意我的建议或指引。即便现在，我仍旧会发现我的我执跳出来抗议——"为什么她就不听我的话，不能依靠我呢？"我意识到，这不过是我希望孩子需要我的修补型假面，而非真正的我。现在，我已经能看到她鲁莽背后的自立自主，也把她的不听人劝看作正面的品质。每当我这样做的时候，我都能带着尊重和自豪，而非批评和苛责去走近她，让我们的关系得到大幅改善。而在戴着修补型假面的时候，我却想要她变得犹豫不决，依靠我来指引方向。只有当我成为完整的自己时，我才能允许她成为她自己，并且认为这是值得高兴的事。只有当我能真正接纳自己的时候，我才能看到她本真的美好，而不是深陷在自己的无价值感中，然后去挑她的毛病。这一切只取决于我的内心，取决于我有没有把自己的缺失投射到女儿身上。

你看到了吧，假如我们不去适应孩子，还把自己内心的缺失投射到孩子身上，我们就会造就病态的亲子关系。了解孩子的真实本性不仅能提升我们的觉知，促使我们带着这份觉知走近孩子的心，还能推动孩子更好地理解自己。如果我们能帮孩子理解他们的真我，他们就能更好地接纳自己，更加自信地展现自己。我们可以通过这种方式教他们在生活中肯定和欣赏自己，活出自己本真的样子。

阅读下面的性格类型时，请你用心而不是用脑。我介绍这些类型不是让你来评判自己或孩子的，而是要帮你更好地理解和接受孩子。觉醒式养育讲的就是要把我们自己和我们的孩子看作是健康的、完整的、有价值的。当我们能接纳和欣赏自己时，我们就能尊重孩子本来的样子，而不需要别的东西来装点。

请记住，享受这个过程，而不要拘泥于具体的类别。毕竟，人性既不是僵化的、绝对的，也不能被简单地归类。我会按照焦虑程度从高到低的顺序来讲述这道性格的连续光谱。在生命的旅程中，所有人的状态都会沿着这道光谱不断游走。在尝试理解孩子的真实本性时，请一定记住这一点。

◎焦虑的爆炸型

你有没有觉得你的孩子是一根随时会熔化的烧红的电线，或是一颗即将爆炸的炸弹？你的孩子是不是非常挑剔、急躁、容易发脾气？他们会抱怨和哭闹吗？他们会因为一点小事就闹情绪吗？如果你的回答是肯定的，你可能有个高度敏感的孩子。

高度敏感的孩子像海绵。这是他们的优点,因为他们有超强的感受力。但是与此同时,他们也会受许多事情影响,让父母深感头痛。因为这类敏感的孩子经常有非常强烈的情绪,他们会被身边人的焦虑所感染。他们如何处理这些焦虑呢?他们会爆炸,因为他们受不了!

这类孩子不大好带,因为他们总是闹情绪。衣服、气味和言语都会成为点燃情绪的小火苗,所以父母要时时刻刻关注他们,还要非常有耐心。他们对别人的状态很敏感,进而形成强烈的好恶。他们的父母可能需要花费很多心思来帮助这些孩子学会待人接物。

这类孩子常常哭闹或陷入恐慌。他们想象力丰富,总能想到各种不祥的后果,引发非理性的焦虑。他们喜欢问:"万一……该怎么办?"而且无论怎样回答都无法让他们真正满意。这些孩子像海绵,总是从外部世界吸收信息并做出反应。

你觉得你的孩子经常这样吗?陪他们是件很累的事,是不是?你有时感到筋疲力尽是可以理解的,因为这类孩子需要大量关注。在他们面前,父母们可能会有两种下意识的反应:要么过度控制,要么过度溺爱,这取决于父母本身的气质类型。过度控制的父母想通过发怒和控制来挫败和打击孩子。战斗型、封闭型和逃跑型父母一般会这样反应。有些父母也会过度溺爱孩子,形成共生的亲子关系,比如修补型父母。修补型父母本身就非常焦虑,他们喜欢通过帮孩子解决问题来缓解孩子的焦虑。他们的心思全在孩子身上,于是他们对自己的感受比较迟钝。这种过度修补往往令父母不堪重负,而且更重要的是,他们的孩子也会变得更脆弱、更依赖别人。这类孩子会不停地给父母打电话寻求帮助和建议,即使他们已经是青少年甚至成年人。这样的亲子关系看似亲密,实则不健康。

那么,这类孩子需要什么样的父母呢?他们需要可靠、坚定和冷静的父母——既不是战斗型父母,也不是修补型父母。他们需要能把他们的焦虑转化为直觉和力量的父母。他们需要能帮助他们从新的角度看待焦虑,发现自身主动性的觉醒的父母。在这类孩子面前,父母需要保持稳定而冷静的状态。如果父母情绪不稳,例如发怒、焦虑,结果都可能导致孩子情绪失控。面对这类孩子,父母唯一的出路就是用超然的冷静和稳定去中和孩子的情绪。这很难,但也是这类孩子迫切需要的。

如果你有这样的孩子,你有时可能会感到束手无策,只想放弃。你可能会因为他们的焦虑而筋疲力尽,内心焦灼万分,似乎你不管怎么做都无济于事。那么,我们该如何欣赏这类孩子呢?真正有效的做法是把他们的敏感转化为力量。你要赞美他们感受和应对环境的能力,还要教他们深入自己的内心,去寻找所需的答案和安慰。例如,你可以告诉他们:

你就像一块吸收身边一切东西的干海绵。你敏感而柔软,不论遇到什么都全部吸收。你很难把自己的情绪跟别人的情绪分开,因此你的情绪经常爆发。如果你感到紧张,你可以闭上眼睛,反复对自己说:"我现在很安全,很舒服,我会没事的。"你紧张不代表你不好,敏感的人都容易紧张。当你学会给自己营造安全感以后,你就会变得更加平静。看到你情绪爆发,我知道那是因为你心里紧张害怕。我会尽我所能提醒你,你现在是安全的。如果你能学着用这种方式安抚自己,你的敏感就会变成一种超能力。它是能帮你理解别人心情的雷达和卫星定位系统。你很快就能学会如何利用你的敏感,而不让自己被信息淹没。做到这一点后,敏感就会成为你的一大优势。

为什么这样解释能让这类孩子获得被理解和接纳的感受呢?因为你传达的信息是,他们的真实本性是纯净的、珍贵的,而不是不好的、会惹来麻烦的。通过缓解他们的焦虑,你能帮他们更好地理解自己的内心世界,理解他们的我执从哪里来,并形成自我价值感和自尊。这将对此后的他们产生巨大的疗愈作用。

你可以使用这种温和的方法来表达对他们的尊重,而不需要去控制、改变或羞辱他们。你可以让他们知道,他们完全有能力找到解决问题的方案,并发现自身的优势。

◎过度活跃的探索型

你有没有觉得你的孩子完全无法安静地坐着,总是东跑西颠,忙个不停?这类孩子身上经常青一块紫一块,或者擦破皮。他们总是惹麻烦,眼里满是狡黠。如果你的回答是肯定的,你的孩子或许是个探险家。如果是这样,试图控制或约束他就会惹来大麻烦。你越是限制这类孩子,他们就越是躁动,难以管束。

这类孩子需要不停地这里鼓捣鼓捣,那里摆弄摆弄,变着花样地探索世界。这类孩子经常被他们的父母、老师,乃至整个社会贴上"坏孩子"的标签,其实他们无非是身体和想法比别的孩子更活跃而已。这类孩子常被诊断为注意缺陷多动障碍或对立违抗性障碍,也常常因此而自卑。可事实上,这类孩子只是跟别的孩子有所不同。社会的传统标准不利于他们的成长。他们是**野性**派,他们的激情应该得到尊重,而非贬低和羞辱。

我敢打赌,很多人读到这里都会点头说:"没错,我小时候就是这样!我是野性派。他们想驯服我!"大多数人内心原本都有野性的成分,但我们埋葬了它,因为我们看到了其他孩子展现野性的结果。我们从他们受到的对待中了解到,展现野性意味着给自己找麻烦。

这类孩子需要父母理解和尊重他们非传统的野性风格。他们需要能够欣赏他们的冒险精神的父母,而不是让他们以此为耻的父母。过于传统的父母可能会担心这类孩子,并且试图约束他们。有的父母也可能因为受不了孩子过于鲁莽好动而彻底不管孩子。这完全取决于父母如何看待这类孩子。他们既可以赞赏,也可以贬低这类孩子,这取决于父母自身的童年经历。

这类孩子迫切需要父母站在他们这一边,而不是把他们禁锢在顺从和传统的角色中。充满自由和实验机会的广阔空间能让他们茁壮成长,而传统的生活环境会让他们感到窒息。如果你不愿意给他们自由,他们就会用激烈的方式去争取。这种对自由的渴望可能会驱使他们违反校规甚至法律。问题的解决之道是,他们的父母不仅应深深地欣赏和理解他们,同时还要引导他们用积极有益的方式释放自己的野性。这类孩子最适合在拥有自主权的环境里成长。他们的父母需要给予他们极大的信任,允许他们按照自己的想法行动。如果这类孩子被过度束缚,他们要么会失去光彩,要么会反抗叛逆。

如果你有这样的孩子,你可能会担心他们与社会格格不入,无法在"正常"的生活中找到自己的路。出于忧虑,你可能会给他们贴上"坏孩子"或"废物"的标签。但其实他们只是与一般的、传统的孩子不大一样。这类孩子的想法和行为都比较独特,父母也需要用截然不同的方式来对待他们。认清你的孩子可能会让你感到失望和难过,但下面这一事实或许能让你松一口气:孩子绝对没有任何问题,只是社会对他们不够包容。如果社会更有弹性、更开放,你的孩子就会被接纳,而非感到自己很"奇怪"、被排斥。

最好的做法是记住你的孩子并非不正常，只是因为充满活力而与众不同。他们需要得到你无条件的接纳，这样他们才能在这个充满偏见的世界中接纳自己。你可以这样对你的孩子说：

你就像太阳，能量满满、光芒四射，浑身充满了创造力和冒险精神。你是天生的探险家！你和大多数孩子都不一样，非常独特。这没什么可羞耻或难过的。与众不同非常酷！别人想让你觉得自己不好，我们不能让他们得逞。他们害怕像你这样特立独行的人，总想把你塞进框框里。你要相信你自己。我理解你，也赞赏你的创造力和想象力。你独特的思考和行为方式是你的超能力，能帮你在生活中做出了不起的事情。我们一起来想办法，让你能安心而骄傲地做你自己。

如此安慰孩子能帮助他们肯定自己的特点，同时还能帮他们把这一特点转化成超能力。

◎跑前忙后型、过度给予型和过度讨好型

你的孩子是不是像黄油一样柔软可塑，想怎么捏就怎么捏？如果是这样，你的我执就太幸运了！这是父母的我执最想

要的那种易于共情、过度讨好的孩子。这类孩子是能够帮父母们满足自己的控制欲和支配欲的完美对象。他们不会说"不"，也不会不听话，很容易让步和屈服。他们能变成你想要的任何形状，而无须诉诸口舌之争。这类孩子腼腆温顺、内心柔软，总是愿意听从你的安排。

这类孩子极为感性，共情力极强，受不了别人的痛苦或愤怒。别人的否定或愤怒会极大地冲击他们的内心世界，很容易让他们情绪崩溃。只要不必承担风险或遭受指责，他们是很乐于听命于人的。这种喜欢说"是"的倾向让他们显得天真单纯，容易上当受骗、被人利用。但是，正如我在前面提到过的上高中后突然崩溃的女孩阿妮卡一样，这类孩子最终会在讨好所有人的压力下崩溃。对他们来说，学着聆听自己内心的声音是非常困难的。这种与真我的割裂会逐渐累积到一定限度，最终让他们崩溃。

这类孩子需要父母了解他们是多么温柔和讨人喜欢。父母有责任提防自己的我执利用这类孩子天生的温顺。如果父母不够小心的话，这类孩子可能会从温顺转变为卑躬屈膝，从爱转变为牺牲，从给予转变为自我毁灭，从展现自我转变为过度追求成就。这类孩子十分感性，长大后很容易在情感上依赖他人，所以我们必须有意识地引导他们肯定自己，而不是让我们的我执去利用、压制或支配他们。

这类孩子会想尽办法让父母高兴。他们往往是超级上进型和跑前忙后型。他们会主动帮助父母，承担杂务，因为做出贡献而获得肯定。他们天生乐于奉献。一旦他们觉得自己的付出得到了回报，他们就会走向极端，转向自我牺牲和自我克制。他们渴望帮助别人，经常超出自身的界限，承担父母的责任和义务，成为家里的小大人。这使他们失去了许多童年应有的快乐和纯真。这些生来就有强大共情力的孩子可能会通过帮助父母管理情绪而成为他们的"心理治疗师"。这类孩子可能会被父母的我执以这样的方式利用，失去自己的方向感和自主性。

我们有很多方法可以帮助这类孩子保持他们的本性，而非沦为我们或别人的我执的牺牲品，我们也应该这么做。例如，当他们向我们征求意见时（他们经常这么做），我们可以引导他们自己得出结论，而不是急于给出答案。我们应给他们留出挣扎和摸索的空间，这样他们才能发现真实的自己。即使他们诱使父母控制自己的生活，主动把控制权交给父母，父母也要抵制这种诱惑。我们得克制支配孩子的冲动，努力平复自己的控制欲。若非如此，这类孩子就会习惯于低头让步，进而极易沦为被别人支使的对象。

过度讨好的孩子需要明白，在如今的社会，他们生来的慷慨会让自己陷于不利地位。父母可以教这类孩子如何保护自己免受他人利用，以及如何通过感受自己内心的需要并且满足它们来维护自己的界限。我们可以对他们说：

你是一个对别人特别好的人，只想让别人高兴。这是你的天性。但假如你没有特别强的自我保护意识的话，这一点就可能被别人利用。你得意识到，你必须首先爱自己，让自己高兴，否则你就会忽视自己。你并不需要做到完美才能得到别人的爱。你可以做普通人，甚至可以失败。你没必要总是讨好别人。你会遇到很多不像你这样关心别人的人。你是一个给予者，你会遇到许多不断从你身上索取的人。你得学会分辨谁值得你这样做，谁不值得你这样做。如果你能学会只为值得的人付出，这个特点就会成为你的超能力。你生命中最重要的人是你自己，永远记住这一点。把自己排在第一位。倾听自己的心声，尊重真正的自己，比什么都重要。

也许这些话也能安慰身为父母的你，特别是如果你也属于讨好型的话。请记住，这些只是觉醒的父母在增进与孩子的关系时可以使用的一些点子，具体怎么说取决于你们的实际情况和需要。这些话表达的核心意思是，父母能够并且愿意用尊重和赞赏的眼光来看待孩子的真实本性。如果父母能够站出来反对那些狭隘的文化规范，为他们的孩子提供支持和鼓励，帮助他们更好地理解和接受自己的独特之处，那么这些孩子就有可能将他们的与众不同之处视为一种超能力，而非缺点或短板。

◎内向的梦想型

你是不是发现你的孩子经常发呆，在笔记本上乱涂乱画，连续几个小时玩玩具，或者日复一日地坐在角落里写日记？你的孩子是不是总喜欢一个人静静待着，以至于你怀疑他到底有没有待在家里？或者，你的孩子是不是无法跟朋友们在一起太久，否则就会感到厌倦，想要回家？你的孩子是不是不喜欢打打闹闹或激烈的竞技运动，不喜欢有人注意自己？如果是这样，你的孩子或许生来就是个内向的梦想家。

这类孩子比大多数孩子表现得更加安静和害羞。他们可能有些丢三落四，因为他们过度沉醉在自己的想象和梦幻世界中，甚至经常忘记刷牙或系鞋带。他们是那种典型的心不在焉的学究，将来有可能成为艺术家或计算机程序员。

这类孩子经常因为忘记带钥匙、作业或书包而被老师和家长找麻烦。他们缺乏组织能力和时间管理能力。他们对外部世界的兴趣比不上对内心世界的兴趣。他们也可能缺乏社交和谈话技巧。他们在同伴面前会显得有些笨拙木讷，可能倾向于做个隐士，独来独往。这类孩子生性害羞，性情乖巧，在学校里容易被吵闹、好动的同学欺负和捉弄。这样的经历又会让他们变得更加离群索居。这类孩子有时比较好学，或者喜欢做同龄孩子很少做的事情。他们可能不喜欢体育活动，也不喜欢参加聚会，因此，他们会有被人抛弃和排斥的感觉，而这又会导致他们更加远离人群。

如果这类孩子的父母比较传统,他们的情绪就可能受到极大的刺激。我发现,如果男孩是这种性格,父亲们的反应会尤其激烈。好像我们已经习惯于认定,男孩不应该是内向的梦想家。在传统观念里,男孩应该是外向的——活泼、好动、争强好胜。因此,对这样的父亲来说,有个这样的儿子是一道大难题。

这类孩子需要帮助和鼓励去安心做自己,因为社会传达给他们的信息是,他们应该成为相反的样子。在许多人眼里,安静和害羞不是积极的特质,孩子们常常会带着些许勉强去社交。毕竟,社会偏爱热情活泼、外向友好的孩子,而非稍显孤僻的孩子。在家庭和社会的压力下,这类孩子常常会感到自惭形秽,长大后普遍缺乏自我价值感。他们会拿自己与同龄人相比,发现自己跟别人不一样,进而感到不安和自卑。

这类孩子的父母需要从情感上理解他们在主流文化中做自己有多么困难。父母需要格外注意不强迫孩子跟别人一样,而要看到孩子的独特优势。父母应该调整自己的期望,认识到偏离"主流"甚至"常理"的孩子也有很多优点。最重要的是这些父母能否欣赏孩子的独特之处,从中发现优点,而不是觉得自己的孩子不如别人。

正因为这类孩子往往与别的孩子不同,所以父母才要下更多的功夫去尊重他们的存在。批评他们,拿他们跟别的孩子比较,只会让他们变得更加害羞和孤僻。要想帮他们增强自我价值感，父母就得鼓励他们正面地看待自己，肯定自己的价值。

突出他们的优势对这类孩子来说极为重要，因为外部世界不会给他们太多认可，特别是在他们小时候。父母可以对孩子这样说来强调他们的优势：

你非常独特。你有丰富的想象力和内心世界。你有各种想法和梦想。这些都是非常美好的品质。你喜欢一个人待着，有独处的能力，这也是很好的品质。社会可能告诉你这不好，你应该喜欢跟人打交道，但事实不是这样。不要让别人把想法强加给你。记住，能够独处的人都是很强大的人。我喜欢你这样。

如果父母没有觉知到自己构思的那些关于养育孩子的电影，他们就很容易把尚未实现的愿望统统投射到孩子身上。这类孩子本能地意识到自己没有达到父母的标准，让他们失望了。帮助孩子发现自身的独特优势和才能可以让孩子认识到他们本来就是有价值的，而无须追求世俗的标准。

◎不羁的反叛型

你的孩子是不是倔得像头牛，不管你怎么说他都不会去做，除非他自己想做？他是不是不听你的话，还跟你争辩，一点也不怕你？这类孩子胆子很大，不惧对抗，毫无讨好你的意愿。听着熟悉吗？如果是的话，你可能有个叛逆而另类的孩子。

相信我，我知道这类孩子有多难对付。我的女儿马娅就属于这种。你拿什么也堵不住这类孩子的嘴，他们总是直言不讳。他们口无遮拦，语气夸张，根本不理会别人听了会怎么想。这类孩子忠于自己的内心，哪怕得罪一大片人也在所不惜。他们是天生的领导者和游戏规则的改变者。他们既不随大流，也不渴望被人接纳。然而，由于他们天生自信，他们常常收获许多追随者。这类孩子不怕大人，也不惧权威。在他们眼里，世界是个公平的竞技场，他们有能力在其中竞逐。他们不擅长取悦他人。由于他们拥有反传统的内在力量，所以养育起来会颇为费心。或者更确切地说，你很难控制或影响他们。因此，你很容易因为这类孩子的"坏"去羞辱他们，或者因为他们的刻板和固执而贬低他们。

这类孩子不会轻易接受批评，他们会主动表达自己的想法，证明自己的行为是正确的。如果他们觉得自己没有得到应有的尊重，他们就会不假思索地迅速从关系中脱身。要想与这类孩子建立亲密感，父母就必须努力赢得他们的信任和尊重。而要做到这一点，父母首先得信任和尊重他们。

这类孩子生来就很有主见，自主性强。你不能刻板地对待他们，或者要求他们盲目地服从权威。他们的内在力量需要得到你的尊重。一旦感受到这种尊重，他们就会回报你。否则他们会反叛、战斗或逃跑。这类孩子总是让他们的父母小心翼翼，迫使他们提升养育力。他们敢说敢做，不接受任何妥协。你要么接受他们，要么被他们丢到脑后。

尽管这类孩子不听话，不好养，但他们值得钦佩。他们的自我价值感非常强烈，表达想法时毫无顾忌，这确实令人敬佩。一旦父母不再想方设法影响和控制他们，就能在孩子身上发现许多非同一般的品质。我就是如此。当我不再期待马娅成为我心目中的样子，并且接纳她的本真（一个有想法、有力量的人）时，我就可以退后一步，让她来主宰自己的生活了。

这类孩子拥有强大的内心力量，能镇定自若地面对各种困难。他们不会消极被动地度过一生。他们要掌握自己的人生之舵，去往自己想去的地方。他们甚至不在意自己的所作所为会遭到别人的反对。他们更想按照内心的指引做事，而非获取陌生人的认可或赞扬。当然，这类孩子也会惹父母生气，让他们讨厌，尤其是那些希望孩子对自己百依百顺的父母，但这类孩子的力量和勇气值得肯定。

我建议这类孩子的父母停止控制和评判他们。要尊重这类孩子的个性和力量，这是最重要的事。父母们可以这样对孩子说：

你的内心非常强大，我认识的人里没几个能比得过你。你非常信任自己内心的直觉和感受，我要是也有这样强大的内心力量和自我价值感就好了。你能遵循自己内心的声音，而不受别人想法的影响，我很欣赏你这一点。你也能勇敢地站出来为自己辩护。你的直言不讳和你对别人意见的不管不顾，很可能会让别人不舒服，但不要因为别人说了什么就怀疑自己的内心。不要一味反抗所有的规则，白白消耗自己的精力。但是，只要你认定自己是对的，就应该抗争到底。一定要弄明白这两者之间的区别。希望你再接再厉。

如果父母能放手让这类孩子去掌握自己的命运，他们就能展翅飞翔。他们的能力超越了他们的年龄，他们的成就也会远超父母的想象。这类孩子来到这个世界，就是要充分展现他们本真的样子。他们不会让任何人阻挡他们的去路。我建议父母们放松控制，给予他们自由成长的空间。这是能让你摆脱叛逆孩子的唯一方法。

◎轻松愉快的乐天型

你的孩子是不是像小天使一样，总是嘻嘻哈哈、心情很好，人见人爱？如果是这样的话，你可能有一个无忧无虑的孩子！这类孩子总是那么可爱、善良、有爱心。他们从不发脾气，总能让自己的心情好起来。如果你有个这样的孩子，你的养育之旅会变得简单而轻松！

这类孩子很好相处。他们不挑剔，不苛求，也不专横无礼。他们的性情轻松愉快，唯一的缺点是有时过于放松，因此有些懒散、拖沓。急性子父母可能受不了这类孩子，很难与他们和睦相处，总想把他们变成雄心勃勃的人。

这类孩子不着急赶路，只是慢慢溜达，悠然自得地过自己的生活。他们不担心考试或任务的截止日期，经常等到最后一刻才把事情做完。虽然他们知道如何品咂生活，细嗅蔷薇，但不理解他们的父母可能会认为他们生性慵懒、缺乏主动性。此外，他们的宜人本性也可能被别人认为好欺负，于是他们会被更加强势的孩子占便宜。这类孩子是乐天派，这是他们的一大优点。但过于放松的他们也可能会让父母担心不已。尚未觉醒的父母可能会认为他们的孩子有问题，并且羞辱他们，让他们觉得自己比不上别人，不值得被爱。这么做可能会伤害亲子关系，形成沟通怪圈。

由于这类孩子喜欢活在当下，所以让他们为未来做计划是很困难的事。他们不喜欢做出任何形式的承诺。当他们"应该"认真对待事情时，他们也很难这样去做。他们的焦虑水平很低，但遇到困难时也很难坚持。令父母懊恼的是，这类孩子通常不会督促自己把潜能发挥到极致。父母需要意识到，这类孩子不会特别积极地表达自己的想法和感受，父母需要有意识地引导他们走出舒适区。

这类孩子有一种令人钦佩的松弛感，他们内心的美好和处世的态度值得赞赏。他们温柔、随和的天性应该受到尊重，因为这一特质能给别人带来美好的感受。他们总是给别人增添欢乐，而从不让自己的痛苦给别人造成负担。破坏他们无忧无虑的状态会给他们造成严重的影响。父母可以对这类孩子说出下面的话，让他们感到自己是被珍视的：

你天生有种平和优雅的气质，就像大自然一样。你这种孩子很少见，非常独特。你的天性跟别人不一样，因为不管遇到什么情况，你都能让一切变得更加平静和安宁。你是需要得到珍视的珍宝。可是，这个世俗的社会总是说你不够好，这里需要提高，那里也要改善。根本不是这么回事，你应该抵制这些压力。不要屈服于别人给你的压力。他们是他们，你是你。保持你自己的节奏，因为这是许多人所欠缺的。

这类孩子是这个世界的福音，他们只是需要你允许他们做自己。

只有顺应孩子的天性，才能养育出拥有自我价值感的孩子

现在，你明白适应孩子的真实本性意味着什么了吗？它意

味着尊重孩子本真的美,而非去评判、比较和羞辱。当我们能够在这一根本层面上理解我们的孩子时,我们就能意识到他们的大部分行为都源自天性。因为生来如此,所以他们的很多行为都是自发表现出来的。

要尊重孩子的真实本性,父母就要经常反思以下重要问题:

我的孩子的真实本性到底是什么?
我能理解孩子的真实本性,而不做出任何评判吗?
我能把我对孩子的期望建立在他的真实本性,而非我的主观想象之上吗?
我能发现孩子真实本性中的优点,并且给予肯定和赞赏吗?

一旦我们转向自己的内心,我们就会开始审视自己的想法和幻想。我们需要把这些东西放在觉知的聚光灯下,经常反思以下问题:

我对孩子的期望是从哪里来的?
它们来自我的过去还是当下?
它们来自恐惧和缺失,还是富足和快乐?

对我们的想法保持警惕和觉知非常重要，这样我们才能退后一步，给孩子留出空间，由他们主导。在发号施令前，我们可以先问问自己：

我现在能否只观察孩子，不说话？
我能理解孩子为什么是此刻的样子吗？
我能去适应孩子此刻的样子吗？
要做到这一点，我在内心需要放弃些什么？

一旦我们允许孩子做自己，我们就能看到他们的价值，看到他们自然地绽放光彩。就像我们不需要引导花儿朝向太阳一样，孩子们也会自然地掌控自己的生活，拥有自我价值感，只是需要合适的条件来茁壮成长。他们拥有感受自身价值的所有要素，而我们却成了其中的干扰因素。

觉醒的父母会去适应孩子的天性，根据他们生来的禀赋调整养育方式。这样做之后，我们才能顺应而非违背他们的天性。许多父母幼时被强行移植到了并非自己选择的花园中，被迫在与自己的真实本性不相匹配的土壤中开花。因此，为了生存，我们不得不戴上一个又一个我执假面。假如我们被允许做自己，找到自己的路，我们就不会浪费那么多时间去追逐那些其实并不属于我们的梦想。

如同芒果只能在合适的季节和条件下生长，我们和孩子的真实本性也是如此。如果你强迫芒果换个环境生长，它就会死亡。我们的灵魂也是如此。当我们被迫成为别人的时候，我们的灵魂就会死去。我们内心焦虑，身体疲惫。由于我们的我执假面缺乏能量，所以我们的生活开始出现各种各样的问题。我执总是虚弱的，你明白吗？只有发掘出我们的真实本性，我们才能迸发出无限的力量，变得坚不可摧。所以，觉醒式养育的目标就是让孩子尽可能保持他们的本真。

对觉醒的父母来说，守护孩子的真实本性比帮他们成为滑雪运动员或国际象棋选手要重要得多。前者关乎生命状态，后者只是具体做法。如果根基不扎实，其余的一切都会摇摇欲坠。作为人类，只有当我们的具体做法与我们的内在本质保持一致时，我们才能持久地从内心获得源源不断的力量。如果父母能做到这一点，首先与自己的真实本性保持一致，然后与孩子的真实本性保持一致，我们对待孩子的方式就会从根本上发生改变。我们将不会让他们按照我们的方式行事，而是会支持他们成为真实的自己。

在这个满是社交媒体的世界，我们的生活充满了噪音和干扰，要了解孩子的真实本性是非常困难的。即便我们在孩子很小的时候做到了这一点，他们也会很快被推入一个充满不正常的攀比和压力的社会中。孩子需要拥有很强的内心力量才能抵挡这种压力。事实上，他们很可能是挡不住的。因此，美国青少年的焦虑水平之高远甚以往（也许全世界的青少年都是如此），他们很容易在压力下崩溃。造成这一现象的主要原因是，由于社交媒体的存在，孩子们比以往任何时候都更容易遭到否定。过去的孩子在学校里可能只会偶尔被一两个孩子排斥，而今天的孩子可能面临的排斥要严重得多。而且，排斥也不再仅仅局限于他们的朋友圈子，而是已经扩展到了全世界。因此，他们比较的尺度十分苛刻，已经脱离现实。虽然尚未得到数据的充分证实，但过去10年青少年自杀率的上升很可能与过度使用社交媒体有很大关系。当然，经济衰退、气候变化也对青少年的心理产生了持久的负面影响。

  为什么社交媒体与父母有如此大的关系？因为它会大大削弱我们与孩子建立亲密感和影响孩子的生活的能力。在过去，与现代科技争夺孩子的注意力或许也不是一件容易的事，但今天的难度更远非从前可比。如今的孩子正在受到算法和大众营销策略的影响，这已经超出了我们的控制范围。对我们这些父母来说，这意味着什么？意味着我们必须付出三倍的努力来确保我们对孩子的陪伴，并保证我们的养育方式适应他们的真实本性。我们得格外注意他们发出的暗示和他们的内心感受。可以说，如果我们想继续与孩子保持亲密的关系，我们就不能对现代科技视而不见。孩子需要我们保护他们不受这些外部力量的侵害，特别是在他们年幼的时候。然而悲哀的是，大多数家庭的父母并没有这样做，就连三四岁的孩子都可以在没有大人监督的情况下上网。父母们越来越多地依赖现代科技来代替自己看管孩子。孩子们与其他同龄孩子的接触减少了，与父母的接触减少了，在大自然中玩耍的时间也减少了，而这些要素对他们的健康成长至关重要。这些缺失会对孩子的未来产生严重的不良影响，绝不能掉以轻心。

如果说养育孩子一直都不是一件容易的事，那么对今天身处科技旋涡之中的我们来说，难度又增加了许多。各种电子屏幕正在吞噬孩子们的灵魂，剥夺他们身为儿童所应当拥有的权利。童年的纯真已消失在数不清的电子游戏和虚拟现实中。玩耍、户外活动和实时社交互动的新鲜感和活力正在逐渐消失，被遗忘到脑后。我们不能允许这种情况发生。我们得帮助我们的孩子夺回他们身为儿童的权利，而他们也期待我们这样做。

觉醒实践

让我们的养育方式去适应孩子的内在气质既是一门艺术，也是每日的功课。这里的"适应"不仅是个好听的概念，也是一种活跃的生命状态。它包含对自身和他人生命状态的深刻觉知。许多父母都想知道该如何去适应，但这当中具体包含哪些做法？又该如何去表达呢？

我总结了四个方法，即观察、允许、双向互动和顺应。我们可以借助这套组合拳来贴近孩子的内心，关注他们的真实本性。这是觉醒式养育的一大利器，有了它，我们就可以根据孩子的特点来调整和设计我们的养育方式，精细地调节我们的情绪状态，最大程度地满足孩子对我们的需要。这是我们所能给予孩子的一大宝藏。

◎观察

想要适应孩子，就得先学会观察他们。我们得观察他们站立和坐卧的姿态，注意他们的声音有没有颤抖，下巴是否紧张，肩膀是否低垂，有没有不断地咬嘴唇，等等。从更深的层面讲，观察意味着我们得放慢脚步，退后一步，暂时停下来，注意他们如何通过语言和身体来表达愤怒、疲劳或失落。他们表达情绪的话语和肢体语言是什么？他们在痛苦和焦虑时的情绪反应和生理表现是什么？

孩子们一直在向我们表达他们的感受，我们只需知道该如何抓住他们的暗示。你可能以为你得去盘问他们，去调查，去窥探，其实根本不需要。事实就摆在那里，只要排除杂念就能看到。我们只需要做一些简单的观察，例如孩子是怎样走下校车，走进家门的，就能收集到关于孩子想要我们做什么的信息，而无须问任何问题。他们是耷拉着脑袋，拖着步子进门的，还是哼着歌，蹦蹦跳跳地进来的？通过这样的观察，我们能得到接下来该如何与孩子相处的清晰信号。坚持一阵子，你就能看出孩子的行为模式。只要看看我的女儿马娅怎样逗弄她的狗，我就知道她此刻心情如何。你也可以从孩子的日常行为中获得大量信息。他们洗澡时唱歌吗？他们总体上是快乐的吗，还是不想跟别人打交道？观察，而不是命令或盘问，是我们适应孩子的第一步，也是关键的一步。

在观察孩子的生活状态时，我们无须不停地盘问孩子。说实话，大多数孩子都不喜欢回答太多问题。我们要学会随时观察孩子真实的样子，体会他们的感受，这是靠近孩子内心的有效方式和不二之法。

◎允许

允许的态度意味着我们在生活和育儿这两件事上会顺其自然，而不是总觉得我们得调整、管理、改变和控制一切。这是"看看事情会如何发展"的态度，而不是"要出问题了，我得赶紧管管"的态度。

要做到这一点，父母们得具备一项重要的特质，即多数父母都缺乏的耐心。我刚做妈妈时也没有耐心。大多数父母都非常不耐烦，因为我们认为自己想要的结果都能迅速实现。可我们不知道，孩子并不会按照我们想要的节奏成长。他们的成长要慢得多。如果走得太快，我们就会人为地迫使孩子脱离他们的生活，转而去适应我们的生活。插手并强行控制孩子的事情无益于他们的健康成长。这会导致他们怀疑自己，也会剥夺他们反思自身经历的宝贵机会。

父母应做到的另一件事是为孩子营造安全的环境。这意味着我们要让孩子安全地练习各种各样的做法，包括发泄情绪。他们可以练习大喊大叫，以及反抗和对立。他们能体会到其中的情绪，并且把它们全部释放出来。给孩子空间，让他们找到自己的声音，更深入地理解自己。许多传统的父母很难接受这种观念："什么？！我应该放任孩子发泄情绪？"请放心，我并不是要你教孩子用消极、过激的方式行事。给孩子空间意味着允许他们以本真的状态安全地表达自己，而不会受到我们的惩罚。我们可以等孩子释放完情绪并且冷静下来后再去找他们谈话。

你可能想问为什么要这样做，原因是，如果孩子受到压抑，无法用自然的方式表达情绪，这些情绪就会通过孩子的其他行为表现出来。允许孩子在一个安全的空间里向我们表达自己，把情绪垃圾倒干净，这么做远比让他们以某种间接的方式伤害自己更加有益身心。否则，这些垃圾就会出现在别的地方。我想再次强调，我并不是要你纵容孩子蹬鼻子上脸，完全不是。允许仅仅意味着我们无须整天惊慌失措，总想控制局面，然后随时准备横加干涉，毫无觉知地压制孩子对情绪的表达和处理。我们应该允许孩子杂乱无章、不完美、平凡和慢慢成长，因为这才是童年该有的样子。我们要学会接受这一切。

◎ 双向互动

与孩子结成双向互动的关系，就是不仅要关注我们如何对待他们，更要关注他们如何回应我们。双向互动是我们所能给予他人的最高形式的尊重。我们希望别人怎样对待我们，我们就怎样对待他们。父母们常常只是专注于做孩子的老师，而完全意识不到**他们**教给我们的东西要多于我们教给他们的东西。重视亲子关系中的双向互动，是保护孩子内在价值感的关键因素。

虽然孩子还不知道如何削减开支、做预算或报税，但我们永远都不应低估孩子关于自身存在状态的智慧，不论他们年龄有多小。对孩子表现出信任和尊重永远都不会太早。如果孩子说：

"我累了，我想休息。"那么我们要像尊重自己一样尊重孩子。

"我不喜欢我的芭蕾舞老师。"那么我们要像尊重自己一样尊重孩子。

"我现在很生气。"那么我们要像尊重自己一样尊重孩子。

不论孩子表达的是他们的喜好、看法还是感受，也不论这些喜好、看法和感受与我们自己的有多么不同，我们都需要尊重他们，就像我们希望孩子尊重我们的喜好、看法和感受一样。

我能听到你在反对:"孩子会做什么?他们什么都不懂!"我的回答是:"是的,他们不懂成年人懂的东西,但他们懂自己当下的感受。"所以,我们无须对他们的每一种情绪过度反应,因为他们的情绪一般会迅速消散,但是我们也应该尊重和关注这些情绪。如果孩子的情绪持续存在,就说明这背后有需要我们理解的现实情形。

每当我谈到尊重孩子的时候,父母都会发出质疑:"难道我们只能放任他们胡作非为?"他们担心孩子会没完没了地吃冰淇淋和饼干。父母之所以在我谈到尊重和双向互动的时候情绪激动,是因为放弃控制这件事吓到了他们。他们认为这种双向互动会威胁到他们的掌控感,于是将之等同于放手不管。

觉醒式养育不是放手不管。相反,它主张父母去理解,孩子跟我们一样,也对存在感、价值感和掌控感充满了渴望。如果这样对待孩子,我们就能给予他们主动掌控自己生活的机会,而不是让他们被动地把掌控权交给我们。这种做法并不是要你**纵容**孩子的奇特想法,而是要你理解,拥有这样的想法是他们的权利。虽然奇特,但它们仍旧是孩子真实的声音。我讲的是对这一权利的尊重,而不是纵容或默许孩子的所有奇特想法。

当我们给予孩子他们应得的尊重并形成双向互动的关系

时，他们就会感受到这一点，觉得自己是**平等的双向关系**中的一方，而非**不平等的单向关系**中的一方。他们就会拥有强烈的存在感，因为我们把他们当作重要的人来对待。

孩子能感受到我们倾听和关心他们的需要、喜好和愿望，能察觉到我们对他们的关注和尊重。这一切都能让他们感受到自己的价值。他们会开始勇敢做自己，并主动掌控自己的生活。只要我们充分地肯定他们的经历和感受，亲子关系就会发生质的飞跃。

传统养育方式注重权力和控制，而觉醒式养育注重双向的互动和影响。你发现前者对幼时的我们多么有害吗？所以我们才需要与孩子建立起双向互动的关系，好让他们感受到自己被看到、被听到，如同我们所渴望的那样。

◎顺应

要去适应孩子，我们就要顺应他们当下的真实状态。如果我们下班回家，满心希望孩子已经做完作业，遛完狗，烤好了蛋糕，结果却发现他们在床上看漫画，那么我们或许会气不打一处来。我们可能会大声训斥孩子："你怎么这么懒？！你该做作业了。马上给我起来！"想象一下，听到这个消息，孩子会有什么感觉？我想，这感觉不会太好。

顺应孩子的真实状态并适应孩子的做法是："我看到你在放松。非常好！你休息好了吗？想不想现在去做作业？现在去做的话，就能早点吃晚饭。"

看到区别了吗？第一种做法是吼叫、命令，而第二种做法更加尊重孩子当下的状态，也没有否认孩子需要做家庭作业的事实。你只是需要以不同的精神状态进入孩子的房间。你能感觉到这么做有多么不同吗？我们可以看出，第一种做法是评判和指责，透着一股居高临下和谴责的意味，这种对孩子的不信任很难带来好的结果。第二种做法是温暖的、亲近的、好奇的，也是尊重的。这么做不仅尊重了孩子的情感状态，还显示了对孩子有能力完成任务的信任。

你明白顺应孩子的情绪状态意味着什么了吗？意味着我们应调整语气和表达方式去适应孩子当下的状态。我们向他们表明，我们接纳他们此刻的状态，跟他们站在一起，而不是责骂、反对和控制他们。我们能觉知到自己的情绪并调整它们，而非下意识地去控制孩子的情绪。

我们可以借助包括这套组合拳在内的更多措施来贴近孩子的内心，关注他们的真实本性。这种适应是觉醒式养育的一大利器，有了它，我们就可以根据孩子的特点来调整和设计我们的养育方式，精细地调节我们的情绪状态，最大程度地满足孩子对我们的需要。这是我们所能给予孩子的一大宝藏。

第 13 步

发现孩子的我执

我的孩子
我发现你戴了很多假面
发现假面背后的你
目光呆滞、神情悲伤
这些假面让你透不过气
你却不知道还能怎样
你觉得只有如此
才能在严寒中活命

> 是我的我执制造了这一切
> 扼杀了你内心的温暖
> 让你我都在假面的冰窟里挨饿受冻
> 我正在努力摘掉我的假面
> 好看清你的真实本性
> 尊重你本真的样子
> 让你安心做回自己

父母的我执，造就了孩子的我执

所有人都希望自己本真的样子能够得到尊重，没有人**真想**戴上面具、撒谎、诈骗、偷窃、谋杀、反叛或破坏规则。我们之所以采取这些过激做法，只是因为我们**觉得自己别无选择**。我们要么不知道还有别的做法，要么觉得自己做不到。

想想那些肆意辱骂孩子的父母，你觉得他们**真想**那么做吗？我知道有人可能会说："他们完全可以不那样做呀，有些人就是坏。"可这样看问题既不全面，也毫无助益，因为这样的评判并非源自对行为背后的深层背景和内在动机的理解。

要想做出转变，就必须理解前因后果，所以治疗是改变的强力催化剂。它能帮助我们理解深层背景对当下的我们产生的巨大影响。这样一来，我们就不会深陷愧疚或自责之中，而是开始理解这一切背后的奥秘。

这一步要讲的就是理解孩子背后的经历。你和孩子的关系**何以**到了现在的地步？是什么让你的孩子做出现在的行为？是哪些复杂的因素让你的孩子成为现在的样子？

相信我，你的孩子不会一夜之间就变得叛逆或不听话。在这一结果发生之前，你们的生活当中肯定还发生了一系列的事情。理解这一长长的因果链条，是读懂孩子到底经历了什么的关键。有了这样的理解，你才能与孩子共情，才能架起直通孩子内心的桥梁，让天堑变通途。

正如我们的我执假面一定程度上源自我们与孩子的关系，孩子的我执假面也源自这一关系。这是很自然的，不是吗？一旦感知到我们的假面，他们就会自动戴上他们的假面。还记得前面谈到孩子的应对策略时，我说了什么吗？他们是在用他们的假面来应对我们饱含冲击力和愤怒的假面。一旦觉知到孩子的应对过程，我们就能退后一步，怀着同情心去理解孩子。否则，我们就只能下意识地自动反应，而这又会强化孩子的我执，进而使双方的我执陷入相互对抗的恶性循环。

看清孩子的我执假面，打破亲子沟通怪圈

下面我们一起来弄明白，我们的我执是如何造就了孩子的我执，以及如何借助我们的第三个我来打破亲子间的沟通怪圈。

◎战斗型孩子

虽然战斗型假面可见于各种类型的孩子,但多见于焦虑的爆炸型、过度活跃的探索型和不羁的反叛型。这类孩子会把父母的否定或贬低视作攻击并回击。孩子的战斗型假面会激发我们的自我保护本能,使我们很难去同情和温柔地对待他们。但是,如果我们知道孩子是戴着假面的,我们就能理解他们的内心世界,并且借助下面这些话来温柔地引导孩子感受自己的内心:

我知道我让你难受了。我知道,我有时候可能会让人受不了。我让你生气了,对不起。我伤害了你的感情,你觉得我没有认可你,贬低了你。很抱歉给你带来困扰。你没必要用这种方式让我理解你。我理解你了,现在你可以放松下来了。

如果孩子还很小,你可以说得更简单些,例如:

妈妈惹你生气了?
爸爸吓到你了?
我知道你特别生我的气。很抱歉让你难受了。一会儿你可以告诉我,你到底有多生气。

当孩子戴上战斗型假面的时候，如果我们能顺其自然，不否定孩子，孩子就会觉得自己得到了接纳。这时，我们不能生气地大喊大叫，这么做是最没有用的。我们要承认，孩子戴上假面时我们也有责任。我们要理解，孩子这么做是为了保护自己不被我们伤害。我们不能因为孩子反应激烈就生气，而应为自己在其中发挥的作用承担责任。

我们的我执假面源自痛苦，孩子的战斗型假面也是如此。认识到这一点，我们就可以尝试去理解他们内心的痛苦。这种温柔的、富有同情心的做法，是帮助孩子摘下面具、回归本真的唯一途径。

◎修补型孩子

做父母的很难不爱戴着修补型假面的孩子，他们确实很合我们的心意。还记得前面那个上高中后突然变成"坏"女孩的阿妮卡吗？她就是那种典型的借助修补型假面讨父母欢心的乖巧孩子。虽然这张假面最终让她不堪重负，但确实让父母的我执感到心满意足。

正如我们可以从阿妮卡的个案中学到的那样，这是一个需要警惕的陷阱：如果我们没有注意到这张面具的欺骗性，我们就会利用孩子来满足我们自己的需要。这样做的结果是，孩子可能会牺牲自己来获取我们的认可，将来进入社会后也会容易被别人利用。因此，对于这样的孩子，我们需要特别小心，一定要抵制诱惑，避免利用他们来满足我们自己的需要。

最容易戴上这种假面的是过度讨好型和乐天型的孩子。这类孩子生性随和，很容易被父母呼来喝去，任意揉捏。我们也会为自己辩解："孩子同意了呀。""孩子就想按照我说的去做。"这样就不用面对我们自己的问题了。

如果我们能主动适应孩子（特别是讨好型的孩子）天生的气质，我们就能更加准确地识别出他们在面临压力时可能会戴上的假面。有了这份理解，孩子或许就无须求助于任何假面了。我们可以借助下面的语言让这些容易焦虑的孩子吃一颗定心丸，让他们知道自己当下的样子就很好。

我能看出你现在很紧张，你想做很多事情来解决问题。你想照顾我们，但这不是你的责任。可能你害怕不这样做我们就不爱你了，但我们肯定是爱你的。你已经做得很好了，不用再做更多了。记住，你已经很好了。

如果我们停止自动反应，转而用温和的方式帮孩子发现他们的我执假面，孩子就能逐渐体会到内心深处的真实感受，而不会觉得自己被评判或责骂。只有当我们的内心是富足的，不缺少价值感时，我们才能做到这一点。否则，我们就很可能利用孩子的我执来为自己服务，进而进一步强化他们的我执。深入地理解孩子能帮助我们适应他们，接纳他们本来的样子。

◎伪装型孩子

孩子之所以戴上伪装型假面，是因为他们迫切想要得到夸赞和认可。过度讨好型的孩子可能会下意识地沉迷于扮演超级明星的角色，以此来收获关注和掌声。内向的梦想型孩子也会戴上这种假面，他们这样做是为了避免被孤立或排斥。这类孩子可能会竭尽全力寻求关注和归属感，因为他们一直觉得别人在嘲笑自己的内向。反叛型的孩子也可能戴上这张假面，通过打破常规来获得关注。

戴上这张假面的孩子可能会比较像班级里的捣蛋鬼、滑稽演员、爱出风头的显眼包，或者桀骜不驯的"坏"孩子。他们会不惜一切代价、尝试各种手段去寻求关注。我们仿佛能听到他们心底的呼喊："你看到我了吗？你喜欢我吗？你在乎我吗？"只要认清了这张假面，我们就可以温柔地跟孩子谈谈心，帮孩子摘下它。我们可以这样说：

我关注着你呢，我一直都在关注你。我发现我特别喜欢你。你根本不用想办法来吸引我的注意。我以前没有注意到你有这样的需要，以后我会在这方面改进的。你是我眼里最重要的人，我会确保你能感受到这一点。

这张假面背后藏着潜意识里对得到关注的渴望。父母可以通过反思以下问题来担起责任：

我哪方面没做好,让孩子如此渴望得到关注?

我是否太关注自己的事情,以至忽视了孩子的需要?

我怎样才能更好地让孩子感受到我对他的关注?

伪装型孩子因本来的样子得不到肯定和认可而备感痛苦,于是戴上这张假面,以获得父母没能给予他们的东西。理解他们的痛苦能帮助这类孩子摘下假面,放心地展示真实的自己。

◎封闭型和逃跑型孩子

从某种程度上说,几乎所有孩子都可能戴上封闭型或逃跑型的假面,这取决于他们所受创伤的严重程度。虽然梦想型的孩子更内向些,但这两张我执假面与孩子的本性联系较少,而与孩子所受创伤的性质联系较多。父母越是缺乏觉知,因而伤害孩子或者忽视孩子的需要,孩子就越是会封闭自己,或者选择从痛苦的现实中逃离。

孩子戴上封闭型或逃跑型假面的迹象会从他们见到父母后的反应中表现出来。他们会躲着父母吗?会藏到自己的房间里吗?这些都是遭受了创伤并且想要远离创伤的迹象。这类孩子会藏在厚厚的盔甲里,以保护自己免受父母自动反应的伤害。一旦觉知到孩子的这些假面,我们就可以通过共情来温柔地引导孩子卸下盔甲。我们可以这样说:

我理解你为什么这样对待我。过去我伤害了你，所以你现在不相信我。你觉得自己不可爱，不重要，我要承担一部分责任。我想改正我的错误。我想告诉你，我错了，我应该对你更好一些。过去我没有意识到我的做法是错的，我想解决我们之间的问题，让我们走得更近些，因为你对我特别重要。

孩子这张面具背后隐藏着巨大的痛苦。看到盔甲后面哆哆嗦嗦、战战兢兢的内在小孩后，我们或许就能以孩子需要的方式走近孩子了。这类孩子好似受了虐待的小狗，生怕遭到更多否定和伤害。父母必须付出极大的耐心和关爱，才能让他们走出阴霾，沐浴在爱与快乐的阳光下。

觉醒实践

现在，我们继续谈如何关注孩子和你对孩子的反应——这是辨识孩子的我执假面时最重要的事情。注意孩子言行举止中的细微差异和没有说出口的感受，同时避免激活我们的我执假面，这一点非常重要。比起看清孩子戴了什么假面，防止自己再次戴上假面更难做到。

持续关注你的感受能让你避免被孩子的假面刺激。运动、冥想、休息和放松等关爱自己的做法能帮助我们在孩子闹情绪时保持冷静。面对孩子的我执假面的刺激，我经常借助下面这些问题来让自己保持冷静。这些问题针对的是亲子互动的不同方面。

- **孩子这是怎么了？**

    孩子有很多说不出来的感受。

    孩子很害怕，所以戴上假面保护自己。

    孩子情绪失控了，只有这样才能重新获得掌控感。

- **我这是怎么了？**

    我害怕失去掌控权。

    我担心自己是个不称职的家长。

    我怕孩子不尊重我。

- **如何认可我的内在小孩并治愈它？**

    你本身就是有价值的，你不必戴上假面来获得价值感。

    你的情绪由你做主，而不是别人。

    孩子的言行有问题，并不代表你的养育方式有问题。

    你的价值并不取决于孩子的状态。

- **孩子此刻需要我做什么？**

    孩子需要我全身心的陪伴，并保持心态平稳。

    孩子需要我在家里当一个成熟、理智、稳重的成年人。

    孩子需要我停止评判他。

孩子需要我理解他面对的困难。

时刻体会自己的内心感受对改善亲子关系至关重要，因为我们能借此觉知到孩子跟我们一样，心里也会感到痛苦和不安。若想疗愈孩子，理解他们是关键。只有用看待自身痛苦的方式去看待孩子的痛苦，我们才能走近孩子，理解孩子，进而提升亲子关系。理解造就联结。还有什么比把孩子的痛苦看作我们自身的痛苦更能帮助我们理解孩子呢？

第 14 步

如何与孩子说话

你的言行是烟幕

遮掩了你内心的痛苦

让我看不清这一切的根源

我要望向深处

我要深深地体会

我要关注你的伤痛和恐惧

那里才是需要疗愈的地方

读懂孩子的表面行为背后的真正需求

孩子有自己的语言，它们并不总是直接的、清晰的，其实成年人也一样。如果成年人都常常难以表达自己的内心感受，那么可想而知，孩子在这方面又会面临怎样的困难。如果我们小时候就能学会辨识和表达自己的感受，此刻就不会遭遇这样的困境了。我们未能察觉内心的信号，于是以各种不健康的方式草率地把我们的感受倾倒出去，甚至倾倒在我们自己身上，例如发怒、发脾气、不想见人、焦虑不安。我们必须主动且有意识地学习如何读懂内心的各种感受，再将其清晰地表达出来。

在表达方面，孩子与成人的不同是孩子会通过玩耍来表达自己的想法和感受。而大多数成人不喜欢和孩子一起玩，觉得浪费时间。当然，许多成人会陪孩子一起做运动，或者玩标准化的棋盘游戏，但若只是随意地玩玩呢？不可以。太无聊，没意义。但事实是：考验想象力的随意的玩耍是孩子使用的主要语言。如果我们这些父母无法用他们的母语与之交流，那么结果可想而知。

孩子生来就会玩耍，然后才会说话、分析、学习和工作。他们的主要语言是玩耍。因为，孩子欠缺批判性思维和实用性思维。他们的大脑仍在发育，至少在 7 岁之前都处于懵懵懂懂的状态。他们会通过形象和感官经验来解释他们的世界。他们不用文字和标签，也不会批判性地自我反思。他们生活在直接的感官体验当中。

孩子的幼年时期至关重要，因为这是他们最弱小、最易受外界影响的时期。由于缺乏分析思考能力，他们无法辨别外部影响的良莠。我们向他们抛出的垃圾越多，他们的思想就受到越多污染。相反，我们抛出的垃圾越少，他们就越能自由地感受和认识世界。7岁之前的几年对孩子的心理健康尤为关键，因为孩子的情感基础就形成于这一时期。

如果我们强迫孩子过早放弃他们的主要语言，转而进入标准化、竞争性的、由比赛、规则、分数和学校教育构成的世界，就会导致他们处于不利地位，因为他们不得不放弃自己的母语，转而去学习一门外语，即成人的语言。陪孩子玩耍意味着我们要进入他们充满想象和丰富可能性的世界，意味着我们要像小狗一样蹲在地上，或者像蛇一样在地毯上爬。当然，陪孩子玩耍可能会比较烦人，但只有这样才能进入孩子的世界，而非把孩子移植到我们的世界中。

大多数父母都不理解孩子是如何说话、思考和行动的。我们只会通过成人的眼睛从我们自身出发来解释他们的言行，因此常常犯错。如果我们能更好地理解孩子，双方的距离就能变得更近。这一步要讲的就是如何理解孩子的言行，以便提升亲子关系。

太多父母因为孩子哭来找我，这些孩子往往还不到7岁。

父母们不明白的是，孩子就是通过哭来表达痛苦的。他们还没有相应的语言来表达内心的痛苦或恐惧，于是只能哭，可父母却误认为孩子哭是不正常的。

当孩子以在我们看来是粗鲁或不敬的方式和我们说话时，许多父母的情绪都会被点燃，感到非常痛苦。记得马娅12岁左右时，曾有一次因为心情不好而对我说："我受不了你了！"这句话深深地戳痛了我，让我彻底陷入受害者模式。

"你怎么能这么对我说话？！我为你做了那么多，你的心怎么这么狠？"我不停地数落她，想让她为此感到难过。

最后她说："妈妈，我当时很生气，我不是那个意思。我的意思是我受不了了，不是受不了你！你为什么觉得一切都是在针对你？"

那一刻仿佛当头棒喝，让我彻底改变了自己的做法。我把她的话夸大到如此严重的程度，让我觉得自己非常可怜，没人欣赏，也没人爱。我的内在小孩被激活了。当我听到女儿的解释时，我的想法立刻转变了："哦，原来不是我理解的那样，她并非有意攻击我。我只是没有认识到，这是她生气时的说话方式。我得用别的方式去理解她的话。"如今，哪怕马娅又说了带有攻击性的话，甚至是"我讨厌你！"我也会把它解读为"我讨厌**这种事**，妈妈！"

通俗心理学圈子里流传着这样一句话："孩子知道怎么按我们的按钮。"这句话暗示着孩子知道我们的按钮在哪里，而按下这些按钮就是他们的神圣使命。这是一条彻头彻尾的谎言，甚至是有害的，因为这句话会促使父母对他们所谓的"恶魔"孩子产生戒备，觉得孩子就是要跟他们作对！这种思维方式预设了亲子间的对立和割裂，你发现了吗？

事实上，孩子既不知道也不在乎我们的按钮在哪里，他们也不是要跟我们作对。他们更在乎自己的生活，以及如何从中收获更多的乐趣。要摒弃孩子故意与我们作对的想法，我们就得理解这一事实。孩子能聪明地找到满足自己需要的方法吗？当然能！但这并不意味着他们是在故意骗我们，或是在故意跟我们作对。如果他们真的骗了我们，我们就需要反思："我到底做了什么，导致孩子必须用这种方式来欺骗我，而非直接跟我说他想要什么？"

父母们最常见的情绪爆发点之一是孩子对他们撒谎，伊莱就遇到了这种情况。他对儿子诺亚谎报大学成绩的行为非常生气。他原本以为诺亚成绩很好，一切都在掌控之中。但他后来发现诺亚一直在撒谎，甚至几乎挂科，因此对诺亚大发雷霆。伊莱带诺亚来治疗，生气地对他说："我想把你培养成一个诚实的人，你却成了个大骗子。你还有没有脸？我再也没法相信你了！"

诺亚低头听着。显然父亲的怒火对他打击很大，我只好介入。我问父亲："伊莱，你知道你儿子为什么说谎吗？或者说，人一般会因为什么原因说谎？你不觉得他撒谎是因为他不敢跟你说实话吗？他要是说了实话，你会大发雷霆的。你儿子撒谎是因为他在乎你对他的看法。撒谎表面上是件坏事，但如果深入分析，我们就会发现，撒谎也是他不想让你失望或生气的一种积极表现。"

我说这些话的时候，伊莱沉默不语，然后他说："你知道吗，有意思的是，我在高中时也对我父亲撒了谎。那时，他经常送我到我的小提琴老师家学琴。我讨厌拉小提琴，但我父亲特别看重这件事，所以我就配合地学了下去。但他送我过去之后，我经常不进老师家的门，要么去公园里坐着，要么去打球，要么打电话给朋友。我隐瞒了几个月，直到最后老师告诉我父亲，我没有去上课，把他气坏了。他一连好几个月都没跟我说话。我甚至没有机会表达我有多惭愧。我当时特别想告诉父亲我不是骗子，我只是怕他生气，但我一直没说出口。从那以后，我和父亲的关系就再也回不到从前了。你看，我跟我儿子现在也是这样，是不是很有意思？"

让我松了一口气的是，伊莱很快就体会到了儿子的感受，理解了儿子的困境。我经常对来找我治疗的父母说："如果你管得过严，让孩子担惊受怕，那么孩子自然会对你撒谎，以免让你感到失望和愤怒。他们说谎是因为他们在乎你的反应。要是不在乎，他们就不会费力对你撒谎了。"父母很难接受这种观念，因为我们习惯于认为说谎就要遭到惩罚。但惩罚只是治标之策，无法触及问题的核心。事实上，跟许多行为一样，撒谎也是反映深层问题的征兆和线索。如果只关注表面的行为，我们就会忽视深层的问题。撒谎就是最好的例子。从表面上看，这是典型的问题行为。但是，当我们扪心自问"这种行为的背后隐藏了什么"的时候，我们或许会惊讶于我们的发现。

你和孩子所有来自我执的与真我不一致的行为，都意味着**内心深处存在问题**。如果我们能记住这一简单的事实，我们就可以停下来，向内寻找隐藏在行为背后的真正需求。只有把外在的言语和行为解码，我们才能弄清楚内心的感受，这是我们外在行为的源头和根基。如果我们能从外在行为看到内心深处的问题，我们就能逐渐理清其中的因果关系。做到了这一点，我们就可以去共情、理解和联结，而不是忽视、否定和羞辱。

为了解读孩子的行为，了解他们内心的真实感受，我们需要反思下面这些问题：

孩子想通过这种行为向我传达什么信息？

孩子内心深处的问题是什么？它是如何产生的？我该如何帮孩子解决？

孩子此刻有多痛苦？

我需要调动哪些资源来帮助孩子？

不同的行为可能反映出不同的问题，痛苦的程度也会有所不同。搞清楚外在行为与内在问题的对应关系，需要我们花时间去认真观察和揣摩。

　　从这张反映内心痛苦层级的图画中我们可以看出，孩子的话很有可能激发父母的我执，除非父母能深入理解孩子的切身感受。图中的孩子说了许多刺激父母情绪的话，但心里却藏着各种说不出的感受。所以，理解孩子的潜台词十分关键。

我们可以把第一层级的痛苦看作表示拒绝的手掌。这时孩子的行为提示我们，有些事情已经不对劲了，不过孩子仍然有安全感，认为自己的需要终究会得到满足。我们可以把第二层级的痛苦看作旗形的警示标志。这时孩子变得更加抗拒了，但仍乐观地希望内心的需要能够得到满足。第三层级的痛苦像一团火焰。这时，由于自己的需要被忽视，孩子的情绪变得激动起来，心里非常沮丧。温度在上升，我们需要关注孩子内心的痛苦。第四层级的痛苦像一枚定时炸弹，这时，孩子与我们是对立和分离的。孩子觉得缓解内心痛苦的唯一出路就是在自己和父母之间竖起一道高墙。他们会避开父母，打碎一切象征喜爱或联结的东西。他们的痛苦程度极深，连最轻微的拒绝也无法承受。

第五层级的痛苦是风险等级最高的警报标志，是危险的代名词。到了这一层级，所有警钟都会鸣响，因为孩子正身陷极其强烈的痛苦中，随时会伤害自己或他人。这时孩子的内心与自己和他人都处于彻底的分离状态，觉得自己的存在没有价值。一旦发展到这种程度，父母应当积极向外界寻求帮助。

要增进亲密感，减少亲子冲突，父母就得了解自己和孩子的情绪状态，这一点非常重要。孩子的所有言行都是他们内心情感的反映，认清这一点是改善亲子关系的关键。

用共情和理解，安抚和肯定我执假面背后的孩子

一旦我们知道孩子的行为只是内在问题的反映，我们的做法就可能完全改变。我们不应对撒谎、无礼等表面行为做出反应，而应带着觉知反思这些行为："孩子到底在经历些什么？他真正的情感需求是什么？我该如何满足这些需求？"

与缓解我们内心的冲突时一样，我们得激活我们的第三个我，即智慧之我，让孩子感受到自己被理解和倾听。就像我们在第二阶段为自己所做的那样，我们现在要用共情和理解的方式来面对孩子内心的痛苦。接下来我要讲的是，当孩子戴上某张我执假面时，我们可以说些什么来帮助自己保持冷静。在接下来的多个案例里，我将用同一种模式说明如何安抚和肯定我执假面背后的孩子。

◎面对战斗型孩子

当孩子的战斗型我执被无价值感激活时，他们就会以某种方式攻击父母，以此重新获得掌控感。例如，孩子可能会说："我讨厌你！"那些拥有觉知、不会被自己的内在小孩控制的父母能主动适应孩子的情绪状态，并且努力在更深的层面上去理解孩子。他们不会去关注那些攻击自己的话语，而是把它们当作耳边风。他们会这样提醒自己：

我的孩子在展示内心的混乱和失控。外在的愤怒和沮丧映照的是内心的破碎和缺失。如果我也用情绪失控来回应孩子，只会制造更多混乱。身为父母，我的职责是理解并抚慰孩子内心的痛苦。

◎面对修补型孩子

当情绪被无价值感刺激时，修补型孩子会用"修补"的方式展示内心的焦虑和失控。他们臣服于父母的权威，努力遵从父母的愿望。这类孩子希望通过服从父母来减轻自己的无价值感，并获得肯定。他们的父母需要意识到孩子内心的痛苦，而不是简单地对孩子的我执假面做出反应，利用孩子的渴望为自己谋利。能看穿孩子假面的父母会这样提醒自己：

我的孩子一定急需得到认可、想要觉得自己有价值，所以才会如此乖巧和顺从。这不是真实的他。身为父母，我的职责是理解和抚慰孩子内心的痛苦，让他相信自己本来就是有价值的，而不需要委屈自己来获得自我价值。

◎面对伪装型孩子

伪装型孩子渴望得到关注。在缺少自我价值感的时候，他们会通过表演和搞怪来寻求夸赞和认可。觉醒的父母不会被这种我执假面所迷惑，而是会明白孩子的内心有缺失，例如价值感、归属感和存在感。深入体会孩子内心的父母能够看到孩子真正的需求,能够理解孩子害怕自己不被认同,也能向孩子保证他本来就是有价值的。他们会这样提醒自己:

我的孩子正试图吸引我的注意。我怎样才能满足孩子的需要,使他不必这么做呢?身为父母,我的职责是理解和抚慰孩子内心的痛苦。

◎面对封闭型孩子

当情绪受到刺激的时候,封闭型孩子会封闭自己,进入麻痹状态。深入体会孩子内心的父母能够感受到孩子的恐惧。这种恐惧源自孩子觉得自己不可爱、没价值。觉醒的父母不会对孩子的冷淡反应感到生气,而是会与孩子共情,带着觉知和爱去回应孩子。他们总是提醒自己:

我的孩子正在封闭自己,因为他感到不安,觉得自己不被关注。他失去了存在感和自我价值感,于是只能封闭自我来找回舒适感。身为父母,我的职责是理解和抚慰孩子内心的痛苦。我得想方设法让孩子感到安全,这样他才能慢慢走出封闭状态,再次信任我。

◎面对逃跑型孩子

当情绪被无价值感刺激时，逃跑型孩子会从现实中逃离，表现得冷漠、疏离，以此逃避难以接受的局面，减轻焦虑。这类孩子往往遭受过很多创伤和虐待，所以他们才会戴上如此坚硬的我执假面。深入体会孩子内心的父母能够看到孩子真正的需求，能够理解孩子的内心深处缺少自我价值感和存在感。他们会这样提醒自己：

由于童年的创伤，我的孩子正处于极度痛苦的状态。我对孩子的创伤负有直接或间接的责任。我得疗愈自己的病态模式，这样才能疗愈孩子的创伤。身为父母，我的职责是理解和抚慰孩子内心的痛苦。我需要改变过去的模式，从头开始建立信任和安全感。

* * *

你看到避免激活自己的我执，转而与孩子在情感层面建立深度联结的威力了吗？一旦觉知到孩子的表面行为只是内在状态的反映，我们就会与孩子的心靠得更近。我们不会觉得孩子在针对或攻击我们，不会下意识地自动反应，而能与孩子共情，全身心陪伴孩子，主动适应孩子的真实本性和内心需求，这才是我们能给予孩子的最珍贵的礼物。一旦自身的情绪不再成为障碍，我们就能真正理解孩子的情感状态，并以孩子的行为为线索，帮助我们建立更深层的联结。

觉醒实践

现在我们要把学到的方法付诸实践。请多陪孩子玩耍，游戏，或者参加有意思的活动。如果孩子年龄较小，每次玩的时间可以缩短些。这些近距离的亲子互动对提升亲子关系大有帮助。

反思孩子行为背后的深意，是理解孩子的感受、走进孩子的情感世界的关键。你可以通过自问自答的方式来觉知你和孩子的内在情绪状态："今天的情绪状态如何？感觉轻松吗？快乐吗？焦虑吗？乐观吗？兴奋吗？"这些深藏在心底的情绪都会影响我们和孩子的行为。如果再加上工作、考试和人际压力等应激源，你就有了一只潜在的情绪火药桶。

了解我们自身的情绪状态对理解我们和孩子的内心世界非常重要。我们要经常停下来观察自己和孩子的情绪状态。例如早上、中午或接孩子放学时，你的心情如何？孩子的心情又如何？你能做些什么来关照你或孩子的内心感受？如果你经常关注自己和孩子的感受，你就能参透行为背后的秘密，主动适应你和孩子的情绪状态。

我经常用下面的问题来提醒自己，以免被孩子的行为所迷惑：

我不喜欢孩子的这种行为，但其中一定隐藏着孩子想要传达给我的信息，那么这一信息是什么？

这种行为反映了孩子内心深处的感受，那么这是怎样的感受？

孩子之所以这样对待我，是因为他也这样对待他自己。我该怎么帮他？

孩子的行为不是对我的攻击，而是他内心世界的反映。我怎样才能读懂孩子的心？

这些问题有没有勾起你的好奇心，让你想要去帮助你的孩子？也许你可以为自己拟定一份问题清单，以便及时阻止你的我执被孩子激活。

第 15 步

不惩罚的话，要怎样做？

为什么我觉得我有权惩罚你
有权羞辱你，吼你，贬低你
占有你，支配你
伤害你，侵犯你的身体？

为什么我觉得只有恐惧才能让你记住
让你明白必须听我的话，否则就会挨骂
让我觉得我必须压制你，否则就会被你压制？

我为什么要相信这些有害的观念
这些让我与你对抗而非相互理解
让我把你当成敌人而非盟友的观念？

这些观念必须被连根拔起
付之一炬，再深深埋葬
这样我才能重新开始，再次出发

不再有你我之争，而只有相亲相爱
不再有耳提面命，而只有并肩前行
我们如师生一般，携手进步共成长

传统管教方式基本上是制造恐惧、欺负孩子

在养育之旅中有一个巨大的陷阱，是关于管教的。我写过一本书来讨论这个问题，书名是《失控》（Out of Control）。想深入了解的话，我建议你读读它。在这里，我会直接讲述要点。目前流行的管教做法是极其有害、缺乏觉知的，有时甚至是犯罪，它在很大程度上是一种惩罚，我们必须立即停止这样做。觉醒式养育不惩罚任何人，尤其是孩子。它不是用恐惧、控制和操纵来强迫孩子服从。我们可以采用完全不涉及控制的做法来教育孩子。

在详细介绍这种做法之前，我得提醒你注意，这部分内容可能会勾起你痛苦的回忆，因为我们这些父母大都是在传统的管教方式，即惩罚下长大的，大都受过责骂、羞辱、打屁股、关禁闭等惩罚。我想让你觉知到你对惩罚产生的各种看法，因为你的童年经历会严重影响你对本节内容的吸收。

首先我想说，惩罚无处不在。尤其令人不安的是，管教孩子的做法从未受到约束，好像这种做法是普遍认可的，甚至是天经地义的。我要告诉你的是，以惩罚的方式来管教是非常以自我为中心的做法，不仅会影响孩子，还会影响生活的方方面面。

传统管教方式基本上就是制造恐惧、欺负孩子。它残忍、懒惰、以自我为中心。父母羞辱、吓唬孩子，让孩子以为这样做是可以的，于是他们长大后又会继续这样对待他们的孩子，以为这种掌控孩子的做法是理所应当的。这些祸根都是在我们的童年种下的。

传统管教的核心原则是，父母有权采用任何自认为合适的做法去"纠正"孩子的行为。他们可以随意惩罚孩子，却美其名曰"教育"。所有父母都有权随心所欲地支配自己的孩子。想想看，所有父母都能这样做，而不管他们的觉醒程度如何，也不管他们有没有治愈来自童年的创伤。这种做法就像是就把原子弹交给情绪不稳定的人管理，很不明智，是不是？可我们就是这样做的。我们允许父母自由地伤害孩子的身体，否定孩子的想法，而无须承担任何责任。这种权力一旦落入不称职的父母手中，虐待行为就会无可避免地出现。可悲的是，孩子身边却没有人能保护他们免受父母的伤害。

父母认为他们有权对孩子做下面这些事情：

公开或私下羞辱孩子
用各种方式打孩子
对孩子大喊大叫
不允许孩子出去玩，把孩子锁起来
拿东西往孩子身上扔
不再关爱孩子
疏于照顾孩子
拿走孩子的东西

没有人质疑父母的判断，也没有人反对父母的权威，只有一些虐待儿童的极端个案除外，而这些个案也大多不为人所知。长期以来，父母一直通过惩罚来纠正孩子的行为。如果没有别的养育方式可供选择，现状就无法改变。

我们这些父母被赋予了侵入孩子的生活并肆意掌控他们的权力，没人敢真正阻拦。毕竟，孩子属于我们，是我们的财产。由于害怕遭到报复，我们不敢告诉父母他们的方式是错误的或有害的。大多数父母不敢像对待自己的孩子那样对待其他成年人。我们不敢"惩罚"身边的其他成年人。你知道为什么吗？

因为他们可能会通过以下方式报复我们：

断交
反击
向有关机构报告

正因为孩子弱小无助，我们才允许自己随心所欲地对待他们。这种做法非常危险，因此，认识到这种权力关系至关重要。觉醒式养育的作用正在于此。它让我们明白，过去的管教方式不仅过时，而且是有害的、病态的，会给孩子带来压力和负担，以多种方式破坏亲子关系。觉醒的父母知道，这种由我执主导的做法会侵蚀孩子的自我价值感。

传统管教方式靠的是恐吓、责备和羞辱。我们不知道还有其他的养育方式。有些父母或许不会打孩子，但他们仍然会在精神上摧残孩子。这种管教方式的根基是父母的我执。只要我执不受控制，它就会持续地侵蚀孩子的自我价值感、安全感和自尊。

真正的教育，并非来自强迫或操纵，而是来自孩子内在认知的自发成长

使用恐吓、责备和羞辱等手段，并不能如我们期望的那

样有效地教育孩子。真正的教育并非来自强迫或操纵，而是来自孩子内在认知的自发成长。而人为干预的手段都是用操纵和压迫来让孩子就范。确实，这么做会让父母暂时获得虚假的掌控感和权力感，但效果并不持久。父母没有意识到的是，随之而来的还有孩子的各种心理问题。历史上的独裁者们就是用这些手段来给他们的公民洗脑，让他们机械地服从命令。你希望你的孩子也被洗脑，变得充满奴性又顺从吗？还是说，你更想让他们在内心获得理解，而非因恐惧而被迫做出反应？

成年后，那些在压抑中长大的孩子要么会继续压抑自己，要么会压制别人。这是对自己和他人的侵犯。

我们常常认为，传统的管教方式是教育，对孩子有益，这完全是一种非理性的错觉。这种方式是彻头彻尾的虐待。只有认同这一结论，我们才会愿意改变自己的旧模式。

你愿意接受一整套新的理念，进入新的生命状态吗？你能想象你永远无须借助关禁闭、扇耳光或打屁股等方式来体罚孩子吗？你相信这一幕会成为现实吗？是的，这是可能的，只是父母必须"脱胎换骨"。

在实现觉醒式养育的过程中，我最初采取的措施之一是杜绝身体和精神暴力。做到这一点后，我接着开始摒弃一切涉及身体和精神暴力的语言和行为。虽然我在这方面做得并不完美，偶尔还是会发脾气，对孩子大喊大叫，但我在尽力减少这些有害的做法。我凭借的不是羞愧或自责，而是对自己内心创伤的疗愈，我一直在这本书里讲解如何做到这一点。随着时间的流逝和觉知的扩展，我越来越少采用这些有害的做法，和孩子的感情也越来越深。

觉醒式养育的基本原则：先改善关系，再矫正行为

那么，如何在不使用恐吓、责备和羞辱手段的情况下养育孩子？答案就是觉醒式养育。觉醒式养育的主要原则是**关系大于一切**。我经常提醒来访者：**先改善关系，再矫正行为**。

这句话是觉醒式养育的基本原则。我在这本书里谈的都是这件事的不同方面。如果我们问自己："我怎样才能体会孩子此刻的感受？"我们的心态就会彻底翻转，从控制转为协作。持续地关注这一点是加深亲子感情的关键。要想把觉醒式养育落到实处，我们就要做好三件事：**协商、设定规矩、结果教育**。它们是觉醒式养育的三大支柱。做好了这三件事，我们就能以美好的方式教育孩子，让亲子关系亲密如初。最重要的是，孩子会拥有自我价值感和强大的内心力量。接下来我会逐一深入解释。

觉醒式养育的三大支柱：协商、设定规矩、结果教育

◎协商

谈到与孩子协商，父母往往会面露难色。为什么？因为协商耗时费力。这没错，与孩子协商确实比发号施令更难。但是，比起不动脑筋地对孩子发布命令，协商是一种更加健康的做法，因为孩子能从中获得掌控感，也能感受到自己的想法被父母认可。如果生活可以掌控，所有人都会充分发挥自身的潜力。即使孩子无法真正掌控自己的生活，父母也要让孩子觉得他们拥有掌控权，这很重要。

孩子渴望掌控自己的生活。如果我们不假思索地抛给孩子一连串命令，并且期望他们服从，我们就会伤害孩子的自主性，促使他们远离内心的感受和直觉。而如果我们能与孩子协商的话，孩子就会感到自己是被尊重的，是有价值的。这时我们传达给孩子的信息是，他们非常重要，因此我们应当考虑他们的意见，听取他们的看法。我们没有轻视他们的思考，而是告诉孩子他们很重要，所以我们应该放慢脚步，在共同的协商中考虑他们的利益，促使他们形成自己的观点。我们会这样对待我们最好的朋友，那么我们为何不这样对待我们的孩子呢？

假如孩子想在你外出时在家里办一场聚会，而你不同意，那么你会如何处理？你会说："开什么玩笑？绝对不行！"还

是会迟疑片刻，考虑孩子的请求，就像对待朋友一样？也许你可以说："我知道你想办一场聚会，可是我不在家的话，我觉得这样做不安全。我们怎么做才能达成一致，让你我的需求都得到满足——你能办你的聚会，我能保证你和你的朋友们是安全的？"也许你的孩子会同意只在你在家时办聚会，而你也同意聚会时待在其他房间，让孩子拥有隐私的空间。或者，你们也可以做出别的安排。不管结果如何，关键是父母与孩子的协商过程。这么做可以让孩子感受到父母的尊重和关爱，而非被父母粗暴地控制和支配。

如果孩子发现我们愿意与他们协商，他们就能体会到被倾听、被尊重的感受。这是双赢的局面。如果我们能开放地与孩子协商，孩子就能卸下自己的防御，更容易接受对双方都有益的方案。他们明白这不是一场争斗，而我们是跟他们站在一起的。他们不再需要与我们争吵，而是能敞开心扉与我们一起寻找对策。这对加深亲子感情大有裨益。

协商的关键不是谁让步或谁获利，而是深刻得多的东西——我们在这当中表现出的态度。我们是同时关心彼此的看法，还是只关心自己的看法？我们透过协商传达给孩子的信息是，他们的声音同样重要。这么做能让他们学会发出自己的声音，让他们意识到他们很重要。

我们在协商中可能会感到情绪激动、困难重重，有时难以达成一致。这没有关系。关键不是轻松得出结果，而是让孩子知道我们愿意与他们商量，因为我们尊重他们的想法。简单地说，协商就是向孩子表明，无论他们年龄有多小，他们都值得被倾听，值得被当作自主的个体来对待。

我能听到你在反对："但我们不能事事都和孩子协商。有些事情没法商量。"是的，但**总有**一些事情是可以商量的，找到它们是关键。之后我们会进一步讨论这个话题。不过，在你急着罗列各种没法协商的事情之前，我想先告诉你，生活中这样的事情并不多。如果我们说某件事没法商量，那就说明它是法令。我们想让孩子生活在充斥着各种法令的环境里，还是想让他们觉得家里是个什么都能公开讨论和商量的地方？你更想生活在哪种环境里？

对于没法商量的事情，我们要明白，这种事多了就会导致僵化和压抑。生活太复杂，各种因素盘根错节，完全没法商量的事情真的不多。太多死规矩会扼杀自由，因小失大。

说某件事不可协商，意味着身为父母的我们在紧急叫停，在控制局面，也意味着我们在运用权力，并且不听他人意见。这种做法只适用于不能妥协的情形。然而我们也知道，如果死规矩太多，生活就不可能舒心。例如，如果我们规定了吃饭或睡觉的时间，而且不容商量，那么我们就有可能经常遇到孩子的想法与之相冲突的情形。由于孩子总是有各种各样的想法，倘若没有商量的余地，争吵就是不可避免的。你想日复一日地与孩子争吵吗？还是通过协商与孩子确定一个宽松的时间范围?这样一来,我们就不会频繁地陷入与孩子的冲突之中,也能始终对生活里出现的新情况保持开放的态度,而不必让自己承受过多的压力。

说实话,我想到的不能协商的事情都与安全有关。如果是危险行为,例如酗酒和吸毒,或存在安全风险,例如可能伤到自己或他人,那么设置红线就是必要的。而对于其他事情,我都会保持开放的态度,以便充分考虑各种可能性,而无须把自己和孩子逼入死角。

从成长和变化的角度看,生活就是一场接一场的协商。只要你愿意,你就可以去交易或交换。这是互惠互利,既不以大欺小,也没有"不听话就滚蛋"的念头。我们把自己置于变化的洪流里,其中的大小因素都需要考虑和尊重。

把养育子女的过程看作一系列的协商,这种做法折射的是我们处理亲子关系的态度。协商的结果是设定规矩。有了规矩,一切就会井然有序。但我们首先得端正态度。从合作而非对立的角度看待育儿过程中的各种问题,能让整个局面发生改变。只有采用合作的方式,才能让孩子与我们达成共识并共同努力,而非让双方陷入争斗。这么做不会带来压力和冲突,而是快乐与亲密。

◎设定规矩

我们为自己和他人设定规矩的方式,会深深地影响我们在关系中的表现。如果不了解自身的界限，我们就会不明所以地在关系中陷入无助的境地。对养育孩子来说，这种认识尤其重要，因为孩子总是给我们出难题，似乎想借此试探我们的底线是什么。如果不清楚如何解决这些难题，我们就会搞得一团糟，让孩子备感困惑。接下来我们会详细谈谈如何用觉醒的方式来设定规矩。

现代心理学对这个话题有很多讨论。似乎许多人际关系问题的解决之道都是设定规矩。从一定程度上说，这或许没错，但我们还是要小心，因为这里藏着一处陷阱。如果我们缺乏觉知，我们设定的规矩就会变成我们拿来抵御外部伤害的墙。这些规矩由我执的恐惧和控制欲筑成。它们应当被称作墙，因为它们存在的目的就是让别人远离我们的生活，以防他们给我们造成更多痛苦。我们不是去抚平和治愈伤痛，而是把它们隔离在外。这样一来，我们就无须付出必要的努力去深入地理解自己了。

设定规矩并不总是对外部世界的反应，尽管有时是这样。规矩不应源自恐惧和控制这种自动反应，而应来自成长和觉醒。其深处不是恐慌和害怕，而是对自己的爱和稳固的自我价值感。如果有人伤害了我们，我们不应建一堵墙把对方隔离在外，而应怀着对自己的爱和稳固的自我价值感，决定我们愿意接受什么和不愿接受什么。我们可以接纳那些不会伤及我们日益增长的自尊的人，而将做不到这一点的人拒之门外。我们的规矩不针对某个具体的人，而只取决于我们对自己的认知和感受，以及我们认为他人应当如何与我们相处。你发现这其中微妙而巨大的区别了吗？

现在，我们也要用同样的眼光来看待育儿工作。我们都想给孩子设定健康而灵活的规矩，而非怀着恐惧或控制欲把他们挡在墙外。那么该如何设定规矩呢？首先，我们要做好心理建设：我们得静下心来，诚实地面对自己，还得理解我们想要的规矩的本质。请记住，不要下意识地在我们和孩子之间筑墙，而是要在生活中体现我们的原则。之后，这些原则自然就会以规矩的形式表现出来。这些原则与孩子的行为本身关系不大，而更多地取决于我们自身的生活方式和生命状态。

例如，我们不让孩子吃巧克力饼干不是怕孩子吃得太多，进而导致发胖，而是因为我们意识到它不健康。我们限制孩子使用电子设备并不是因为孩子成绩不好，而是因为全家人都应该少用电子设备，以防影响家人之间的关系。所以我们才约定所有人都不能在夜间使用电子设备，或者在卧室看手机。你看到这其中的差别了吗？前一种规矩是对他人行为做出的反应，而后一种规矩来自一种生活哲学，它更稳定、更持久，并且适用于所有家庭成员。

我们的规矩如果只是对他人的反应，就会常常显得模糊不清、经不起推敲。它们既没有经过深思熟虑，也缺少生活哲学的支撑。而如果我们已经对规矩与我们的深层关系进行了深入的思考，这时设定的规矩就会变得更加清晰和稳定。在思考这一深层关系的过程中，我们需要反思以下四个关键问题：

1. 规矩究竟为谁而设？

我的规矩满足的是我自己的需要，还是孩子的需要？这是我们要反思的一个关键问题。许多父母想不到这一点，因为他们认为设定规矩完全是为了孩子着想。然而现在我们已经知道，很多时候事实并非如此。我甚至可以说，我们设定的规矩主要源自我们自己的（而非孩子的）期待和欲望。

例如，如果我们规定了孩子练习钢琴的时长，我们就得问自己，孩子学琴到底是为了我们，还是为自己？如果是为自己学，孩子应该愿意练琴才对。孩子喜欢弹钢琴吗？要是喜欢，我们为什么要担心孩子练得不够？我们是否过于固执己见，是不是应该灵活一些，让孩子来决定练多久最合适？

再以规定就寝时间为例。我们是根据孩子需要的睡眠时长和独特的睡眠习惯来设定时间，还是为了方便我们上网追剧？我们定下的大多数规矩都是为了服务于我们自己的目的，因此它们会**强化我们的我执**。它们源自我们的幻想、计划和期待，而没有考虑孩子的需要和愿望。

这就引出了我们需要反思的第二个问题：

2. 我的规矩是强化了我执，还是改善了生活？

这是什么意思？如果规矩强化了我们的我执，那么我们定下这样的规矩就是为了满足自己的需要或愿望。而能改善生活的规矩与此不同，它们符合孩子的最大利益，并且几乎在全世界都经受住了时间的考验。能改善生活的规矩有哪些？比如有保持良好的卫生习惯，接受教育，保持健康，不伤害自己或他人，以及参加社区生活。你发现这些规矩跟弹钢琴或打篮球有多么不同了吗？能改善生活的规矩对孩子的自我价值感和幸福至关重要，少了它们，孩子在生活中会寸步难行。而强化我执的规矩只是父母念兹在兹的特殊欲望，孩子并非必须满足这些欲望才能在这个世界上生存或发展。说实话，我从来都没有打过篮球，但我过得也不错。我也不是什么了不起的钢琴演奏者。你明白我的意思了吗？

你可能会说："好吧，沙法丽医生，可是如果我家孩子只想玩电子游戏，我要是同意的话，那孩子岂不是会玩个不停？"这里需要强调的是：如果孩子想做的事情是不健康的，那么对这些事情让步也是不健康的做法。你发现为什么玩太多电子游戏不健康了吗？我对这个问题的回答是："孩子想长时间玩电子游戏是他们的我执的需要和欲望，这些需要和欲望终究是不健康的。你可以去管教孩子，通过协商定一些规矩，因为这样的规矩能保护孩子不脱离现实生活。"健康的规矩能防止孩子远离自己的内心，远离我们。这样的规矩综合考虑了孩子的本性和需要。如果我们拿不准某件事是否对孩子有益，我们就要以孩子的幸福为出发点，据此来考虑到底该如何做。

如果想为孩子玩电子游戏设定规矩，我们或许可以这样说："你的身心健康是我最看重的。玩太多电子游戏对你的身心健康没有好处。它把你封闭在房间里，你就没法跟家人和朋友交流了，也没法出去玩或参加运动。我尊重你想玩电子游戏的心情，但你也得尊重你自己。我们怎样才能商量出一套办法，让你既能玩到电子游戏，也能保持身心健康呢？"

当我们坚决主张玩太多电子游戏不利于孩子的健康时，他们或许不欢迎我们在这件事上设定规矩。但是，他们会理解我们的出发点。当他们发现我们这么做是为他们着想时，他们或许会乐于提出新的解决方案。

我们需要反思的第三个问题是：

3. 我的规矩必须严格执行吗？

我的规矩是写在柔软的沙子上，还是刻在坚硬的石头上？我们得想清楚，我们设定的规矩应该是严格的还是灵活的。我们需要问自己：

我的哪些规矩必须严格执行？
我为什么要定这样的规矩？

我能让它们持久地发挥作用吗？

刚做母亲时，我浑身充满了幼稚的傲慢。我冒失地在大多数事情上定下了严格的规矩。我觉得好父母都是这么做的——有固定的时间表和计划，而且无比清晰、一以贯之。所以我一开始为女儿设定了许多这样的死规矩，我认为只要坚持下去，它们终究会成为生活的常态。

例如，我有一份晚餐后需要做的事情的详细时间表：7点洗碗，7点15分给女儿洗澡，7点30分给女儿讲故事，7点45分让女儿睡觉，8点前完成所有事项。可想而知，计划常常赶不上变化。看到时间一分一秒流逝，我心里急得要命。只要发现女儿吃饭磨磨蹭蹭，或者洗澡拖拖拉拉，我都会感到莫名的烦躁和沮丧。然后有一天，我停下来问自己："为什么要把女儿的睡觉时间规定得这么死板？谁说必须晚上7点45分准时上床？为什么就不能在晚上8点到9点之间随意安排呢？为什么我要制定这么死板、只有机器人才能遵守的规矩？"当我发现没人拿枪顶着我的脑袋要我这样做时，我长出了一口气，顿时感到压力减轻了很多。我当时就决定不再人为地为女儿设定各种死板的规矩，因为它们严重影响了女儿的情绪和主动性。

如果你的孩子在浴缸里玩得特别开心，你大可以俯下身去，陪孩子一起玩。你没必要设定那种刻在石头上的死规矩，是不是？卸下你的压力，享受当下的精彩和乐趣吧。如果你的孩子睡前比较烦躁，安静不下来，你也应该理解他们的心情，给他空间平复心境。在这两种情况下，你都可以选择平静和放松，而非压力和控制。你有没有发现，这种"随机应变"的新方式（即把规矩写在沙子上，而非刻在石头上）带来的自由和乐趣要多得多？而制定并执行严格的时间表会让孩子内心的压力持续增加，直到"火山"最终爆发。

传统养育方式的典型特征是有许多始终不变的规矩。虽然这些规矩非常理想，但并不现实，规矩也不可能永远不变。我们平时可以不让孩子看电视，但假如妈妈生病了，没人看孩子，那么这时或许可以允许孩子看电视。你明白我的意思吗？如果我们定下死规矩，我们就会把自己逼到墙角里，一旦达不到这些本就不可能达到的标准，我们就会感到沮丧。

如果我们的规矩是写在沙子上的，我们会更加放松。写在沙子上的规矩不等于没有规矩。我们只是把它写在沙子上，随时准备让风把沙粒吹向一边或另一边，改变它的形状。我们的态度是开放和灵活的。我们可以对孩子的生活做出大致的安排，例如晚上 8 点左右上床睡觉。这里的"左右"二字折射出一种轻松的心态和宽松的氛围，促使我们去适应生活的无常，而非谨小慎微、追求完美。把规矩写在沙子上的另一种做法是这样告诉孩子："我看得出你真的很想去朋友家住一晚（或者很想要一部智能手机）。我理解你的心情，只是现在还不行，不过我们可以过几个月（或者过几年，具体取决于是什么事情）再讨论这件事。"你看到我们如何既肯定孩子的愿望，又采取在心理层面对孩子最有益的做法了吗？

许多父母很难接受这种做法，觉得这样的规矩模糊不清、让人费解。我理解这种想法，不过我们可以换一种角度思考，看到模糊背后的灵活。只要确定了规矩的大框架，即从某种生活哲学出发，而非针对具体的人或事，我们就能在这一大框架下灵活处理。

如果我们的生活哲学中包含健康饮食，那么偶尔灵活对待，比如晚上吃点冰淇淋，或者在生日聚会上吃点甜点，也是一件乐事。这种灵活并不是犹豫不决，而是在当下保持轻松和弹性。如果我们觉得95%的生活习惯都是健康的就行，我们就可以更加轻松地对待我们定下的规矩。

最后，我们需要反思的第四个问题是：

4. 规矩要如何传达？

传达规矩靠的是控制还是真心？这是我们在带着爱与觉知设定规矩时要问的另一个关键问题。我们的语气和态度传达的是爱和关心，还是支配和控制？我们的口吻像总司令，还是像盟友和伙伴？我们是单方面下命令，还是邀请孩子合作？

下命令的方式是这样的：

马上收拾你的房间!

赶紧写你的作业!

建立伙伴关系更像是这样:

嘿,这位小朋友,我知道你现在很累,但你能在5分钟内开始收拾你的房间吗?

嘿,亲爱的,我知道你很喜欢看这个影片,可是时间不多了,我们马上要开饭了。你打算什么时候写作业呢?

你看到这其中的区别了吗?在你和别人相处时,你更喜欢哪一种方式?你是喜欢别人对你发号施令,还是喜欢他们亲切地邀请你与他们合作?孩子跟我们一样,也希望得到尊重和重视。

同样,就算我们要求孩子做一些在我们看来是有益的事情,例如给他喝蔬果汁,或者捐衣服给慈善机构,但只要用控制的态度去做,我们最终得到的结果和对他们大声下命令是一样的。重点不是我们说话的内容,而是说话时的语气和精神状态。我想起在女儿小时候,我曾教她锻炼。假如我用高压手段来教她的话,她肯定不会学的。我不能对她大喊:"吸气!一、二、三。呼气!一、二、三。"那太奇怪了。

由此可见,一切都取决于我们的语气和精神状态,因为这些因素背后是我们对亲子关系的深入觉知和尊重。孩子是我们养育之旅中的伙伴，还是我们的奴隶？如果经常反思这类问题，我们就能带着觉知去协商，促进我们与孩子的互动，提升亲子关系。我们可以在我们与孩子之间搭建桥梁，而非制造障碍，这样孩子就会觉得我们是跟他们站在一起的，而不是在与他们作对。如果我们能记住，提升亲子关系是首要目标，我们就能有效地制定规矩，并让它们持久地发挥作用。

◎结果教育

下面我们来谈谈结果教育，以及它在觉醒式养育中意味着什么。说到底，孩子过的是他们自己的生活。也就是说，他们得承担生活中的各种后果。完美主义者要承担追求完美的压力，得过且过者要承受得过且过的后果，拖延症患者和超级上进者也都要承担各自行为的后果。每一种生活方式都会有相应的后果，而我们无法替孩子控制这些后果。

你知道允许孩子面对自己行为的后果的最大回报是什么吗？当孩子能直接从自身行为的因果关系中学习时，他们的成长是最快的。最深刻的学习来自亲身体验，这道理我们都懂，可是一到养育孩子的时候，我们往往就忘了。我们有一种错觉——孩子是属于我们的，我们有责任干预孩子的决定和由此造成的一切后果。这对我们来说是多么大的负担啊！

实际上，干预孩子的决定及其后果不是你的职责，尤其在孩子达到一定年龄后，比如十三四岁。到了一定的时候，我们就得放松对孩子的控制，让他们自己去面对问题。这不是残忍，而是因为我们从自己的生活经历中知道，这么做是学习和成长的唯一途径。当我们明白，孩子通过亲身经历可以获得最快的成长时，我们就可以退后一步，让孩子从结果中学习。我们不是必须教训和惩罚孩子，他们自然会从承担后果的过程中了解。

例如，如果我们16岁的孩子没有按时完成家庭作业，我们不必用惩罚去吓唬他。为什么要破坏亲子关系呢？老师自然会让他知道这么做的后果，让他去面对这一切吧。你可能会说："要是他不在乎呢？"我的回答是："你没法让他在乎，你的惩罚也没法让他在乎，而只会让他心生怨恨，产生隔阂。"

结果是人生最好的老师，比任何形式的胡萝卜和大棒都有效得多。当孩子感受到结果带来的奖励或惩罚时，就会知道该如何采取下一步行动。你得主动让出位子，允许孩子去亲身经历。由于我执的存在，要做到这一点非常困难。我们太想影响孩子和他们的决定了，所以无法放手让他们自己解决问题。

在大学就读工程专业的22岁的梅丽莎决定去烹饪学校学习烹饪，这可愁坏了她的父母。他们认为女儿这么做是在给自己降级，并且对女儿没有发挥出他们认为的潜力而愤怒不已。他们想影响她的决定，以便满足他们自己的期待，而不允许梅丽莎弄明白自己喜欢什么，不喜欢什么。他们为了这件事与梅丽莎对抗了半年，直到梅丽莎最终来找我治疗。

在这半年中，梅丽莎患上了饮食障碍，因为她的决定严重影响了她和父母的关系，这让她承受了巨大的压力。直到她的父母来到我的诊室后，情况才开始改观，只是一开始改变得非常缓慢。我花了很长时间才让梅丽莎的父母明白，梅丽莎必须从自身（而非他们的）决定的因果关系中学习。他们必须停止干涉她的生活。从梅丽莎13岁时开始，这种干涉就应该结束了。经过多次解释，梅丽莎的父母终于明白放开对女儿生活的控制有多么重要。他们终于意识到，他们对女儿生活的过度干预就是她罹患饮食障碍的直接原因。疾病只是她拿回控制权的一种方式。梅丽莎的父母不情愿地放松了控制，允许她去学自己想学的技能。如今，梅丽莎已经成为一名优秀的厨师，她对自己的职业充满了热情，并且乐在其中。

父母常常不知道如何放手，也不清楚管得太多的害处有多大。我们对孩子的过度干预十分严重，尤其在当下这个时代。生活越富裕，我们对孩子的管束也越多，这对孩子很有害。孩子进入青春期后，我们就要学会逐渐放手，斩断"脐带"。孩子上大学后，我们必须彻底放手。我们得逐渐允许孩子独立做决定，并遭遇失败，而非试图去"救火"。我们也应鼓励孩子逐渐学会独自承担责任，实践自己的想法。

觉醒式养育主张生活是父母养育孩子时的最佳拍档。当父母能控制自己的我执时，他们就会意识到自己并不是孩子最好的老师。最好的老师是孩子的亲身经历。因此，觉醒的父母明白自己可以站到一边，让生活为孩子传道授业。与父母相比，生活能教给孩子的要多得多。

例如，当孩子想同时学习棒球和篮球时，觉醒的父母不会说："选一个项目就行了，同时学太难了。"而会说："没问题，去试试吧。要是觉得吃力，稍后可以放弃一个项目。"如果孩子的日程表已经很满了，或者同时学两个项目会超出预算，觉醒的父母会说："你要真想学，我们就先学一个项目，再学另一个项目。这样每个项目你都能专心学习。"你感受到以上两种做法之间微妙而巨大的区别了吗？第一种自以为是的做法意味着父母试图影响孩子的决定，而第二种做法意味着父母相信生活会给孩子指明方向，父母会与生活联手来养育孩子。

我们要允许孩子体验自身决定带来的痛苦和挣扎，要尽可能少地干预他们的生活。他们心碎时就让他们心碎吧，他们失望时就让他们失望吧。没关系，他们不会被打倒的。关键是我们要如何应对。如果我们让孩子知道，我们相信他们有能力渡过难关，他们就不会害怕，并且能战胜困难，尽管有时也会哭泣和挣扎。

我知道，父母看不得孩子遭受痛苦，但痛苦是最好的老师。要培养孩子的适应能力，你就要允许他们去体验生活，而不论他们的生活中具体发生了什么。如果有个人缘很好的孩子过生日时没邀请你家孩子，你可能会本能地出面解决问题。也许你会给那个孩子的父母打电话，恳请他们邀请你家孩子。觉醒式养育不建议这样做。从觉醒式养育的角度看，这是宝贵的人生经历，它会告诉孩子，你不能指望所有人过生日时都邀请你，也不能期待跟所有人都成为朋友。我们要允许生活告诉他们这一切。相信我，生活会做到这一点的。我们害怕这种事会让孩子受不了，所以才想要保护他们。我们口口声声说希望提升孩子的适应能力，却总是不让他们经历能帮他们做到这一点的生活，这非常讽刺。

摆脱了打屁股、吼叫等传统管教手段，我们就能建立起相互尊重、能激发孩子主动性的新模式。在这种新模式下，孩子能够在亲子关系中拥有安全感，进而会毫无顾虑地独立做出各种决定。我们在他们眼里是伙伴，而非长官。当我们携手面对生活中的困难时，孩子会知道自己的声音有人聆听，自己的需要有人考虑，进而对生活充满热情。而那种发号施令的不平等的旧模式只会让彼此渐行渐远，让孩子失去对生活的掌控感。抛弃旧模式背后的陈腐观念后，我们就能重塑亲子关系，与孩子建立牢固的情感纽带。

觉醒实践

这里有一份清单，列出了一些基于重要观念的日常提醒事项。我建议你把它贴到冰箱上，随时提醒自己。

我们要注意这些事项，督促自己带着觉知去养育孩子。我们也可以把下面这些表达肯定的话语贴在显眼的地方，提醒自己用爱去养育孩子：

- ✓ 不打人，不体罚
- ✓ 不骂人，不羞辱
- ✓ 不吼叫，不训斥
- ✓ 不试图减轻孩子的痛苦
- ✓ 不干涉孩子的决定
- ✓ 不逼迫孩子做事情
- ✓ 孩子是我人生旅途中的伙伴。
- ✓ 孩子的大脑还在发育，所以需要我的耐心和友善。
- ✓ 孩子涉世未深，所以需要我的关心和关注。
- ✓ 孩子是独立的个体，渴望得到尊重，跟我一样。
- ✓ 孩子不是我的敌人，不是来为难我的。
- ✓ 孩子的行为并不是针对我。
- ✓ 孩子不想被羞辱或贬低，跟我一样。

当我们用这些原则来提醒自己的时候，我们就能唤醒心中的温柔与爱，进而去关心孩子，理解孩子，就像我们希望别人对待自己的方式一样。觉醒式养育不需要依赖惩罚这样的陈旧管教模式。觉知到这一点，你在养育路线图上就前进了一大步。

下面列出了一些你可以带着新的觉知去实践的事情。你也可以把它们贴在显眼的地方，时时提醒自己。

√ 相信生活会教给孩子需要知道的东西。
√ 倾听孩子的感受和愿望，让他们觉得有人理解自己。
√ 耐心对待孩子的挣扎和失误，他们还在成长。

当你运用我们建议的新原则时，你与孩子的关系会显著改善。你不仅能帮孩子建立安全感，还能增强他们的自我价值感和存在感。这是多么棒的前景呀！如果我们都能恣意怒放，这个世界会不会好很多？这就是我们通过疗愈内在小孩期望达到的结果。我们应努力开发内心力量和自我价值感的宝藏，大力扫除自惭形秽和自我厌恶的蜘蛛网。随着你的进化，你与孩子的关系将达到梦寐以求的新高度。终有一天，这样的亲子关系会让孩子的巨大潜力得到充分显现和释放，让孩子脱胎换骨。这就是觉醒式养育的巨大力量。

第 16 步

重新看待犯错

生活中充满了曲折和坎坷
刚撞死胡同,又遇发夹弯
我们伤心失望,不幸破产
我们丢掉工作,累得够呛
我们迷失方向,心神惶惶
这就是生活,这就是人生
关键是从绝望中寻找希望
雕琢打磨,变璞玉为珍宝

害怕孩子犯错的背后，是父母对控制和完美的需求

我们这些父母很难放弃修补型和控制型的我执假面，尤其在面对孩子时。当孩子的生活失控时，我们也会觉得自己的生活失控了，于是拼命控制孩子，强迫他们按照我们设想的电影剧本生活。

要控制生活是很难的，对吗？更别提再加上两三个孩子了。每多一个孩子，生活都会变得更加难以掌控。如果生活变得越来越复杂，我们的焦虑水平也会跟着直线上升。我们会安排一长串事情让孩子做，借此收紧对他们的控制。我们通过这种方式让事情尽可能不出意外。因为我们总是误以为自己知道接下来会发生什么。

可是，假如孩子不按我们脑中的电影剧本行事，或者犯了错误，让我们的计划泡汤了，结果会怎样呢？我们会失去理智，大为光火。这种情绪会让孩子感到羞愧和自卑，对孩子的勇气和开拓精神造成长期的负面影响。

用暴力和权力来控制孩子从来都不是好事。这种做法最终会侵蚀亲子关系，破坏亲子感情。当生活未能按照我们的剧本或完美的设想发展时，这种做法只反映出我们在应对上的无能。

让我们情绪失控的从来都不是孩子犯错这件事，而是他们演砸了**我们的**剧本，这才是问题所在。如果我们烤饼干烤得正

开心，这时有人把一碗面粉撒到了地板上，那么我们或许不会生气。为什么？因为我们此时心情还不错。但是，假如我们正急着去开会，孩子却偏偏在这个节骨眼儿上把一碗面粉撒到了地板上，那么我们八成会暴跳如雷。同样都是一碗面粉，区别只在于这件事有没有干扰我们当天的安排。但是，我们不愿意承认自己的控制欲，也不愿对孩子说："我控制欲太强了，所以才受不了你犯错。"而只会羞辱孩子："你这是干什么？你怎么这么笨？！"你看到这其中的区别了吗？

我们首先应该承认我们内心深处的需求。羞辱孩子的做法是把责任归咎于孩子，让孩子为自己的错误内疚。这会让孩子以为犯错是不好的、可怕的，是令人羞愧的。你知道传递这样的信息是多么有害吗？我们不愿承认我们对控制和完美的痴迷，也不愿在我们心里解决这些问题，于是孩子接收到的信息就是，因为他们犯了错，所以他们是"坏"孩子。然而，人非圣贤，孰能无过？

所有人都会在生活中犯错，你和孩子也同样如此。犯错不是因为我们"坏"或有问题，而是因为我们是人。犯错是正常的、不可避免的。孩子和大人都不应该害怕犯错。要让孩子知道犯错和失败并不可怕，唯一的方式就是接受失控和生活中的不完美。只有承认我们对控制和完美的需求，我们才能避免让孩子为犯错和失败感到恐惧和羞愧。

我们之所以想要控制自己的人生剧本，是因为我们小时候常常体验到失控的感觉。我们也曾因为犯错而被害怕失控的父母严厉责罚。你看，我们今天仍然在重复这个怪圈。那么，怎么才能跳出这个怪圈？我们首先要真诚地改变我们对犯错和失败的态度。我们需要认识到，我们在犯错时的自我批评有多么激烈，我们对自身的责备和评判有多么严厉和严苛。我们对别人的投射就来源于此，是不是？我们怎样对自己说话，就会怎样对别人说话。我们内心深处的自我对话往往是严厉、苛责和评判性的，我们对自身的不完美感到羞愧，还会把这种羞愧传给孩子。当孩子表现得不完美时，我们会像对待不够完美的自己那样严苛地评判他们。当孩子被我们评判和羞辱时，他们与我们的感情就会遭到破坏。他们会开始对自己感到不满，进而又会对我们与他们的关系感到不满。由于他们在我们身边无法获得被肯定的感受，于是他们开始避开我们，或者避免向我们展现真实的自己。不管怎样，我们和他们的关系都会受到影响。

我的来访者塔米仍旧记得，在她9岁左右时，她因为科学课作业做得不好而被父亲责骂。"他对我吼了至少10分钟，不停地说我不注意细节，说我是个又懒又邋遢的女孩。我知道只有10分钟，因为我着急去上游泳课，可感觉却无比漫长。我觉得我没法准时赶到了。他让我觉得自己是个废物。我真的觉得自己是这个世界上最失败的人。你知道，我父亲是个研究员，所以他非常看重几个孩子在学校里的表现。我一点也不像他。我从小就讨厌科学，觉得科学很无聊。我更喜欢美术，可他从来都不理解我。他希望我像他一样,精通科学分析和学术研究。可他对我大喊大叫以后,我并没有埋头苦读,反而开始破罐子破摔了。他让我觉得自己能力太差,所以我干脆不学了。我太害怕失败了,以至于再也不愿意去尝试。从那以后,我就不再努力了。我高中时辍了学,现在几乎不跟我父亲说话。在我的整个青春期里,我们的关系一直都不好。"

对失败的极度恐惧严重影响了塔米的正常生活,她几乎成了一个与世隔绝的人。她极其害怕犯错,宁愿不去尝试。她还在接受我的治疗。我们正在一起努力,好让她从内心深处的自我苛责中解脱出来。可是,要做到这一点是很难的,因为她小时候已经形成了这样的习惯。她那个追求完美、充满控制欲的父亲已经把这种无情的苛责钉进了她的心里,他对女儿的苛责已经内化为女儿的自我苛责,因此塔米很难从中走出来。

需要再次提及的是,父母缺乏觉知并不是他们本身的错,他们也只是按照自己小时候习惯的方式行事。如果他们小时候已经习惯于自我厌恶,那么他们长大后就会自然而然地把这种厌恶投射到外界当中。他们对自己缺乏宽容和共情,于是也会这样对待我们。然后,这一病态模式就会世世代代地传递下去。

事实上,我们都是人,注定不是完美的。而且,人生本来就是不完美的,既无法预测,也无法控制。任何偏离以上现实的想法都应该被彻底摒弃。我们越早抛弃完美和控制的想法，就越能在生活不完美和不受控时接受现实。那种我们和我们的生活必须要成为什么样的想法是一切问题的根源。虽然我们可以对自己的生活有所期待，但也要了解一个基本现实，即生活永远是不可预测的。

  过去的几年里，全球都在应对新型冠状病毒的挑战，你可曾想到自己此生会经历这样的事件？生活跟我们想的不一样，一场突如其来、肆虐全球的流行病，是否意味着生活是错的，或者辜负了我们的期望？这样的生活是不是只配得60分，甚至不及格？不，生活从来都是这样，其中混杂着无数的因果关系。我们会忘带钥匙、错过飞机、弄砸考试；我们总是忙忙碌碌、心思不定、忘东忘西。所有人的生活都是这样。如果我们总是纠缠于自己的失败，苛责自己，就会白白浪费宝贵的时间和精力。

  当运动员训练时，教练会让他们放下上一枪或上一次冲刺的成绩，专注于当下。如果他们对每一次错误或失败都耿耿于怀、自责不已，他们会崩溃的，是不是？我们的孩子也是如此。我们得让孩子忘掉上次打翻的牛奶、忘带的书包或考试时犯的小错。如何做到这一点？那就是理解和接受犯错这件事，把它看作不可避免的平常之事。

用平常心来看待孩子的犯错

要让孩子用平常心来看待犯错，我们就得在平时培养这种习惯。如果孩子洒了汤汁，弄脏了墙壁，我们应努力按捺自己想要喊叫的冲动，对孩子说："没关系，这是难免的！不要老想着这事儿。能补救到什么程度就补救到什么程度，然后继续做你该做的事！"又比如，孩子这个月里第四次忘了带书包回来，我们可以对孩子说："没关系，这是难免的！我们可以想想怎么解决这个问题，让你下次不会忘记，然后继续做你该做的事！"这样的态度意味着我们不会任由错误反复发生，但就算发生了，我们也不会失去理智。当然，我们应该提醒孩子带书包回来，或者想方设法帮他们过好自己的生活，但我们也可以不去责备和羞辱孩子，而只把错误当作一件正常的事情来看待。

当我们用平常心来对待错误和失败时，我们就能把追求完美和控制的压力从孩子身上卸下。这确实是一种解放。让孩子拥有安全感并允许他们过上平凡的生活，听起来像是降低了对他们的要求，但实际上这是帮助孩子勇敢开拓人生的关键途径。如果平凡的我们在父母眼里是有价值的、足够好的、能够被父母接纳，我们就会拥有尝试和追求伟大梦想的安全感和空间。如果我们不怕羞辱和苛责，宇宙就会成为一个无限广阔的舞台，任由我们在其中探索、冒险、发现新事物，而不必担心后果。

接纳孩子的平凡能为他们的成长和发展提供强大的动力,你不觉得吗?

把每一次犯错,都当作成长的契机

从我们的错误中寻找珍宝,并不意味着我们要把错误变成别的东西。完全不是这样。珍宝就是接受自己的不完美和尝试新事物的潜力。如果我们开了一家服装店却不成功,那么这就是一个接纳自己并尝试新项目的好机会。但如果我们在面对失败这件事上养成了坏习惯,我们就无法与自己共情,而会拼命自责,羞辱自己,让内心的自信和勇气进一步流失。此时,与自己共情就是成长。我能与自己共情吗?我能不悲不喜地接受当下的现状,放下过去,然后继续前行吗?我能从中吸取教训,在未来做出新的选择吗?真正的成长就是对现实、对生活的本来面目的纯粹而简单的尊重。当然,日后如能将"错误"变成成功的新项目也很好,但这并非成长的必要条件。只要积极地接纳当下,成长便会发生。

我们最大的超能力之一就是可以放下过去,并以积极的态度前行,而非嘲笑和厌恶自己,让自己永远无法摆脱困境。做到了这一点,我们就能像水一样流畅地前行,毫无迟疑和卡顿地越过障碍。水既不纠结,也不留恋,它不会对抗障碍,而只会绕过它们。如果我们也能像水一样,我们就能允许自己继续前进，流入新的原野。只有在内心放下过去，这一切才会发生。

小时候深陷完美主义和控制欲的直接后果，就是长大后厌恶自己和他人。这种厌恶来自一种潜意识中的信念，即只要我们不完美，我们就没有价值。于是犯错和失败就成了永远无法释怀的灾难。由于我们经常下意识地被自我厌恶所折磨，我们的我执才会不顾一切地追求完美和控制，以此来避免触及内心深处的痛苦。

我们生来就是有价值的。哪怕我们什么都没有做，我们也仍旧是有价值的。正如红色是许多玫瑰的颜色一样，价值也是我们内心的颜色或本色。现代文化让我们习惯于认为只有完美的东西才有价值。如果我们想生活在平静与愉悦之中，就必须摒弃这种认识。

我们必须重塑我们对犯错和失败的看法。我们越是能对自己共情，接纳自我，就越是能把这些美好的品质投射到孩子身上。我们应带着对自己的仁慈，以及对犯错和失败的宽容来养育孩子。我们应告诉孩子这些都是生活的一部分，是正常的，不可避免的，没什么可纠结的。如果我们能帮孩子形成这种认识，他们会更容易接纳自己的不完美，并从中获得成长。

觉醒实践

孩子总是在成长和变化。我们陪伴孩子的每个时刻都是把上述理念付诸实践的好机会。孩子们走到哪里，哪里就会乱成一团，他们会犯各种错误，这是因为他们的大脑还在发育当中。孩子们尚不能用深思熟虑的方式应对生活，其实我们也很难做到这一点。正是因为孩子们无法改变他们的大脑仍在发育的事实，我们才需要向他们展现出极大的同情和耐心。如果我们用羞辱打乱了孩子成长的天然节奏，他们就会迈不开步子，变得谨小慎微，并且一生都会如此。

下次孩子做了"错"事或"坏"事时，请停下来，想想下面这些重要的事实：

- √ 孩子的大脑还在发育当中，犯错是正常的。
- √ 告诉孩子犯错是正常的，鼓励他们放开手脚。
- √ 犯错是接纳自己的宝贵机会。
- √ 孩子犯错是我们展现同情心和谦逊态度的良机。
- √ 犯错能教会我们放下过去，继续前进。
- √ 犯错能教会我们解决问题，重新来过。
- √ 接纳孩子的错误，就是给予孩子无条件的爱。

一旦我们能用这样的觉知来对待孩子的错误，孩子就不会感到过于羞愧和内疚。而且，我们还能借此机会教孩子如何面对生活的起起落落，如何继续前进，活力满满地展开新生活，就像教练教给运动员们的那样。

下面是另一个帮你重新认识错误的练习，我称之为"如果这是你呢？"当孩子再次因犯错激起你的情绪时，试着停下来反思："如果这是我呢？"我敢保证，孩子犯过的错误，你也几乎都犯过。所有人都会犯错。当我们痛斥孩子时，背后是我们的健忘和幼稚，因为我们天真地认为我们是永远不会犯这种错误的。正是因为这种自恋的错觉，我们才会被义愤填膺的优越感蒙蔽双眼，进而去贬低自己的孩子。

要记住我们跟别人（尤其是我们可爱的孩子）一样都有缺点，有效的做法之一是在冰箱贴上"我有缺点""我每天都会犯错"或者"但愿人们能原谅我的错误"等语句。这么做能让我们在孩子犯错或表现不完美时，记得宽容地对待他们。事实上，人性本身就有巨大的缺陷。理解了这一事实，我们就能带着同情心走近彼此。我们不必与缺点作斗争，而应包容它们。这样一来，错误就只能在我们心里制造一些涟漪，而无法激起轩然大波。

容忍和重新看待我们的不完美是一门艺术，能提升我们与自己和他人共情的能力。学习用宽容的态度看待不完美，能让我们优雅地面对生活，随遇而安。

第 17 步

深入理解孩子

你说A，我以为你在说B
你说B，我以为你在说C
你说的话，我听不懂
因为我想证明我是正确的
我是聪明的
我想赢得争论

当我放下我执，不再追求正确
只专心理解你时，一切都变了

突然间，你的话我完全懂了
我也完全看懂了你
你我的世界一切安好
这一切都始于
我不再需要证明自己

巧用沟通四大步骤，深入理解孩子

觉醒式养育的第三阶段是从不同的角度强调同一个要点——孩子需要我们走近他们的真我。这是孩子情感健康的基础。要做到这一点，我们就得了解孩子的想法、行为和感受，弄清他们的行事风格、反应模式和内心需求。

在我们的孩提时代，我们同样渴望得到父母的关注和理解，希望他们能够了解我们迫切想要传达给他们的东西。然而，能够主动调整自己来适应我们的需求的父母却少之又少。因为我们没有得到父母的理解，所以如今也不知该如何去理解孩子。这就是觉醒式养育的真正价值所在。它能手把手教会我们如何与孩子建立深厚的感情。

为了让你能与孩子更深入地沟通，我总结了沟通的四个步骤，即**肯定、共情、用平常心看待**和**促成深度转变**。这套做法能让孩子的真我得到充分理解和珍视，效果显著。

◎ 肯定

肯定另一个人意味着什么？意味着接纳他们当下的状态，尊重他们对自身所处现实的感受。他们的感受不必符合我们的感受或期望，也不必符合我们看待事情的方式。重要的只是他们的感受本身。

如果你发现刚到家的孩子因为朋友说了什么而伤心流泪，你可以对孩子的感受表示肯定或否定。肯定孩子感受的话或许是这样的："你好像很难过，是不是朋友的话伤到你了？你在生她的气。我明白了。我理解你，跟我说说吧。"而否定孩子感受的话或许是这样："哎呀，别大惊小怪的。我觉得她根本不是有意伤害你的。别闹脾气了，去玩吧！"

你看到这其中的区别了吗？你更喜欢哪种方式？我们都会喜欢第一种方式，因为它尊重和接纳的态度。当我们肯定另一个人，特别是我们的孩子时，我们传达给他们的信息是："你所有的感受都是有道理的。没人能告诉你该拥有什么样的感受。这是你的权利。"这时孩子就会知道，他们的感受没有错。我们传达给孩子的是信任。我们意识到孩子的感受是真实的。我们也会通过倾听和关注来表达我们的尊重。

在肯定孩子的感受方面，最大的障碍是我们自己的想法和期望。如果我们因为想法不同而不相信孩子说的话，我们就做不到这一点。这时，我们尊重的只是自己的想法，而非孩子的想法。如果我们认为孩子应该按照我们的想法做出反应，我们就会让孩子觉得他的话一点也不重要。请回想适应孩子的四个方法（即观察、允许、双向互动和顺应）和放手让孩子自由地思考和行动的重要性，这非常关键。

我看到父母一次又一次地犯这样的错误，虽然他们并非有意为之。其实，很多父母这么做是为了保护孩子不受伤害或担心孩子的心理健康。他们没有意识到他们过分关注自己的忧虑，而没有肯定孩子的生命状态。以下表达会让我们在无意中否定孩子的感受：

我觉得你不应该有这种感觉。

别想太多了。

别难过了——你为什么这么不高兴？

我觉得这没什么好伤心的。

你总是反应过度。

你误解我了，我不是那个意思。

我只是开玩笑！你为什么把所有事情都看得那么认真？

你太敏感了，老是小题大做。

我不同意你的看法——我不会这样看问题。

你得更灵活些。

你太不理智了。

你到底在说些什么呀。

如果我是你，我就……

我要是你的话，就不会那么做。

别哭了，坚强一点。

这种事我也遇到过，我当时是这么做的……

你为什么总是觉得别人在针对你？

我可以再给你举一百个这样的例子，但我相信你已经明白我的意思了。当别人用这样的话来回应你时，你不生气吗？你不会觉得他们根本不懂你，或是因为不在乎你所以不懂你吗？你难道不感到失望吗？

我们的生活中总有那么一两个爱抢风头的人，凡事都能扯到他们自己身上。他们想跟你讲述他们的类似经历，想告诉你他们会如何反应，或者你应该有什么样的感受。我们常常认为提出自己的意见和建议就是肯定他人的感受，殊不知这完全是背道而驰。大谈自己的看法或教训孩子几乎毫无作用，反而会伤害亲子感情。

如果我们未被问及或尚未认真倾听别人的感受就开始谈论自己的看法，我们就会在不经意间透露出这样的信息——他们的反应是错的。这样做是剥夺对方表达感受的权利，否认他们的真实感受。当我们传递给孩子这样的信息时，我们就是在否定他们的内在感知，阻碍他们的成长，伤害他们独立寻找解决方案的能力。这很糟糕，却是事实。肯定别人的感受是我们表达尊重、信任和关心的一种方式。它意味着与别人并肩前行，而非走在他们后面或前面。我们的孩子并不需要我们在后面托着他们，也不需要我们在前面带路。他们只需要我们牵着他们的手，与他们同行。当我们这样做的时候，我们就能逐渐唤醒他们的力量，让他们找到自己的答案。以下表达有助于肯定孩子的感受，让他们发现自己的力量：

听起来确实很倒霉，我完全理解你的痛苦。

对你来说这确实太难了，我理解你。

也许我没法完全理解你，因为我们的经历不一样，可我还是想尽可能地理解你。

我知道你现在很痛苦，放心，我会陪着你的。

你现在很伤心，我知道，我完全理解你的感受。

想哭就哭吧，哭是有好处的，我会陪着你。

你看到这些话背后蕴含的力量了吗？这些话语能够表达我们的尊重，没有评判和羞辱，也不否认对方所处的现实，不仅肯定了对方的感受，也为他们安全地处理这些感受留足了空间。

如果我们用这样的方式与孩子交流，孩子就不会害怕强烈的情绪。我们肯定了他们的反应和感受，也给了他们解决问题的信心。我们没有介入其中大谈自己的想法，而是倾听、肯定和讨论。没有战斗，没有修补，也没有逃跑，只是专心地适应孩子的情绪状态,通过共情支持孩子。

肯定孩子是帮他们处理情绪的第一步。对许多父母而言,这是很难做到的。我们总是忍不住想对孩子大喊大叫,想缓解他们的痛苦,想解决他们的问题,也想逃离眼前的一切。仅仅肯定孩子似乎显得不够主动,但只要我们意识到了这样做的巨大功效,我们就会越来越愿意这样做。相信我,效果非常神奇。孩子一旦得到了更多肯定,就会向我们敞开心扉,给我们带来欣喜。而更重要的是,他们也会向自己敞开心扉。

◎共情

现在,我们将探讨一种具有强大治愈力量又很不容易掌握的沟通技巧:共情。许多父母要么对共情的概念一知半解,要么不知道如何在生活中运用它。因此,我将在这里详细阐述这一概念。

我们先来谈谈共情不是什么:

共情不是卷入和融合。你不必拥有跟对方一模一样的经历或感受。

共情不是服务和修补。你不必跳进去解决问题,也不必为了对方忙前跑后。

共情不是控制和说教。你不必事无巨细地干预对方的生活,为对方指点迷津,帮对方认识现实。

共情不是评判和羞辱。你不必让对方认为自己的感受是不对的。

共情是理解孩子的感受。也就是说,你要关注他们的感受,而非想法。所以,如果你的孩子说:"我讨厌我的学校和老师!"或许你可以这样与孩子共情:"我听到了。好像你很难喜欢上你的老师和学校。每天起床去上学一定很难受吧。我能理解你的感受。"

共情能让我们在肯定对方感受的基础上更进一步——去感受对方的感受。我们会陪伴对方进入他们的世界。肯定对方的感受时,我们会接纳他们当下的状态;与对方共情时,我们能站在对方的角度去感受。简单地说,共情就是深入理解他人在某种情形下的情绪反应。例如,如果你家孩子对第二天的考试感到很紧张,你或许可以这样说:"看来这场考试对你来说确实是件很艰难、很痛苦的事。看得出你很紧张、很担心。我理解你的感受,甚至能理解其中的一些细节。我虽然不是你,但能体会你的心情。我能看出你现在心情很复杂。多跟我说说吧。"

而缺乏觉知的父母则可能会说:"别想太多了。你会考好的。相信自己,一切都会没事的。你总是比你想象中做得更好。成绩对我来说不重要。你高兴就好。"

第二种回应听起来很积极,不是吗?尽管父母说得没错,但这样的回应中缺少了共情。为什么？因为这种说法只照顾了父母的感受，却没有顾及孩子的感受。在与他人共情时，重要的是体会对方的真实感受，而非我们认为对方应该有的感受。

当孩子冲你发火，或者认为他们的痛苦是你造成的，你是很难去共情孩子的。这时，我们往往会把共情的念头丢到窗外，进入防御状态。例如，假如你的孩子到家后对你说："都怪你，搞得我数学一直考不好。你总是在我想学习的时候冲我大喊大叫，让我觉得自己特别没用。如果你能对我耐心一点，经常鼓励我，我就能考得更好。都怪你！"

孩子的话很难听。我们要怎么办？是通过共情做出回应，还是否认孩子的话？我们来看看如何通过共情做出回应。记住，我虽然提到了许多种与孩子共情的方式，但你不必把下面这些话一股脑儿说出来：

我的天！你现在肯定很难过。我理解，你心里不舒服。我知道那种感觉有多难受。我知道你在说我，在生我的气，我完全理解。我要是你，也会有这样的感觉。这当中肯定有我的责任。你说得一点没错——我控制不住情绪，我没有耐心。我的做法太伤人了。你完全有理由生气，我也生我的气。我会想想我那么做到底是什么原因，好好反思一下，做出改变。过去那么对你，我感到非常抱歉。我那么做太冲动，太伤人。我能理解你为什么会有现在这种感受。我想解决你提出的问题，改正没有耐心的缺点，给我个机会，好吗？

相信我，这是很难做到的，特别是你心里这样想的时候："什么？这家伙居然怪我？我有什么错？我这不是在帮她么？岂有此理！"如果你是这样想的，你的回应很可能会让孩子的反应进一步升级。你很可能会愤愤不平地说："你说什么？你考砸了怪我？我是在帮你。我那么耐心，那么温柔，你都忘了吗？为了帮你，我陪你一坐就是好几个小时，你却总是心不在焉。你成绩不好是你自己的问题，别赖我。你真是忘恩负义，竟然说这种话！"

写下这些话的时候，我笑了，因为我曾经无数次用这种缺乏觉知的方式对待我的女儿。当我们觉得自己被孩子攻击时，会很难保持冷静，因为我们的防御机制会开足马力运转起来。我们会忘记孩子的感受，而只想维护我们在自己心目中的形象。我不怪你们。关注孩子很难做到，特别是在我们不同意他们的看法或者被他们无理指责的时候。大多数父母都做过许多努力。可一旦孩子说他们的痛苦是我们造成的，感觉被他们攻击的我们就会受不了，继而猛烈回击。这时谈共情基本是缘木求鱼。

共情是一门复杂的艺术。为了帮助你做到这一点，我总结了共情的五大要素：

撇清关系。缺少了这个关键步骤，你将无法与孩子共情。要做到这一点，你就不能把事情联系到自己头上，认为孩子的情绪是指向你的，哪怕你确实觉得孩子在指责你。你要反复提醒自己："这跟我没关系，这跟我没关系。"

肯定和尊重。肯定孩子的感受，尊重他们的想法，哪怕你有不同意见。要与孩子共情，你就要肯定他们的感受，并且用直接的方式表达出来。

管住我执。谨防自己进入自动反应的状态，激活我执假面。努力了解对方的想法，而非以我执假面示人。警惕你的我执的动向，谨防它兴风作浪。

道歉并承担责任。对你给孩子造成的痛苦表示真心的悔恨。悔恨不是说一两句不疼不痒的话，而是就他们对你的我执的感受发自内心地回应。承认你的我执可能刺激到了孩子，这对共情式沟通非常重要。就算你不同意孩子的观点，你也要尊重他们对你和你的行为的看法，这很重要。

改过自新。制定一份行动计划，为你造成的痛苦承担责任，也表明做出转变和弥补的打算。

现在，我们再来看我在前面的例子中示范过的共情式回应，看看它是否具备共情的五大要素。我将逐句分析。

有没有撇清关系?

"你现在肯定很难过。我理解,你心里不舒服。我知道那种感觉有多难受。"这些话关注的是对方的感受,而非我们自身。撇清关系很重要,这么做能让孩子感受到我们对**他们**感受的理解和肯定,而非把一切都联系到**我们**头上。

作为对比,我们再来看这个例子中的第二种回应方式:"你说什么?你考砸了怪我?我是在帮你。我那么耐心,那么温柔,你都忘了吗?为了帮你,我陪你一坐就是好几个小时,你却总是心不在焉。你成绩不好是你自己的问题,别赖我。你真是忘恩负义,竟然说这种话!"第二种回应把孩子的话理解成对自己的攻击,于是我执被激发,导致整段话谈的都是我执。你看到这其中的区别了吗?

有没有表达肯定和尊重?

"我知道你在说我,在生我的气,我完全理解。我要是你,也会有这样的感觉。"这几句话显示,我们认可和尊重孩子的感受,而非轻视或试图改变他们的感受。我们尊重孩子的愤怒,而非对孩子说:"你总是对这个不满,对那个生气。真烦人!别动不动就生气,行不行?"这是在给孩子贴上反应过度的负面标签。即使我们说的是事实,告诉孩子不应该生气也是非常不尊重孩子的。寻找更加合适的时机提出我们的想法往往是更明智、更有爱的做法。

有没有管住我执？

"这当中肯定有我的责任。你说得一点没错——我控制不住情绪，我没有耐心。我的做法太伤人了。你完全有理由生气，我也生我的气。我会想想我那么做到底是什么原因，好好反思一下，做出改变。"这些话说明我们没有戴上我执假面，我们认错了。这是共情式沟通中最困难的部分，特别是在我们尚未治愈内在小孩的情况下。如果我们的内心仍旧是破碎的，如果我们仍旧在寻求外部世界的认可，认错会让我们感觉自己失败了。这时，我们可能会在不经意间说出这样的话："你错了！你对我的这种态度，我受够了！我做了那么多努力，你完全看不见！"你看到我执做出反应时可能会是什么样子了吗？我们很难不这样反应，是不是？然而，这正是我们要竭力避免的，以防增加孩子的痛苦。

有没有道歉并承担责任？

"过去那么对你，我感到非常抱歉。我那么做太冲动，太伤人。我能理解你为什么会有现在这种感受。"当然，表达歉意的理想方式应当是真心实意的，而不应仅仅讲空话和漂亮话。你应当让孩子**感受到**你的歉意。即使他们可能感受不到，你还是要尽可能发自内心地去表达。有时候，我们以为自己在道歉，可实际上并不是。很多时候，我们假装说对不起，其实却在暗中指责对方。不真诚的道歉可能会是这样："很抱歉你有这种感受。你对我大喊大叫，我实在受不了，所以也开始大喊大叫。下次请你别这样了。我现在伤害了你，我真的很抱歉。"

你看出这两种方式的区别了吗？一种是"我很抱歉，**我**……"一种是"我很抱歉，**你**……"一种是承担责任，一种是指责对方。只有主动去觉知，我们才能看到两者之间的区别。

有没有提到要改过自新？

"我想解决你提出的问题，改正没有耐心的缺点，给我个机会，好吗？"我们说出了自己的行动计划，以此来做出补救。单单道歉是不够的，我们还应让孩子看到切实的转变。这样他们才能真正感受到，我们对他们的关心不只停留在口头上。要是看不到改变，孩子就会发现我们只是说说而已。

孩子不只希望我们道歉，还希望我们改变自己的行为。我们有责任做出改变。你能读到这里，说明你有强烈的意愿用你的自我成长去助力孩子的成长。

◎用平常心看待

如果有人对我们说，我们的感受很"奇怪"或者很"另类"，我们肯定会不高兴。我们都希望得自己是"正常的"，要是别人处在我们的位置，他们的感受也会跟我们差不多。我们的孩子也是如此。他们也希望自己在生活中的反应和感受都是正常的。在这方面，我们可以起到作用。

当孩子情绪激动时，你要告诉孩子这很正常，这一点很重要。例如我们可以这样对孩子说："我完全明白你为什么会这样。我非常理解。别人遇到这种事也会这样。"如果孩子还很小，我们可以这样说："你有这种感觉很正常。"

我们还能帮孩子调整他们对事物的感受。对孩子经历的事情我们应避免激烈的回应，而只用平常心来面对。例如，如果孩子因为看到蜘蛛而尖叫，我们就可以用下面这些话来鼓励孩子以平常心面对："我知道你害怕蜘蛛。很多人都是这样。我小时候也怕蜘蛛。可是你看，蜘蛛根本没有注意到你，它在忙它自己的事情呢。"我们不让自己的情绪介入其中，就能淡化这件事对所有人的影响。孩子也会了解到，他们害怕的实际上是非常普通的事情。

有一天在游乐园，马娅不敢从高高的水滑梯上滑下来。她一直小声念叨："妈妈，我害怕。"我说："我也是，我也害怕。不过我没有逃走，而是跟恐惧做朋友。我来教你怎么做。"不一会儿，我就把我们两人的恐惧编成了一首歌。我们一边战战兢兢地登上水滑梯的顶端，一边唱着："我心里害怕，我眼泪吧嗒。就算恐惧已来到，又有什么大不了！"轮到我们的时候，我们一边深吸气，一边咯咯笑着，唱着我们的小曲儿一路滑了下去。我告诉马娅："恐惧和眼泪都是正常的。所有人都会遇到，所以我们没必要躲着它们。它们只是我们的感觉，没什么大不了。"

当我们不加标签、不带评判、如其所是地看待生活时，生活就再也无法让我们产生过激的反应了。我们接纳自己的种种感受，不评判，不羞愧，只通过它们来增进对当下的理解。害怕、不安和焦虑都是我们生活中的一部分，是我们的良师益友。我们可以与生活共同成长，而不必从生活中逃离。

◎促成深度转变

深度转变孩子的情绪状态是什么意思？你知道的，它肯定不是指在表面上改变情绪状态。深度转变是成长，是由内而外的深刻变化。

这意味着我们要关注孩子和我们自己从经历中获得成长的能力。如果孩子因为没考好而情绪崩溃，我们首先应肯定孩子的感受，与孩子共情，用平常心看待孩子的情绪状态，然后帮助孩子从经历中获得成长。我们可以通过强调孩子的长处来帮助他们重新看待自己当下的焦虑，然后化焦虑为勇气。我们或许可以这样对孩子说：

我看到你正在努力让自己冷静下来。我完全理解你的处境，你现在感觉很难受。我想跟你说的是，虽然你现在还是很难受，但你的做法已经跟上次完全不一样了。上一次你都不敢去考试,而这一次你打算明天继续参加考试。你有没有发现,你这两次的表现特别不一样?这说明你面对压力的能力提高了。在这件事上,最重要的是你比上次做得好。你成长了,我为你感到骄傲。考试本身并不重要,重要的是如何面对考试。我知道这对你来说很困难,所以我会陪着你,跟你一起面对。

如果我们只关注从表面上改变孩子的情绪,我们或许会这样说:"我陪你一起学吧,或者给你找个家教,这样你就会考得很好了。来,我们坐下来,集中精神。你明天必须考出好成绩,我会确保你做到这一点。"

你能看出深度转变和表面上的改变之间的区别吗?深度转变关注的是孩子的情感体验和内心成长,而表面上的改变关注的是孩子眼下的任务。在养育孩子这件事上,我们要注重深度的改变,而非表面上的改变。没有哪个孩子、哪种情形只需要在表面上改变。真正的改变只发生在内部。

我们这样做能告诉孩子,"成功"孕育于内心,本质上是内心的成长。如果这样对待孩子,孩子就能用共情和接纳的态度对待自己。所以,在上文的例子中,哪怕孩子面对考试的能力与先前相比并没有提升,父母也仍旧可以这样说:

每次你经历这些事,你的内心都会变得更强大。你只是没有意识到。我相信你正在尝试跟自己的感受做朋友。你只是需要一些时间，不要着急，慢慢来，情况会越来越好的。我会一直支持你。

你看到这种方法对孩子的安抚作用有多强了吗？如果我们如其所是地看待孩子，孩子就能平静下来，做回自己。这么做能直接提升孩子的自我价值感，进而降低他们的焦虑和压力水平。如果我们只追求表面上的改变，会给孩子带来重重压力。一旦遭遇失败，他们就会感到羞愧和自责。

觉醒式养育关注的是内心的深度转变。当我们把注意力集中于此时，我们就不会成为孩子们的警察或法官，而是成为与他们并肩作战的盟友和伙伴，与他们共同应对生活中的挑战和困难。

觉醒实践

当孩子情绪失控时，我们就要使用沟通的四个步骤。也就是说，我们有很多机会来练习。这四个步骤是肯定、共情、用平常心看待和深度转变，在任何情况下都能帮我们主动靠近孩子。如果孩子难过或生气了，我们可以带着觉知问自己："我现在如何用沟通的四个步骤，让孩子感到被理解、倾听和认可？"只要坚持运用这四种重要的沟通策略，我们的孩子就会形成坚实的自我价值感和安全感，也能更勇敢地面对生活。

理解了四个沟通步骤的概念后,你就要有意识地去实践,这很重要。让它们进入你的日常生活,感受亲子互动中的变化,同时提升你的觉知。要不了多久,这些重要的工具就能在你需要时随时为你所用了。我向你保证,使用了这些工具后,孩子在面对困难时的反应会发生显著的改变——或许更重要的是,你的反应也会发生显著的改变。

第 18 步

说"好！"

孩子，你生活在一片充满无限可能的天地
呼吸着信任和自由的空气
不像我，生活里都是缺失和匮乏
我本能地说"不行"
我需要约束、限制和阻碍
如此才觉得舒服和安全

我没有意识到，我这么做
侵占了你的空间，干预了你的梦想

> 我在你的气球里塞满了砖石
>
> 只怕你飞走
>
> 丢下凄惨的我

父母与孩子之间的冲突，大多源自大人和孩子的本质差异

孩子们是带着一个巨大的"好！"字来到这个世界的。此时的他们感受不到匮乏和自卑，只看到世界的丰富和广阔。任何事物都会让他们感到新奇和惊叹，不管是吸进嘴里的意大利面、天空中漂浮的云朵，还是草丛里奔忙的蚂蚁。他们天然的状态是开放、信任和全心投入的。

成年人的天然状态是这样的吗？恰恰相反，我们的状态往往是焦虑、匮乏和自卑的。可想而知，我们总会与孩子的天然状态发生冲突。这种心态上的冲突，有可能导致亲子关系出现裂痕。

我清楚地记得，在女儿7岁左右时，我们爆发过一次争吵。她想在下午5点半左右去我家附近的小花园玩，而我当时已经累了，不想再出门。我对她说："马娅，现在是休息时间，不是玩的时候，我们不能出去了。"我兴致不高，对她有些冷淡。没等我反应过来，女儿就哭了："就几分钟，妈妈！就几分钟！"我突然生出一股怒火："你真难缠，马娅。我说了不去，

就这样了!"马娅怒气冲冲地回到自己的房间,情绪随时可能会爆发。

谢天谢地,当时我母亲刚好来看我们。她敏锐地感受到了我们的情绪。她温柔地对我说:"沙法丽,你确实累了,我带她去花园玩吧,没关系。现在是夏天,马娅明天也不用上学。让我带她去吧。"马娅听到后跑了出来,扑进了她的怀里。我同意了这个安排,不过不是因为我改变了主意,只是因为我想一个人待着。就这样,她们一起出去了。然而只过了不到 25 分钟,她们就回来了。回到家的马娅就像换了一个人。她为我收集了一包礼物——几块石头、一些树枝和野花。她非常开心。更重要的是,她现在也玩累了。她对我说:"那里太好玩了!可是我现在累了,我想睡觉!"10 分钟后,她就睡着了。

原来,马娅并不像我先前认为的那样"难缠"。她只是好奇、喜欢玩、精力充沛、充满热情。换句话说,她只是在做自己——一个爱冒险的 7 岁孩子。如果我当时心情不错,我应该会高高兴兴地带她出去玩,就像我母亲那样。我和我母亲唯一的区别是当时我累了,不想出门。我想按我的方式安排生活,而不想屈就孩子。我当时关注的是"如果……怎么办"的问题:如果她不睡觉怎么办?如果我太累了怎么办?倘若我当时只关注当下,并且顺其自然,我就不会差一点搞得女儿情绪崩溃,让母女关系大倒退了。

对于那一刻,我想了很久。我问自己:"如果能找到一种方式感受女儿的需要,而非像我当天那样粗暴地拒绝,会怎么样呢?如果我能顺应她当时的状态和她想要走近我的愿望,陪她待几分钟,会不会有很好的结果呢?"我意识到这个时机我已经错过了。还有,女儿只是想去玩,却被我苛刻地评判。

我本可以说:"不错的想法,马娅!我现在很累,但我真的很想满足你的愿望。我们可以商量一下吗?我带你去,但我们很快就回来。你看行吗?"如果我当时是这么说的,那么马娅肯定会跟我认真商量一番。这样一来,我就不会差一点惹得她大发脾气了(多亏了我母亲,这一幕才没有发生)。然而,我陷入了一种匮乏和恐惧的状态。我担心女儿会永远待在花园里,把我累垮。我担心我会累得没法做晚饭。我担心所有"可能"发生的事情,却错过了当下与孩子亲密的机会。

父母与孩子存在三大冲突,都源自大人和孩子的本质差异。孩子们对当下的态度是接纳的,哪怕他们在哭泣。而大人呢?我们对当下基本上是抗拒的。这一差异在亲子关系中有诸多微妙表现:

√ 孩子们生活在当下,而我们这些大人生活在过去和未来。孩子关心的是"现在是什么情况?"而我们生活在满是"如果……怎么办?"的问题构成的可怕世界里。我们要么放不下过去的遗憾和怨恨,要么生活在对未来的焦虑中。

√ 孩子生活在丰富和快乐中，而我们生活在匮乏、疲劳和焦虑中。

√ 孩子处于存在的状态，而我们处于行动的状态。就连孩子的行动也来自他们顽皮、好奇、喜爱探索和冒险的存在状态。孩子对未来没有真正的规划，而只是活在当下，顺应当下的一切。我们这些大人主要处在行动的状态。这一状态通常并非源自我们内心深处，而是源自我们的我执。我们之所以处于这种状态，是因为我们想要去拯救、获胜和成功。这不是孩子那种注重过程的存在状态，而是一种注重结果并且依赖外部肯定和文化价值观的行动状态。

我们与孩子生活在截然不同的生命状态里，冲突因此产生。但孩子并没有责任来适应我们的状态，这其实是我们的职责。由于孩子的状态与我们的状态非常不同，所以在我们眼里，孩子的状态会成为一种威胁，所以我们才试图打压、评判、羞辱和惩罚他们。这样一来，我们就会与孩子陷入一个沟通怪圈，让彼此间的裂痕变得越来越大。

对孩子说"好"，不是屈服或退让，而是理解与肯定

当我告诉父母，他们应该试着在养育孩子的过程中说

"好！"时，他们以为我是在鼓励放纵和溺爱。对父母们来说，这个建议很容易激起抵触情绪。父母平时往往处于恐慌的状态，认为说"好！"无异于向孩子"让步"，最终会宠坏孩子。但是，这种做法的重点并不是让步。虽然说"好！"意味着顺应孩子的愿望，但你并不需要向孩子屈服或退让。说"好！"只意味着你找到了你与孩子的共同点，而孩子也能借此感受到你的理解和肯定。

"好！"可以仅仅是理论上的：

好呀，我完全理解你的愿望。
好呀，我也希望那样。
好呀，我也有同感。
好呀，我知道了，你想那样做。
好呀，我也想那样做。
好呀，我像你这么大的时候也跟你一样。
好呀，你跟我想的完全一样。

"好！"也可以是切实可行的：

好呀，我也想这样，我们来计划一下吧。
好呀，我会在适当的时候帮你做的。
好呀，我也想让你去那里，等你考完试我们再详细说。

好呀，你先把你的事情做完，我就帮你实现愿望。

在这两种情况下，我们说"好！"并不是对孩子屈服或纵容，而是在告诉他们，我们理解和肯定他们的愿望。与此同时，我们也要敏锐地意识到，孩子的愿望在当下可能并不实际。

别忘了这个重要事实：孩子身处一个满是各种诱惑的花花世界。他们想要拥有他们所能拥有的一切是非常自然的事。拥有这种欲望并不代表他们就是坏孩子，也不代表他们贪心。如果我们不停地说这个"不行"，那个"不行"，反而会强化他们的欲望和缺失感，因为得不到的东西会让人更想得到。更重要的是，这样做还会让孩子为自己的欲望感到羞耻，产生匮乏感。

此时，你可能会产生一种合理的担忧："如果我确实买不起孩子想要的东西，可能将来也买不起，那么我现在说'好'，将来岂不是会让孩子更失望？"我对此的回应是：现在说"好！"就是肯定孩子的愿望，而非一定要退让或者真的满足孩子。一旦你肯定了孩子的愿望，你们就可以为实现它制定计划。孩子可能明天、甚至明年都得不到他们想要的东西。关键不是真的满足孩子的愿望，而是允许孩子拥有愿望，想拥有多久都可以。愿望的原动力来自孩子，而非我们，但我们也不能总是去做那个浇灭愿望的人。在大多数情况下，孩子会逐渐丧失对特定事物的热情，自动放弃他们的愿望。

每周孩子都会萌生无数心愿,可这些愿望往往会随着新鲜刺激的涌现和时间的流逝而被逐渐淡忘,只有那些能够持续数周的愿望才值得我们去关注和回应。对于这种相对持久的愿望,我们可以用共情的态度耐心向孩子解释,实现这些愿望如何受制于家庭的经济条件、物理空间等实际困难。这时,孩子会感受到自己得到了理解和倾听,而不会觉得愿望没有得到满足或重视。而我们拒绝得越多,孩子的缺失感就越严重,欲望也就越强烈。

例如,如果你家 12 岁的孩子对你说:"我高中毕业后不上大学了。我要去弄一辆冰淇淋车卖冰淇淋。我要拥有全世界最多的冰淇淋车!"这时,你会用匮乏的心态,还是富足的心态去回应孩子?如果是前者,我们会认为孩子的愿望必须"切合实际",必须让孩子认识到这种想法有多荒谬。我们或许会这样说:"别胡思乱想!大学生活对你来说多重要啊,高中毕业后你必须上大学。卖冰淇淋能让你过上好日子吗?你这样想不行。"

你觉得孩子会有什么感受?孩子此刻有个梦想,它源自与其年龄相称的热情和天真。我们凭什么否定这种发自内心的渴望?我们之所以这样做,是因为孩子的梦想让我们陷入了匮乏和恐惧当中。孩子眼中未来的无限可能吓到了我们。想到未来,我们只看到一片荒芜。我们从心底涌起一阵恐慌,又把它投射到了孩子身上。所以我们没有鼓励孩子勇敢探索,而是逼迫他们墨守成规。

相反，如果我们的心态是富足的，我们可能就会这样回应孩子："哇！你这想法很有意思！我爱吃冰淇淋，我将来肯定会是你店里的常客。你在一天天长大，将来还会有更多的想法。一定要把它们记下来，免得将来忘记了。到时候我们一起看看，你的哪些想法能变成真的！"

你看到对孩子的愿望说"好！"有多么容易了吗？你只需顺着孩子的想法，而非根据你的预想去反应和抵制。这样一来，我们就能鼓励孩子跳出思维定式，大胆想象，而非限制他们的自由。

不过，要给予孩子这样的鼓励，我们的内心首先应该是富足和敢于冒险的。否则，我们就会立即陷入恐慌当中，担心孩子会遭遇困难和失败，万一这一幕发生了，我们还得一路辛苦地照顾他们，直到将来。这一前景并不美妙。你有没有看到，这种思维方式充满了匮乏感？紧接着，我们就会感受到一种想要帮他们实现梦想的不必要的压力。由于我们不知道该如何去做，心里会感觉非常沮丧。我们没有意识到，让孩子梦想成真的责任不应由我们来承担，而应由孩子承担。孩子实现梦想要靠自己，而不是我们。我们只需拿出计划去支持孩子。

当我的来访者贝琳达告诉我，她因为女儿佐伊想从大学退学开水疗店而感到担心时，我立刻明白了其中的缘由。贝琳达非常不看好女儿的这一选择。她始终无法理解，佐伊怎么会为了开水疗店这种不着边际的事情而放弃前途光明的大学教育？她怒气冲天，与女儿争得不可开交。此外，她也因为自己供女儿上大学付出的时间和金钱打了水漂而怨恨不已。

贝琳达怎么也想不通，直到我温柔地鼓励她从佐伊的角度看问题，她的态度才开始松动。佐伊想要的只是支持，像一个好朋友那样的支持。她既不需要贝琳达来搭救她，也不需要母亲为自己开水疗店买单。我的建议是："只要帮她想清楚**怎样**才能做成这件事就行了，你不必真的去为她做这件事。"

那一刻，贝琳达恍然大悟。她一直很抵触，因为她觉得自己得为这一切提供资金。当我说到她只需充当一个好的盟友和向导时，她立刻放松了下来。"你不需要花任何钱，但你不能抵制她想要的东西。如果她想为此支付代价、负债并承担风险，那是她的生活，不是你的。你只需帮她把这件事想清楚。孩子到了这个年龄时，我们不必再为他们的决定造成的后果负责。这是他们要承受的，而不是我们。但反对孩子的决定会让他们泄气，也会让他们害怕失败。"

贝琳达终于明白了。她的想法完全改变了，开始像一个好朋友那样帮助佐伊。母女俩的关系大为改善。佐伊也开始明白，开水疗店比她预想的要复杂太多。最终，她决定先继续学业，等把所有问题都搞清楚再说。

如今，许多年轻父母都面临着同一个问题，即孩子们小小年纪就要求拥有自己的手机。毕竟，他们看到身边的大人总是放不下他们的手机，于是自然也想拥有同样的东西。他们可能会想："为什么所有大人都拿着手机看个不停？""为什么妈妈宁愿玩手机，也不愿把注意力放在我身上？"

那么，我们如何既肯定孩子对手机的需要，又不必真的买手机给他们呢？对于这个问题，我有三个答案。第一个答案是我们自己必须做出改变。我们需要戒掉经常看手机的习惯，特别是在孩子满10岁之前。他们需要我们的陪伴和关注，我们陪伴孩子越多，孩子对手机的兴趣就越弱。第二个答案是，我们得思考如何让孩子拥有一个不依赖手机的童年，以及如何让孩子对人与人的真实互动产生兴趣，从而让手机的吸引力下降。第三个答案是，我们要让孩子明白，只要到了合适的年龄，他们就能拥有自己的手机。我们愿意在他们达到适当的年龄后满足他们的要求。

当我们从匮乏和自卑的自动反应中解脱出来，开始认可孩子想要充分参与生活的愿望时，我们就能打破孩子对一些东西的痴迷了。如果我们不理会孩子的想法，这种痴迷只会继续增长。因为我们越是抵制，孩子就越是坚持。我们以为只要忽视孩子的请求或者明确拒绝，孩子就会放下他们的痴迷。然而我们没有意识到的是，我们的抗拒实际上是在搬起石头砸自己的脚，只会让孩子的欲火烧得更旺。我们不仅没有打消孩子的念头，还为这些念头穿上了铠甲。用说"好！"的方式来认可孩子的欲望，反而能满足他们得到肯定和倾听的需要。这就是秘诀。

用说"好"的方式来关注和尊重孩子的需要

像支持朋友一样支持孩子,这么做就是尊重孩子和孩子的愿望。帮助孩子做计划并不意味着这些计划要马上实施,而只说明我们关注和尊重孩子的需要。当我们帮助孩子制定计划来实现他们的愿望时,不论此刻距离梦想还有多远,我们都能增强孩子掌控人生的信心。即便他们尚未实现任何特定的愿望,制定计划也可以证明他们有可能得到他们想要的东西,而且只要他们做出决定,他们就可以为之努力。谁能料到10年后愿望会不会实现呢?我们何苦扫他们的兴?

我的女儿马娅从3岁起就想养一只狗。然而,我当时的生活状况并不允许我这么做。而且,我也不确定她是否只是一时兴起。我想确保她真的喜欢狗,然后才能做出这个决定。我不仅要尊重她,也要尊重我自己。因为我知道,照顾狗的重任会落在我的身上,而我并没有做好为此付出时间和精力的准备。这时,我有两个选择。我可以尝试彻底让她死心,也可以让她认为这个愿望在将来有可能实现。

生活充满了未知,许多将来可能实现的愿望在当时看来却未必如此。我们是关闭一切可能性,还是保持开放?答案取决于我们的心态,不是吗?

父母可能会担心，如果我们肯定了孩子的愿望，我们就给孩子提供了坚持下去的理由，是一种诱导。但事实并非如此。我们这么做只是在帮孩子理解一条重要的人生哲学：人生有无限的可能性。我们随时都会在生活的道路上遇到意料之外的情况。如果我们非常想要某样东西，并且愿意为之努力，而它并未超出人力所及的范围，那么即使现在看来不太可能，将来也有可能实现。时间和努力能带来意想不到的结果。把这条宝贵的人生哲学教给孩子，能让他们相信自己和生活拥有无限的潜力。

我告诉马娅："我很高兴你喜欢狗。可是妈妈现在没有条件照顾一只狗。等你将来长大一些，我们再计划一下，好吗？虽然现在不能养狗，但你不必改变你对狗的喜爱。"后来，我经常带她去宠物店，让她有机会抱抱那里的狗。我还让她跟养狗的朋友们一起出去玩。我在培养她对狗的兴趣，但心里也清楚，我还不能买给她。你看，即便我们当下无法满足孩子的愿望，孩子也依然可以拥有这些愿望，并期待有朝一日能够实现它们。

你猜后来马娅怎样了？她一直很喜欢狗，甚至每天都在谈论街上的狗。我看到了她对狗的喜爱，明白这种爱是深刻而真实的。在她 14 岁时，我的生活状况有了很大的改观，终于让马娅拥有了一只属于她的小狗！她激动坏了。10 多年来，她一直那么喜欢狗，而我也一直在努力让自己接受这件事，我看到了她对狗真诚的喜爱。因为我对她实现梦想的可能性保持开放的态度，所以她的梦想最终实现了。

小狗查理现在 6 岁了，是我们一家人的心头肉。它在时机成熟时走进了我们的生活并茁壮成长。马娅在整个童年时期都渴望养一只狗，最后她也看到这份巨大的热情结出了果实。这个过程让她看到了热情的力量，以及只要我们足够坚定和耐心，梦想就有可能实现。

保持开放的心态，给孩子做梦的空间

我也认识许多一直没有让步的父母。这样做也无可厚非。如果父母没有能力照料狗，就不应违背自己的内心去宠溺孩子，这样做会导致负面的后果。这时，父母可以让孩子明白，他们可以继续怀抱愿望，等到成年后再去实现。不是所有愿望都能立刻得到满足。有些愿望可能需要几十年才能实现，但与愿望立即得到满足相比，这一过程也同样美妙。

这么做能让孩子感受到坚持和耐心的力量——当我们想要某样东西时，我们需要讲究策略并为之奋斗。这是非常宝贵的一课。这种说"好！"的方式，与换着花样宠溺孩子的做法完全相反。说"好！"意味着倾听和肯定孩子，意味着帮助孩子了解他们的需要和欲求的价值。我们不必彻底拒绝孩子，也不必立即满足他们，而应深入了解孩子的需要和愿望，考验他们在内心深处是否拥有热情。他们的愿望到底有多强烈？我们可以给孩子空间去梦想，去深入了解自己的愿望到底有多么真切。如果我们直接回绝，孩子就会花费精力来对付我们。如果我们立即让步，纵容孩子，我们也会错过宝贵的机会，让孩子更深入地理解什么是坚持和热情。你看到这一过程对孩子的影响有多么深刻了吗？

延迟满足是人生重要的一课。它告诉我们，凡事都有适当的时机。大自然是这堂课的明星教师，让我们知道不论吃芒果还是下雪都有合适的季节。耐心和坚持是孩子必须具备的两大品质。大自然告诉我们："好呀，你可以吃芒果，也可以一直喜欢芒果，只是现在没到时候，你得等芒果熟了。"

这么做效果很好，因为它能让孩子欣然接受自己的欲望，哪怕当下无法实现也没关系。父母们担心孩子的欲望，是因为他们在潜意识中认为：（1）一旦欲望产生，就得尽快满足。（2）若非如此，孩子就会不高兴，而这是很"糟糕"的。这两种想法都是错误的。虽然孩子可能会因为愿望没有实现而不开心，但这种情绪对孩子的成长非常有益，是一种我们可以培养的健康的情感力量。何况，就算愿望得到满足，孩子也还是可能不开心。我相信，所有父母都见过这种情况。

每个人的心中都有各种憧憬。有人梦想养狗，比如马娅，有人期待开水疗店，比如佐伊，还有人渴望去国外生活。所有存在一定合理性的梦想都有可能实现。至于能否实现，就要取决于具体情形和实际行动了。

即使孩子说出了一些不着边际的愿望，比如："妈妈，我想飞到月亮上。"我们也不必这样回应："胡说！你又没长翅膀，而且月亮特别远！"这样的回应根本没有抓住孩子想要表达的重点。我们或许可以这样说："我愿意陪你一起飞到月亮上。只可惜我们不是大鸟，月亮又离我们太远了！不过我们可以想象一下，飞往月亮会是什么感觉？"这样的回应会让孩子觉得自己的愿望得到了认可，还能鼓励孩子的幻想和想象能力。将来，这些梦想也可能孕育出充满激情和无限可能的精彩生活。总之，我们如何对待孩子内心的憧憬会产生十分深远的影响。

觉醒实践

孩子会给你很多练习说"好！"的机会，因为他们总是有想法。我想再强调一次，不要把说"好！"和宠溺混为一谈。假如你听到孩子说："我想吃饼干/玩手机/买鞋/买化妆品/去朋友家/吃垃圾食品……"你会如何回应？你或许想说："真烦人，不行！"

你也可以采用更加觉醒的回应方式，例如："我也想吃饼干/玩手机/买鞋/买化妆品/去朋友家/吃垃圾食品。这些东西太让人上瘾了，太好玩了，可是这些事情做得太多也不健康。你有足够的时间做你想做的事，但首先我们得把自己分内的事情做好。所以我们来做个计划吧，这样你既能得到自己想要的东西，又能照顾好你的生活。"

这样做可以把责任还给孩子，你看到了吗？与其与孩子对抗，不如跟孩子一起面对那些需要完成的琐事，只要你们能找到解决问题的方法。这样一来，孩子就不会与你争吵了，因为你没有挡住他的路。

以下是运用这一方法的常见例子：

◎关于平板电脑

孩子："我晚上想在床上多玩一会儿平板电脑。"

带着觉知的回应："我理解你为什么想这样做。但你明天得交作业，你还得睡够 8 小时。你要怎么安排呢？如果这两件事你都能做到，看平板电脑的事咱们就可以商量。"

◎关于垃圾食品

孩子："我想吃点甜点。"

带着觉知的回应："我也想吃甜点。但是你得摄入足够的健康食品，然后才能吃垃圾食品。我们一起计划一下吧。你可以先吃喝点果汁，吃点蔬菜，然后我们再讨论吃甜点的事，好吗？"

◎关于物质消费

孩子： "我想要新鞋/新玩具！"

带着觉知的回应： "我也总是想要新东西。我理解你。你可以自由地支配你的零花钱。我们来计划一下，做一份预算，看看怎样才能买到你想要的东西。"

你了解如何运用这个方法了吗？首先与孩子的愿望保持一致，再把实现愿望的责任还给他们。这样你不仅不会成为孩子攻击的对象，还能促使孩子发挥想象力来满足他们的需要。这时，你的角色显然是"推动者"，而非"阻碍者"。这样一来，你就可以允许孩子拥有愿望，而不需要因为你担心和恐惧去逼迫孩子打消念头。我们关注的重点是孩子和他们的梦想。虽然你现在可能无法直接满足孩子，但你也愿意在孩子做好准备时帮助他们实现梦想。

第 19 步

现在就开始

我看着时间流逝

心里充满遗憾和悔恨

还有内疚和羞愧

我忘不了我带来的伤害

和那些错失的时光

如何找回这一切

让时光倒流

我想用新的面貌重新来过

但我忘了，即使时光倒流

我也还是原来的我，你也还是原来的你
因为正是过去造就了此刻焕然一新的我
智慧正来自那些缺乏觉知的虚度的光阴
没有它们，就没有现在的我
我没有看到的是
要成为现在的我
那时的我就应该是那样
没有昨天就不会有今天
所以最美便是此处
便是**当下**

活在当下是养育孩子的关键

我还没见过哪个父母不想让时光倒流，用此刻拥有的全部经验重新养育孩子。我也曾这么想过。如果我能把觉醒式养育更早地应用在我的女儿马娅身上，我会做得更好。我会成为我一直梦想成为的父母。可我们不该让时光倒流。为什么？因为此刻的我们是由过去所有的起起落落和曲曲折折造就的。没有过去就没有当下。这一切是分不开的。

我们都深陷于过去的执念当中，很难从思维定式中解脱，用全新的方式养育孩子。这种执念使我们无法活在当下，但活在当下才是养育孩子的关键。

三种妨碍我们活在当下的思维模式：内疚、指责和后悔

我们的强迫性思维方式有三种，分别是内疚、指责和后悔。当我们身陷其中时，我们的思绪会被封闭在过去的岁月里。那些年发生的事情，我们总是放不下。我们总是纠结于事情"不该"是那样。

内疚总是指向**自己**："我不该那样做！"
指责总是指向**别人**："你不该那样做！"
后悔总是指向**生活**："生活不该是那样！"

这三种思维模式都会让我们困在痛苦和羞愧的纠结状态中。我们一直想不通，我们为什么没有按照理想的方式做事，生活也没能呈现出理想的状态。这种纠结使我们无法投入当下。孩子能察觉到这一点，感受到这种疏离。下面我们将逐一分析这三种思维模式，理解它们是如何妨碍我们活在当下和陪伴孩子的。

◎内疚

我们先谈内疚。身陷自责与内疚时，我们总是一副懊悔的表情。我们对内疚的执着使我们无法深入问题的实质。我们可能会对自己或被我们伤害的人说，我们"本不应该"那么做，"本应该"做得更好。这会让包括我们在内的所有人都觉得我

们需要改变自己的行为方式。然而，对推动内心的转变来说，批判自己和自己做过的事是没有用的。说"我本不应该……"或"我本应该……"只是在制造转变的表象。如果一直在这里纠缠，我们就只会原地打转。

其实，这种"我本应该……"的思维和自责来自一种隐蔽的自恋。这种自恋认为，我们先前并没有发挥出自己应有的水准，或者说，我们"真实"的水准高于我们的实际表现。所以当我们做了不符合自己期望的事情时，我们就会对自己说："我本不应该……"

然而，如果我们没有这种从情感和心理上美化自己的错觉，我们就会对自己说出完全不同的话。例如："我那么做完全出自我的本意，背后是我尚未愈合的内心创伤。否认我真实的样子会妨碍我接纳内心的阴影。"你有没有发现，从一定程度上说，内疚其实是隐藏的自恋？它会妨碍我们疗愈内在小孩，以及找到我们下意识反应的核心原因。

如果我们不再为过去对待孩子的方式感到内疚，我们就能接纳自己的过去，并且对自己当下的行为负起责任。不要总是在自己制造的内疚旋涡中游泳，而是要通过觉知从内心深处改变自己。

◎指责

再谈指责。指责和内疚都是抵触的心态，只是方向调转了

180度。只要我们把别人，特别是我们的孩子，认作激起我们情绪的原因，我们就不会去探究自己内心的伤痛。我们会让自己的意识停留在肤浅的表层，对自己说："如果**她**没有说那句话，我就不会大喊大叫。""要是**他**不那样做，我才不会发脾气。"如同我们的内疚，这些想法也来自一种带着优越感的自恋，它这样安慰我们："如果**别人**没有那样做的话，我是绝对不会这样做的。"你看到了吗？我们就是用这种方式来避免深入探究自己的内心。

◎后悔

最后说说后悔。后悔像是在说："生活本不该如此。"当我们抗拒生活本身时，我们就会陷入这样一种想法：如果我们的生活有所不同，我们就不会是现在这个样子。

你看到了吗？这些思维模式严重妨碍我们去关注自己内心深处的想法和感受。内疚、指责和后悔这三种反应，就是在用不同的方式阻碍我们深入理解自己的情感和心理现实，以及这其中的痛苦。只有面对这些尚未处理和治愈的伤痛，我们才能放下过去那些缺乏觉知的回应方式。之后，我们才能带着活力实现深度转变，陪伴孩子一起走进当下的现实。

一旦我们认为我们的感受是由外部因素（这种外部因素甚至包括自己的不完美）造成的，我们就会停留在这一层面，无法继续深入。而残酷的事实是，我们的感受只是我们内在体验的反映。我们感受到愤怒，是因为我们心里有怒火；我们感受到仇恨，是因为我们心里有仇恨；我们感受到爱，是因为我们心里有爱。一旦把感受的原因指向外界，我们的注意力就完全偏离了我们的内在体验。我们以为我们的感受只是对外部世界的反应，而非源自我们的内在体验。可实际上，我们的感受都来自我们的内在体验，而非外部因素。一旦认清这一事实，我们就可以彻底改变眼前的现实了。在养育之旅中，我们首先要直面我们对孩子造成的所有伤害，而非寻找外部原因。真正的原因只有一个，那就是我们内心尚未处理的创伤。我们心里的创伤越多，对孩子的攻击或伤害也就越多。反之亦然。

孩子能通过他们的言行唤起和激活我们的内在体验，却不能创造这些体验。孩子降生时，我们的内心世界早已存在。认可这一事实，我们才能为自己在育儿过程中产生的负面情绪承担责任。我们要认识到，我们的内疚、指责和后悔的思维模式把我们困在了过去，这样我们才能把目光移到当下。随着我们逐步摒弃这些旧模式，我们也会对当下的自己形成新的觉知。我们开始认识到过去是如何塑造了当下的自己。接受了这一现实，我们就能体会到过去那种缺乏觉知的状态对我们此刻的觉醒产生了多么大的影响。

你现在的智慧，大多来自那些缺乏觉知的时刻

在一定程度上，我们自然希望自己从未有过任何缺乏觉知的时刻。但我还是要强调，认为我们本该一直保持觉醒的想法不仅是幼稚的，而且是妄想。这种想法低估了我执的强大力量。与其希望我们始终处于觉醒的状态，不如感谢我执犯下的错误，是它们鸣响了警钟，促使我们打破旧模式，并且带着觉知建立新模式。只有认可我们缺乏觉知的时刻，我们才能与其和平相处并从中学习。我们不应该抗拒它们，而应该感激它们让我们看到了我们的我执。我们可以回顾那些时刻，体验内心的平静与坚定。所有父母都可以换一种方式去理解过去的那些时刻：

那次我对孩子大吼大叫，让我认识到了我执的存在。

那次我累哭了，我突然看到了我的我执。

那次我表现得很像我的母亲，我一下子发现了我的我执。

那次我说孩子是"坏"孩子，我立刻意识到了我执的存在。

我忽视孩子的那段时间，帮我认识到了我执的存在。

那次孩子们说他们讨厌我，让我突然意识到了我的我执。

那次孩子考试不及格，帮我认识到我执的存在。

我曾觉得自己是不称职的父母，那段时间让我认识到我执的存在。

你明白我的意思了吗？我们犯下的错误恰恰是唤醒我们的警铃。如果我们不承认自己的失败，又怎能在镜子里看到自己的伤口？当然，反思自己的错误从来都不是一件容易的事。俗话说："无知是福。"走出无知会让我们感到疼痛。觉知的锋芒会戳痛我们。当然，这是很自然的。因为只有这样，觉知的利刃才能摧毁我执的外壳。如果觉知不够锋利，我们的我执就不会瓦解。

在觉醒的整个过程中，我们必须面对我执的真实面目，看到其中隐藏的恐惧和渴望，这个过程是痛苦的。我们能在多大程度上认清这一切，就能在多大程度上实现内在的转变。两者是密切相关的。因此，唯一值得深思的时刻就是当下。过去已经不复存在。它唯一的目的是把我们推到当下。

此刻你内心的智慧来自你最痛苦的时刻。它不是某一天突然出现在你的意识中的，而是经过了多年的酝酿。你的经历越黑暗，你的体悟往往越深刻。我知道，在我自己的生活中，我的大部分智慧都直接来自痛苦的余烬。不经历任何挣扎就想得到成果只是天真和妄想。痛苦和智慧是紧密相连的。例如，一个曾经酗酒的人在经历了极度痛苦的戒酒过程并破坏旧模式后，终于变得清醒而理智。这一过程中经历的痛苦是难以想象的。摆脱酒瘾后,这个人或许会因为自己给别人造成了麻烦而感到后悔和自责。这些感受虽然正常,却也不必深陷其中,因为曾经的那个酒鬼已经改头换面,不复存在了。

随着智慧的增长,过去的我们会死去,更加觉醒的我们会诞生。从觉醒的当下回望过去的自己其实是一种幻象,虽然看上去像是同一个人在向后看,但过去的那个人已经不存在了。要充满活力地拥抱新的生活,了解这一事实非常关键。如果没有参透这一点,我们就会被过去的错误引发的愧疚感淹没。你可以这样对自己说:

我能成为当下的我,都得益于曾经的我。我不能否认曾经的我,我会坚定而自豪地面对他。我要借助我曾经的挣扎来与自己和他人共情。我要利用我过往的痛苦让自己和他人快乐。我将全心拥抱当下的我,而不再为曾经的我感到悔恨。

我总是提醒我自己和我的来访者,唯一重要的时刻就是此时此刻。在这一时刻,我们可以重写剧本,重新开始。过去已经不复存在,即使我们还记得,它的面目也已模糊。我们永远无法记住过往的原貌。所以,反反复复地回顾过去是没有意义的。过去对当下的影响才是唯一重要的。所以我们要问自己:我的过去能对当下的我产生积极的影响吗?如果答案是肯定的，我们就可以放声宣告："我在这里，在当下，我已经准备好重新开始！"然后拥抱当下。

同样，我们对明天的担忧也会戕害我们的生命状态。我们所有"如果……该怎么办"的念头都在阻碍我们接纳眼下"正在"发生的现实。应对的关键是把我们的思绪从过去和未来转移到当下。

重新开始，永远都不晚

若是全身心投入此时此刻，我们可以做很多事情。不论我们的孩子已经长大、已经离家，还是降生不久，重新开始永远都不晚，表达爱或歉意也永远都不迟。当然，与孩子建立亲密感也永远都不晚，因为他们就在此时此刻。当下充满了机遇和可能——改变我们的生活只需从当下做起，而无须等到未来的某个完美时刻。我们可以先走一小步，再走一小步，接着再走一小步。前方是全新的明天。

当内疚、指责或后悔的声音浮出水面时，要用同情的眼光看待自己。学会放下对过去的评判，然后温柔地引导自己关注当下。用宽容的眼光看待自己，理解自己是环境的受害者，因为当时的自己缺少觉知。把自己往好的一面想。你要相信，假如你当时得到了正确的工具，你就会获得更多的觉知。多给自己一些宽容和爱。

用这样的态度来对待生活，过去那些因为缺乏觉知而犯下的错误就不再是地雷阵，而是珍贵的宝藏。你可以把你的我执和错误视为精华和珍宝。不论你或你的孩子处于什么年龄，此时你都可以走上一条全新的道路。过去的一切在此刻已不复存在，所以你可以重新开始。现在你可以以新的面貌出现在你的孩子面前，去治愈和改变很多东西。请记住，觉知不是目标，而是过程，其中也有许多曲折。曲折越多，你获得的觉知和转变就越深刻。我们常常用负面的视角来看待人生中的曲折，没有认识到它们的价值。其实，正是它们造就了今天的我们——安全感更足、智慧更多、共情力更强的我们。

　　从缺乏觉知到拥有觉知，需经历漫长的历程。没有痛苦和努力，就无法拥有觉知。佛陀在菩提树下一坐数年，才终于大彻大悟。他为获得智慧而努力，历尽了艰苦。万物皆有因，智慧也是如此，它来自那些缺乏觉知的日子。否认它们等于否认太阳的光芒或海洋的波浪。它们本是一体，须臾不可分离。

　　学会活在当下是为人父母最宝贵的一课。当你不断重新开始的时候，你就能放下过去的所有，同时抓住眼前的一切。

　　孩子不需要你的内疚、指责和后悔，而只需要你努力走近他们。孩子需要当下的你，如其所是的你，那个真实、平凡、容易犯错的你。与其说孩子需要"父母"，不如说孩子需要愿意努力治愈内心伤痛的人。当你把经历深刻转变的觉知作为礼物送给孩子时，你就给了他们最珍贵的东西——你对自己的疗愈。没有任何玩具或小玩意儿能比得上不断进化的觉知，因为这能打开孩子灵魂的牢笼，让他们获得自由。

觉醒实践

活在当下不仅仅是一种练习，更是一种生活方式，是最具活力和最丰富的生活方式。如果做不到这一点，我们就会为昨天的风暴和明天的未知而无休止地原地打转。当我想练习如何活在当下时，我把闹钟设置成一小时响铃一次，铃声可以提醒我让思绪停止漫游，把注意力倾注在此时此刻正在发生的事情上。

这一做法给我的生活带来了极大的改变，特别是在亲子冲突即将爆发的时候。每次情绪被孩子激起时，我都会问自己："当下有让你焦虑的事情吗？"通常答案都是"没有"。你也可以试着问自己："我这时的焦虑从哪里来？"在大多数情况下，你会发现你的焦虑其实没有什么依据。原因要么是过去发生了"坏事"，要么是我们担心未来会发生"坏事"。当我们活在当下时，当下就是它应该呈现的状态。我们对当下的抗拒才是问题所在。如果孩子没考好，我们要么会抗拒这个已经发生的事实，要么会胡思乱想，担心孩子的未来。然而，当下并没有发生什么特别的事。你明白我的意思吗？

我们可以问自己："当下的状况真的很糟糕吗？"我们会发现，事实常常并非如此。如果我们发现此时情况还不错（尽管有时会遇到一些困难），我们就能进入感恩和接纳的状态。当二者有力地结合在一起时，平静和快乐就会来临。尝试问自己这个问题，你也会发现当下的魔力。

第 20 步

拥抱全新的自己

摘下了假面

驯服了我执

打破了旧模式

感觉如何？

你一定觉得有点奇怪

有点陌生，有点新鲜

觉知、思维和内心焕然一新

喜悦之情溢于言表，不是吗？

毕竟，内心的解放难以描摹

只能由亲历者去体会

比如现在的你

现代养育模式，都是建立在我执的基础上

你已经走到最后一步了！你到达终点了！让我们稍作停留，因为这是一个重要的节点，也是一个新的起点。你感觉如何？觉得自己脱胎换骨了吗？如果是这样，我想衷心祝贺你！

"觉醒"从来都不是一段舒适的旅程。你需要睁大眼睛，用新的方式看待你和孩子。如果你已经沉睡了几十年，这是尤为困难的。你沉睡得越久，觉醒的旅程距离舒适就越远。过去你很容易相信一些事，而现在，你开始怀疑自己所见、所想以及感知到的每一件事。我希望你在人生中能第一次看到事物原本的样子。你也可能会感受到强烈的困惑和不安。

身为家长，我最重要的觉醒时刻，是我顿悟到现代养育模式建立在我执的基础上。发现这一点时，我非常震惊。我过去一直认为父母养育孩子是出于无私。虽然养育本身可以是无私的，但我们养育的具体方式却往往出自私心。觉知到这一点时，我眼里的一切都变了。我过去的养育观念完全被颠覆了。我不仅看到了我在养育女儿时的我执，也看到了其他父母的我执。我真想站在屋顶上大喊："你们都看到自己的我执了吗？我看

到了！你的我执在这里！还有你的，在这里！"但没人注意到我。我觉得自己好像在自说自话。

在这之后，我经历了一段飘忽不定的非常时期，这种新的觉知促使我用完全不同的眼光看待我认识的每一个人，甚至包括我自己。我是谁？我曾以为我认识的那个人是谁？所有的人与物都变样了。我放眼望去，到处都是我执、我执、我执。这是一段非常奇妙的经历！

我把养育之旅的这个节点称为"荒芜之境"。在这里，你会觉得自己似乎死去了。确实，从某种程度上说，身在此地的我们已经死了，我们的我执也已消亡。这时，一切都变样了。好像我们都是外星人，生活在一个无比怪异的星球上。

不过，旅程到这里并未结束。这一觉知还会扩展到我们身边的一切事物上。我不仅在我和我爱的人身上看到了我执，也在身边的学校、政治组织和商业团体等万事万物中看到了我执。当然，我眼里的我执越多，我看到的痛苦也就越多。这段经历让我的内心充满了矛盾，因为虽然那些明目张胆的我执让我反感，但它们背后的痛苦又让我感到心碎。当我放下我对贪得无厌的我执的怒火和厌恶时，我就能关注它们背后的创伤了。我对人类的恻隐之心变得极为强烈，也极度渴望对此有所作为。于是我行动了起来，写出了包括这本书在内的许多作品。此刻我最大的愿望就是帮助别人觉醒，揭开他们忽视内心和缺乏觉知的面具。

弃旧迎新，准备好脱胎换骨

如果你有类似的感受，那么你并不孤单。虽然这段旅程可能会让你感到有些孤独，但其实你有很多同路人，你只需要找到他们。当你卸下你的我执假面，你也会逐渐靠近那些拥有相似觉知的人，同时远离那些缺乏觉知的人。经过成长，你会让一些人感觉被你背叛和抛弃了。你的加速成长势必会激起落在你身后的那些人的怒火，这很正常。遇到这种事时，请你放心，这并不意味着你应该停下成长的脚步。相反，你一定要继续前进。未来的朋友们正在前方等着你，你只需径直朝他们走去。

觉醒式养育往往是一段极其孤独的旅程。由于你身边的人大多在愤怒、指责、羞辱和内疚的传统氛围中长大，你的新方式可能会遭到嘲笑和贬低。别人的这种反应可能会让你感到沮丧，甚至害怕。你可能会怀疑自己，也可能迫于压力更"强硬"地对待你的孩子。请你保持坚定，不要放弃。别忘了，这些围绕控制和恐惧的杂音全都源自旧模式。

你身边那些支持传统养育做法的父母并非有意为难你或给你压力，只是因为他们深受社会文化的影响，只知道用传统的养育方式养育孩子。你要准备面对阻力，并对此怀抱同情与理解。体现了更多觉知的做法可能会吓到别人。他们会躲避陌生事物，因为他们并非成长于这种富有同情心的环境。也许你让他们想起了他们从未得到过的一切。无论如何，你必须认识到你遇到的阻力并非故意针对你。他们不是在攻击你,而是在安抚自己,因为他们对这种新的养育方式充满了疑虑。你可以对他们说:"我听到了。我理解你的好意。你不必同意我的做法,但我必须这么做。我不会再用过去的那种方式抚养我的孩子,而要采用全新的做法。你可以同意或不同意,那是你的选择,但我不会放弃。"

许多父母会问:"如果我的伴侣或父母不认可觉醒式养育怎么办?"

我一般会这样回答:"觉醒式养育只需一名家长来实施。虽然父母一起实施会更好,但也不是必须如此。只要有一名家长这样做,转变就会发生。你得来扮演这个角色。有一名觉醒的家长总比没有好。"

许多父母害怕这样做会"违背"伴侣的意愿,担心对方认为自己的行为是对婚姻关系的背叛。对于这类问题,我一般会这样回答:"在养育孩子的问题上,你得把孩子的幸福置于婚姻关系的需求之上。你首先要做的应该是尽可能带着觉知去养育孩子,而非让伴侣对你满意。"对一些夫妇来说,接受这一观念非常困难。我能理解其中的原因,特别是女方的原因。我们女性从小被教导要做好妻子,我们通过听话和顺从的态度获得了许多认同。若抛开这些特质,违背丈夫的意愿,我们会背上沉重的情感负担。所以我们不敢这样做。可是,一旦牵扯到我们的孩子,我们就得走出舒适区,打破旧模式,以孩子的成长为重。

另一条我们本不该相信的格言是：父母得在孩子面前统一立场。我总是说："在大多数情况下，这种统一只是一种表象，没有实际意义。倘若我们的伴侣缺乏觉知，我们就不需要这样做，否则就是在延续缺乏觉知的状态。"父母在养育问题上存在分歧是很常见的情况，也确实会给育儿工作带来一定的困难，但是，我们不能为了与伴侣保持一致，就按照对方缺乏觉知的方式来养育孩子。这不是成长，而是不健康的纠缠。这样的伴侣关系对孩子的心灵没有益处。倘若孩子能亲眼看到母亲站起来反抗父亲对自己的控制，坚持正确的养育方式，而非与父亲一起控制自己，孩子将来也会成为更加觉醒的家长。当然，在短期内，父母之间的分歧确实会给孩子带来困惑和焦虑，但从长远来看，这样的孩子会懂得反抗滥用权力和缺乏觉知的养育方式，而非被动地屈服于它。

通常，随着时间的推移，最初反对觉醒式养育的父母也会开始运用他们发现确实有效的做法。因为当我们这样做时，亲子关系会提升，家中的气氛会改善。这时，我们的伴侣可能就会逐渐改变他们的想法。你可能会在晚餐闲谈或开车送孩子上学时注意到这一点。所有父母都渴望与孩子亲近，所以，那些最初不肯深入探究自己内心的父母，可能会在某一天突然"开窍"。请记住，每个人的转变都有自己的节奏，都需要等待成熟的时机。所以，不管伴侣态度如何，打算实践觉醒式养育的父母只管踏上这一旅程就好。

这段成长之旅在开始时往往是孤独的,因为你会远离那些与你不合拍的人,你也可能陷入绝望与恐惧之中。或许,你会产生一种虚无主义的心态,觉得一切都没有意义,还不如放弃。我想提醒你的是,这是你的我执在发声。你的我执想让你停下成长的脚步,明白吗?随着你的成长和转变,你会越来越多地听到你内心深处的声音。受此威胁的不仅有别人,还有你的我执。后者会想方设法阻止你成长。你成长得越多,就越不需要我执,所以你的我执可能会尝试说服你,让你认为自己背弃了旧的信仰体系;或者让你认为这种养育方式不正确,必须停下来;又或者,让你认为沙法丽医生是个邪教头目,想给你洗脑;还可能让你认为这一切都没有意义,不如干脆放弃。

我已经记不清有多少女性来访者向我透露了家人对我的评价,例如:"我丈夫特别讨厌你,不让我播放你的视频了。""我母亲认为我着了魔,说你在催眠我!"听到她们这么说,我都会笑出声来,因为我知道他们为什么会这样讲。可以想象,当来访者的家人发现自己已经跌落神坛,无法再像从前那样控制他人时,他们心里该有多么恐惧。他们可能会恫吓你,你的我执也可能会试图说服你,让你相信如果你继续这段旅程,你就会被所有人抛弃。你的我执会使尽浑身解数把你带回过去那种缺乏觉知的状态,好让它在你精神世界的堡垒中继续存在下去。

我的我执仍然经常作祟。它悄悄跟我说，因为我离婚了，所以我是个糟糕的印度女孩；因为我做出了许多成绩，所以我不是个本分的女人；因为我按照自己的方式生活，所以我是个自私的人。很多时候，我的我执都会暂时把我拉回那种病态的生活。但幸运的是，我总能借助冥想把这一切看清楚，并从中挣脱。

如果你也有类似的想法，你要认识到它们来自你的我执。你可以温和地告诉它："亲爱的我执，你可以离开了。你曾经在我的生命里扮演了重要的角色，但我已经成长起来了。我不再需要你的保护，因为我已经治愈了我的内在小孩。它终于长大了，不再需要保护了。我终于完整了，健康了。你现在被解雇了。请把你所有的假面留在门口，我要烧掉它们。"

摘下我执假面的过程是非常可怕的。相信我，我了解这一点。我在《女性的觉醒》（*A Radical Awakening*）一书中详细描述了这一过程。于我而言，摘下修补型假面最为困难，因为这一角色已经在我这个印度女性的大脑中存在了44年。最终，我还是摘下了这张假面，还把它撕了个粉碎。在这之后袭来的当然是恐惧，但我也深刻地体会到了什么是解放。

读到这里，你觉得你最难摘下的我执假面是哪一张？你为什么不敢摘下它？我们不愿转变的一大原因是，我们十分害怕转变后的我们会失去别人的爱与认可。虽然这种情况确实会发生，但你也会收获许多志同道合的新朋友。

我经常提醒我的来访者:"你成长的愿望必须超越保持现状的愿望。只有当成长的愿望变得更加强烈时,你才会信任未知并且顺应它。停滞不前是难以忍受的。只有这样,你才会愿意弃旧迎新。"

那么我现在想问你:你成长的愿望是否超越了保持现状的愿望?如果你的回答是肯定的,你已走在正确的道路上。一步一个脚印地往前走,别着急。同时,你也要认真聆听内心的声音,让它指引前进的方向,它会告诉你该去往何方。请紧跟它的脚步,勇往直前。

觉醒实践

这是一个弃旧迎新的阶段。在这个阶段,我常与来访者做一项练习。我会让他们准备两个筐子,一个叫"弃旧",一个叫"迎新"。每周他们都要把摘下的假面扔进第一个筐子,同时把获得的新的生命状态放进第二个筐子。几周后,我会让他们回顾和整理内心深处发生的所有变化。你可以和朋友一起尝试做这个练习,在这个阶段互相帮助。

另一项有效的练习是写信,特别是写信给你的我执,其疗愈效果十分明显。你可以感谢你的我执用各种方式保护你,同时告诉它,你现在已经准备好放下它,因为你已经成长了。给全新的、真实的自己写信也有很显著的疗愈作用!

你正在孕育一个全新的自我,这需要勇气和智慧。我为你最终走到这里而鼓掌。你的旅程虽然才刚刚开始，但你的脚步会逐渐加快，从走变成跑。很快你会飞起来，然后翱翔于天空。你会感受到风的托举，感受到自己无比轻盈。你将从高处俯瞰你的生活。你会看到下面的世界，饱含深情地忆起过往的点点滴滴。高空的自由太令人陶醉，你再也不想回到过去，回到那个已经变成历史的你。你已经不是刚刚踏上这段旅程的那个人了。请放下过去的自己，拥抱全新的自己。你的孩子已经准备好与你建立深厚的亲密关系，他们一直都在等待这一天的到来。他们在等你回到你真正的家——做回你自己。

欢迎来到你的新世界。

* * *

觉醒式养育不仅适用于养育孩子，也适用于发展人性。如果能理解其中那些深刻而强大的原则，我们就能治愈自己过去的创伤，同时治愈身边其他人的创伤。觉醒式养育具有巨大的疗愈作用，它能抹平创伤，让我们恢复健康。

一个又一个家庭都在证明觉醒式养育在他们的生活中起到的巨大作用。觉醒式养育正在缓慢但笃定地建立起一种全新的养育模式，而你也是致力于提升觉知的父母中的一员。你对这些养育原则的接受和支持对觉醒式养育在全球的传播至关重要——你的加入意味着觉醒式养育的受惠者中又多了一个家长和一个孩子。你是觉醒式养育的传播大使,也是其治愈威力的真实体现。

当你成为一名觉醒的家长时,你也是一个在世界上倡导和推动改变的人。这时所有的孩子都成了你的孩子,所有的我执都成了你的我执。在你眼里,你和他人是一体的,紧密相连,休戚与共。当你这样看待世界时,你的觉知影响到的就不仅仅是你的孩子,还有你遇到的每一个人。

你在这本书里学到的东西,能帮你应对你在生活中遇到的各种困难。你可以放心大胆地运用这些原则,因为它们是普遍适用的。请你反复研读书中的内容,因为这些价值观需要时间来融入我们的内心。毕竟,我们要改变的是数代人所习惯的生活方式。

正在实践觉醒式养育的你,已经成为你的家族中打破旧模式的人。缺乏觉知的养育方式到此为止。你的童年创伤到此为止。数代人遗留至今的我执到此为止。可能从很久以前就一直流淌在整个家族中的耻辱感也到此为止。你终于可以放下耻辱和伤痛,因为它本不该由你来承受。你终于拥有了强大的觉知来书写新的篇章。我知道,这是一段艰难的旅程。但只要你跟随觉知的脚步,你就永远不会迷失方向。在每一个选择的节点,记得问自己:"我的觉知对我说了什么?"然后听从它的指引。它永远不会把你引入歧途。而恐惧和匮乏的声音来自你的我执,请认真分辨。

你的生命已翻到全新的一页，过去已被擦除。你眼前的这一页是空白的、新鲜的，正等着你描绘最动人的风景——那个真正的你。它们在等着你。是时候展现全新的自己了——就在此刻。

致身为父母的你

亲爱的你经历了一段怎样的旅程啊!
你勇敢地看到了那个被深埋的自己,
直面让你心灵颤抖的隐秘世界。
那些灼热的字眼刺痛、撕裂了你,
然而你并未停下脚步,是吗?
你翻过一页又一页,终于来到这里,
来到过去的你即将逝去的门槛,
跨过它,你就会迎来全新的自己。
现在,你将前往从未去过的地方,
使用从未听过的语言。
起初你会跌倒,甚至伤筋动骨。
你会失去朋友,引起争议。
但是最终,当你的养育之旅走到尽头时,

你会发现，一切都值得。

然后，你会转过头，微笑着看向前方的天空，

走下悬崖，投入另一场未知的冒险。

你的孩子会看着你启程，他们欢欣鼓舞，

自知也会走上解放的旅程。

你的目标已经达成，

你最神圣的职责已经履行。

你把生活还给孩子，

守护了孩子的本性。

该做的都已完成，

只需继续向前，活出自己。

致 谢

马娅，我最亲爱的女儿，一直是我写作养育书籍的灵感来源。通过养育她，我才经历了从我执到本真的艰难转变。如果没有敢于展现真性情的她，我也不会生出任何养育的智慧。

我的好友、哈珀柯林斯出版社的编辑吉迪恩·威尔从一开始就非常看好这本书。他认为这本书的主题非常重要，也给了我很大的创作空间。我们对带着觉知养育孩子并拥抱生活充满了热情，实乃天作之合。

费津·帕特尔和蒂娜·达鲁瓦拉是我最忠实的倾听者。在我写这本书的过程中，她们自始至终陪伴在我左右。她们是天下最好的啦啦队员，支持我解决所有的疑虑和困惑。能够与这对姐妹一起完成这项使命，我的心里充满感激。

乔恩·海曼是我认识的最优秀的人和家长。他教会我如何理解生活、思维定式以及如何打破思维定式，是老师中的老师。他的思想和生命状态不仅提升了我的境界，也为我的教学注入智慧。